幼兒園、家庭與社區

葉郁菁 

目錄

表目錄

圖目錄

作者簡介

葉郁菁

英國 University of York 教育研究所博士
國立嘉義大學幼兒教育學系教授

經歷

行政院兒童及少年福利與權益推動小組（第三屆）委員
衛生福利部社會福利考核委員
中央公彩盈餘審核委員
內政部移民署新住民發展基金委員
教育部幼兒園輔導計畫輔導人員（106 學年度臺南市永康國小附幼、臺南市立第一幼兒園、臺南市竹門國小附幼；105 學年度臺南市立第一幼兒園、臺南市竹門國小附幼、嘉義縣塭港國小附幼）
教育部教學卓越獎幼兒園組指導教授（106 學年度臺南市博愛國小附幼／金質獎、屏東縣竹田國小附幼／銀質獎、嘉義縣塭港國小附幼／銀質獎）
嘉義縣翁章梁縣長縣政顧問、嘉義縣公彩盈餘委員會委員
嘉義縣、嘉義市婦女權益促進委員會委員
臺中市、嘉義市、嘉義縣兒童及少年福利促進委員會委員
嘉義市、屏東縣、高雄市、臺中市托育管理委員會委員
臺南市、嘉義市、屏東縣外籍與大陸配偶照顧輔導措施專案小組諮詢委員
屏東縣社區公共托育家園訪視輔導委員
內政部移民署縣市政府外籍配偶業務考核委員
嘉義市 102 至 111 學年度幼兒園基礎評鑑委員

序

再次打開《幼兒園、家庭與社區》的存檔，發現這本書早在 2016 年就與心理出版社簽約，這中間陸陸續續完成各章節，但礙於個人研究計畫、參與中央和地方政府兒童與少年政策的執行，種種繁多的學術工作，一直無法騰出時間收尾。直到最近，再次收到心理出版社敬堯總編輯的貼心提醒，才驚覺承諾的時間不斷延遲。也因為近日新冠肺炎疫情蔓延，多了許多在家工作的時間，總算能宅在家裡好好寫稿，順利在今年完成此書。

回顧個人這幾年承接科技部、教育部、衛生福利部社會及家庭署和國民健康署等政府部門重要的研究計畫，指出臺灣幼兒語言、身體健康、社會情緒的個體發展現況，並描述了幼兒被照顧的環境的特質，研究結果更明確指出幼兒所處的家庭或幼兒園環境，對發展的影響更為重要。社區的文化特殊性和資源建置，無形中影響育兒家庭和個體可獲致的資源能量。身為一個發展學者，同時具備社會學的訓練背景，讓我在兩者的不斷對話中，探索幼兒、家庭和社區三者的互為主體性和影響力。

心理出版社是我非常敬重的企業，過去與他們合作的經驗，深刻感受心理出版社對於出版業務是嚴肅且嚴謹的。心理出版社對於文字內容和正確性的嚴謹，不厭其煩地反覆校對，讓我可以放心將此書交給他們。感謝敬堯總編輯耐心、貼心的等候和支持，讓我可以安心完稿，以及姪女羽涵為此書繪製生動可愛的黑面琵鷺封面，讓這本書增色不少。

最後，一本書的產出，代表的是這個階段的想法和整理。但是社會趨勢總會不斷改變，對於幼兒、家庭和社區的議題，也會不斷地有新的思維和創新的想法，這才是進步！期待因為想法的激盪，讓我們不斷前進。

國立嘉義大學幼兒教育學系

葉郁菁教授　謹識

2020 年 8 月

第一章

生態系統的觀點

探討幼兒、家庭與社區的理論基礎，可以從生態系統、社會學和心理學的觀點瞭解三者的發展和互動關係。生態系統理論，則逐層分析個人與個人所處的家庭、學校等密切接觸單位，到鉅觀層次的社會文化影響。探討幼兒個體的身體動作、語言、社會、人格、情緒等發展，屬於心理學探究的範疇；社會學則是探討人在群體中的關係，社會階級、團體的組成、文化或社會對於個別角色的期待、家庭結構的改變等。

本章第一節首先介紹生態系統理論；第二節採取生態系統觀點，描述幼兒、家庭與社區的關係；第三節則是描述家庭系統理論觀點，描述家庭互動模式與家庭對幼兒的影響。

第一節　生態系統理論

Urie Bronfenbrenner 首先提出生態系統理論（ecological systems theory），個體發展不僅受到生理的遺傳因素影響，同時環境也會產生一定的作用。從發展生理學的觀點，幼兒從出生之後到獨立生存之前，需要依賴家庭、父母或其他成人的照顧。隨著兒童逐漸成長，接觸的外在環境也從單一的家庭不斷擴展和延伸，托嬰中心、居家托育服務、幼兒園、小學、課後照顧班等，甚至接觸的對象，也從家庭內的父母、兄弟姊妹，延伸到同儕友伴、學校老師等。過去發展心理學從個體角度探討發展，較難說明個體所處的環境如何對兒童的發展產生影響。Bronfenbrenner 的生態系統理論，則對人與環境的交互影響，提出較為完整的闡述。

生態系統理論（圖 1-1），從最內層的個體（兒童）為核心，以同心圓方式向外延伸擴展，並包含微系統、中層系統、外層系統和大系統。以下分別簡述（林淑玲、李明芝譯，2014）：

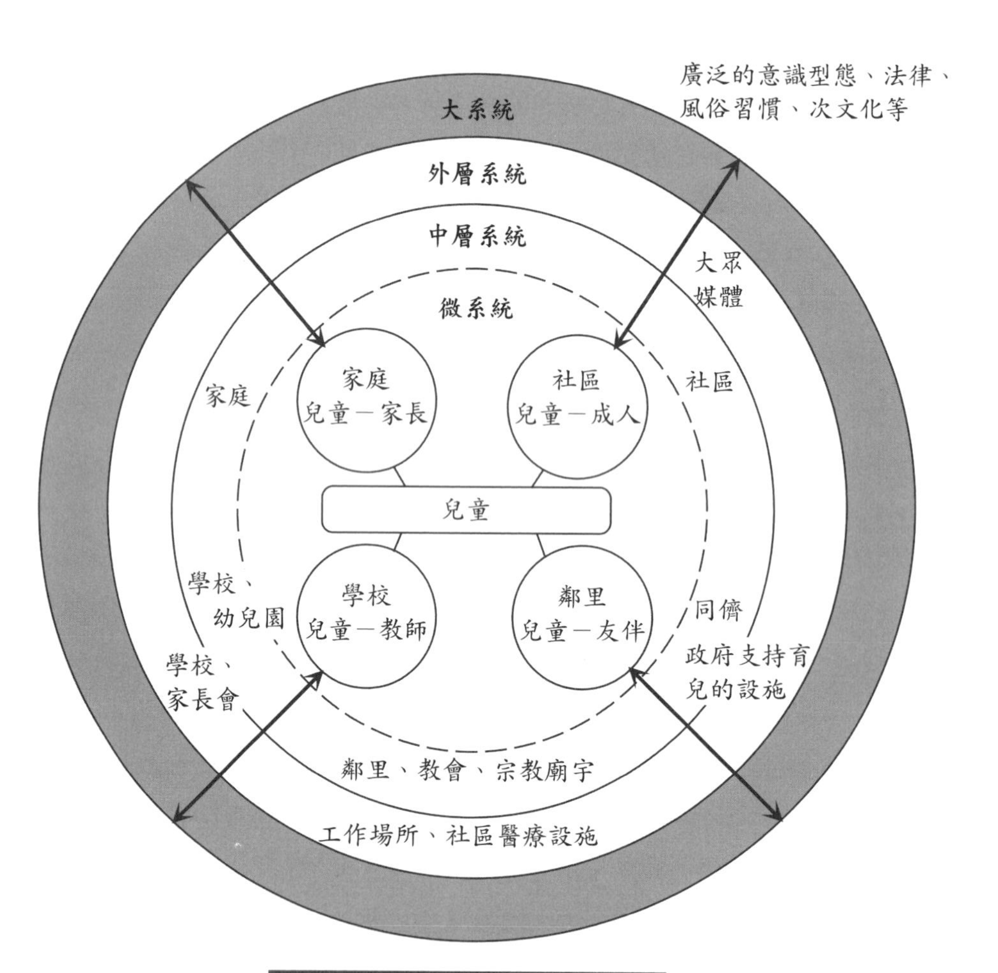

圖 1-1　Bronfenbrenner 生態系統圖

資料來源：林淑玲、李明芝（譯）（2014）。

一、微系統

微系統（microsystem）指的是幼兒最直接接觸的環境。幼兒出生後的第一個、也是最重要的社會化機構即是家庭，因此幼兒的發展受家庭的影響也最大。當幼兒逐漸成長，社區遊戲夥伴、幼兒園的同儕、幼兒園老師等，開始逐漸產生影響。幼兒不僅受到系統內的環境和個人影響，幼兒的天生氣質，也會影響他人對應的方式。例如，發展心理學者認為，難養型的幼兒，天生氣質反應閾[1]強、適應環境較慢，照顧者可能因為幼兒經常哭鬧，卻又不知道如何安撫，造成教養壓力和情緒。在系統之內，包含幼兒、照顧者與其他個體，都是彼此影響且受到系統內的環境影響。

二、中層系統

中層系統（mesosystem）指的是家庭、學校、社區或鄰里、同儕團體（如：婦女會、獅子會等民間社團組織）等次系統之間的連結或關係。當兩個不同的微系統之間的連結緊密，系統之間建構綿密的支持網絡，對個體的發展幫助越強。例如：一所辦學績優的學校，越能吸引社區內的家長選擇就讀這所學校，學校的家長會組織龐大，提供大量的經費和資源，協助學校發展體能活動、社團，鼓勵和支持學生參與各種競賽等，也創造學校更多的「績優」。反之，弱勢家庭的對外連結少，他們極少參與各種社團，與鄰里社區的互動也不多，因為家庭的外部資源有限，家庭中也缺乏學習指導者或是提供兒童足夠的教育資源，兒童可能沒有機會參加課後照顧，照顧者忙於生計也無暇照顧兒童，一旦家庭發生緊急事故時，連結的資源相對薄弱。黃惠娟與楊少強（2004）指出，隔代教養的兒童在自信心、情緒管理、同儕關係和學業表現都比非隔代教養的兒童弱。

---

1 反應閾指的是引起幼兒反應所需要的刺激量，包括視覺、聽覺、嗅覺、味覺等，反應閾低的幼兒比較敏感、容易察言觀色，反應閾高的幼兒較易被認為反應遲鈍。

三、外層系統

外層系統（exosystem）指的是發展的個體未實際接觸，但卻對個體的發展有所影響的系統。例如，家長的工作場所即屬於外層系統的一種。兒童未曾實際接觸，但家長的工作時間、工作地點、是否需要經常加班、家長的工作壓力造成的情緒緊張等，都會影響兒童的發展。其他的外層系統還包含政府的政策，例如，各級學校依據疾病管制署制定腸病毒停課標準，所以當幼兒園一週之內同一班級有二名以上（含二名）幼兒確診為腸病毒時，幼兒園必須停課，這也會造成家庭因為要照顧生病或被隔離的幼兒必須請假。另外，在科學工業園區上班的家長，可能因為工作輪班的關係，找不到夜間托育的托育人員可以照顧，希望政府可以開設社區公共托育家園，因應家長夜間托育照顧的需求。這也是外層系統內，因為家長需求造成外層系統的政策改變。

四、大系統

大系統（macrosystem）是文化、次文化、社經地位背景環境等廣泛的體系，涵括微系統、中層系統、外層系統的彼此連結且互相關聯。大系統代表的是一種社會價值觀，是一種廣泛的意識型態、法律制度、風俗習慣和次文化等。例如，華人教養觀是普遍影響華人地區育兒的重要價值觀，其特質包含：

1. 母親對育兒的投入程度（maternal involvement）：期待母親作為主要照顧者的角色。依據勞動部 2019 年的統計結果，臺灣女性教育程度提升，近年來勞動參與率提高，在 25 至 29 歲達到 91.8%的高峰，之後因育兒照顧離開職場，勞動參與率開始下降，但仍占 74%。且近年來女性申請育嬰留職停薪每年約有七萬人，相較於男性仍偏高（勞動部，2019）。
2. 保護性（protection）：許多繪本屢屢提及母親對於子女表現慈愛、呵護的保護者形象。例如，安東尼布朗（2005）所著的《我媽媽》繪本（何儀譯，2005），故事提到：「媽媽像犀牛一樣強悍」、「她是個神奇的畫家，還是全世界最強壯的女人」。育兒文化中經常強調母親作為保護者的角色，尤其在華人社會中，父母相對比較不願意放手，經常過度主動介入。例如，托育資源中心辦理的親子活動，托育人員期待陪伴的家長在一旁協助，但是經常發現，家長覺得幼兒不會做，或做得不好看，家長主動介入完成幼兒的作品，反而使幼兒沒有機會可以練習。同樣在幼兒園，也會經常看到過度保護的家長，幫幼兒背書包、提餐袋，以及出門幫幼兒穿鞋、穿外套。

3. 羞恥感（shaming）：透過引發幼兒羞愧心理，達到要求幼兒遵守的目的。例如，告訴幼兒：「你還哭！大家都在看你！你真丟臉！」「你都這麼大了，還要吵著買什麼玩具！」兒童被教導的是：行為端正或表現良好是因為不要讓父母丟臉。
4. 命令式的管教（directive）：許多華人家長認為孩子應該要「教」，因為「養不教、父之過」，所以兒童的表現，是父母教養的成績單。葉郁菁與武芳清（2017）指出，越南的家長同樣也強調子女應該尊重長輩，要向長輩問安，因此家長認為命令式的管教是一種對幼兒正確行為的規範和指引。
5. 鼓勵內斂和謙遜（encouragement of modesty）：不要過度外顯自己的優勢，即便兒童在學校成績優秀，父母「謙虛」地說：「他都沒在念書！只是考試運氣好。」華人父母較少讚美兒童的表現，但是當幼兒有超越規範的行為時，父母反而容易嚴厲指責。

五、時刻系統

上述四個系統描述系統內彼此影響和關聯的個體和環境，但卻未能描述隨著時間變化產生的影響。Bronfenbrenner 以「時刻系統」（chronosystem）說明個體或環境隨著時間進展產生的變化以及對兒童發展的影響。例如，嬰幼兒時期家庭生命週期與幼兒期、學齡期兒童有非常大的不同。嬰幼兒家長花較多時間在保育工作和嬰幼兒的健康，所以社區的醫療系統和生病幼兒的照顧支持相對重要；隨著兒童年齡漸長，學習的需求增加，兒童在學校的時間增長，家長對兒童的重心從保育、健康轉換到學習和教育，同時隨著家裡長輩年齡漸長，長輩照護的議題加入生命週期，甚或因為家庭關係的不穩定而產生離婚或單親的議題，也會造成系統之間的變化。

幼兒發展並非只有發展階段理論或成熟觀點足以解釋，上述個別心理學的觀點很難說明外在環境如何影響幼兒。Bronfenbrenner 的生態系統觀點提供了清晰的說明，描繪了幼兒所處的家庭和外在環境如何造成幼兒發展的影響，尤其研究幼兒、家庭和社區的議題，生態系統論為最重要的理論之一。

第二節　幼兒、家庭與社區的生態系統觀

本節將運用Bronfenbrenner的生態系統論，說明幼兒、家庭與社區的互動與關聯。

一、幼兒、家庭與社區的微系統

Bronfenbrenner的生態系統理論（ecological systems theory），強調不同環境以及環境不同層次對兒童發展產生的影響（林淑玲、李明芝譯，2014）。幼兒與父母、社區內的成人、學校教師和同儕形成微系統。幼兒的發展不僅與自己的天生氣質、外表、習得的技巧有關，也會受到系統內的父母、兄弟姊妹或者其他家人的影響。嬰兒剛出生的時候，與母親產生緊密的依附關係和親子連結，依據臺閩地區兒童及少年生活狀況調查（衛生福利部，2019）結果顯示，零至未滿三歲的幼兒由父母親自照顧的比例為 48.3%，或其他家人照顧的比例為 30.1%，兩者合計 78.4%，三歲以下幼兒，由家人照顧的比例約七至八成。三歲以上未滿六歲幼兒，就讀幼兒園的比例為 85.1%，家庭照顧的比例僅有 14.2%。可見幼兒從出生後到進入幼兒園就讀之前，受到家庭內主要照顧者的影響非常大，因此以生態系統的觀點討論幼兒、家庭和社區的關係別具意義。

二、幼兒、家庭與社區的中層系統

影響幼兒發展的中層系統包含幼兒與同儕團體的連結和關係。幼兒的托育

環境、父母對學習的態度、家園的合作關係，都會影響幼兒的發展。例如，Coplan、Abreau和Armer（2008）即指出，過度保護的親職風格，可能會造成高行為抑制系統（behavioral inhibition system, BIS），高度的行為抑制系統敏感度與情緒憂鬱有高度相關性。外向的母親有助於協助害羞幼兒，因為她們提供了外向社會行為的典範（Losoya, Callor, Rowe, & Goldsmith., 1997）。又如，Coplan、 Prakash、O'Neil 和 Armer（2004）也指出，當母親採取開放的親子溝通、民主的管教方式，與幼兒害羞呈現負相關。Harrist 與 Ainslie（1998）也發現，衝突的夫妻關係，例如經常吵架，可能導致兒童的攻擊或社會退縮行為，因此，家庭中的教養方式和親職風格是探討幼兒發展的重要面向。

三、幼兒、家庭與社區的外層系統

外層系統的部分攸關父母的工作型態、工作時間，甚至政府為了支持育兒家庭，挹注經費補助設置托育資源中心、家庭福利服務中心，提供育兒家庭親職諮詢、親子活動，推動托育服務品質提升精進計畫等，都會影響家庭中幼兒的發展。另外，為了鼓勵弱勢家庭提早讓幼兒送托與就讀幼兒園，採取「幼兒啟蒙計畫」（Head Start）的觀點，增加中低收入戶的托育費用補助、優先入托和就讀公立幼兒園等，以增加弱勢家庭幼兒的學習優勢。

Kadushin（1988）依照家庭系統互動的目的，將兒童照顧的功能區分為「支持性服務」、「補充性服務」和「替代性服務」三種（引自馮燕，2009）。

1. 支持性服務：從生態系統觀點，支持性服務為透過資源的橫向連結，增進和強化家庭滿足兒童的需求，協助家庭建構兒童發展和保護的基本功能。例如：社區衛生所提供預防注射、兒童衛教手冊；幼兒園辦理親子活動、親職講座；托育資源中心提供親職諮商等。
2. 補充性服務：補充性服務為彌補家庭照顧不足或不當照顧，例如，雙薪家庭需要的托嬰照顧、居家托育服務，或者因為家長無法準時下班接送兒童，因此需要有課後照顧的服務。
3. 替代性服務：替代性服務則是替代家庭功能，因為家庭解組後喪失照顧兒童的功能，透過寄養、收養、育幼院等機構安置，讓兒童可以獲得較好的照顧。

不論是居家托育人員、托嬰中心托育人員、幼兒園的教保人員，都應該瞭解生態系統觀點，幼兒、家庭和社區三者互為影響且密不可分。尤其現代社會的變遷快速，家庭功能解離，過去期待家庭擔負的幼兒照顧責任，隨著政府托育公共化之後，家長選擇性越來越多，家外照顧的比例逐年提高；幼兒園、托嬰中心和課後照顧機構，在教育和保育的服務過程中，應該理解家庭和社區為影響幼兒發展密不可分的單位，因此也肩負協助家庭提升教養功能、滿足幼兒和家庭需求、支持幼兒身心理健全發展的重要角色。

四、幼兒、家庭與社區的大系統

大系統之下社會對於家庭的育兒支持、家庭與社區中的華人教養次文化、不同的社會階層，都會影響家庭中幼兒的發展。亞洲地區許多家庭文化的特質都非常相似，例如 Nguyen、Chang 和 Loh（2014）指出，越南文化與中國文化相當類似，本質上屬於集體主義，家族的利益優先於個人利益（Nguyen & Williams, 1989）。集體主義文化由團體成員所定義，並強調團體價值的內化效果。傳統的越南家庭通常是大家庭，也包含許多擴展成員，例如：已婚的兒子、媳婦、孫子女等。同時，越南家庭也是一個父權制度的家庭，父親通常是家庭中的權力和地位核心（Dihn, Sarason, & Sarason, 1994）。近年來非常流行「虎媽」一詞，它所指的是一種家長控管、對於學習表現有較高成就，並且達到學業表現成功的親職觀（蔡美兒，2011）。虎媽的管教風氣被視為非民主式的、對子女較少情感取向的，因為對子女的管教越嚴格，越容易使子女成為成功者。嘉義縣兒童及少年生活狀況調查報告指出，家長對於兒童的傳統教養觀[2]並無性別的差別待遇，但與家長教育程度有關，家長教育程度為高中職以下者，傳統教養觀越強烈，家長教育程度為研究所以上者，傳統教養觀較為

---

2 傳統教養觀包含：(1)孩子學習不用心就要責罰；(2)孩子行為表現不好就要責罰；(3)孩子要聽話；(4)孩子要尊敬父母親；(5)孩子要有家教；(6)孩子要有好的品德行為；(7)孩子的管教要嚴；(8)孩子做錯事要懂得自我反省；(9)孩子做錯事需要教訓。

淡薄。小家庭相對較開放，對於傳統教養觀的堅持度較低，隔代教養家庭的傳統教養觀則較強烈（葉郁菁，2017）。

此外，大系統中社會階層也是影響個體發展的重要因素。張高賓（2004）以高年級國小學童為受試樣本，指出低社經家庭的關懷溝通較少、家庭衝突較高，來自低社經家庭的學童比較容易感到自卑，家庭的心理環境直接影響學童的情緒經驗。低社經家庭的親子關係疏離，造成兒童在不安全依附的環境中成長，童年期的社會焦慮和挫折，又與成年後的酗酒和肥胖問題有直接關聯，形成惡性循環（Schumaker, Krejci, Small, & Sargent, 1985）。當成人無法敏覺社會退縮的兒童的需求時，或者經常需求被拒絕，有可能造成兒童對於人的不信任和間接形成攻擊行為；但是當兒童是孤獨或退縮的，則可能這樣的影響會伴隨個體直到成人，也會造成社會適應不良的後果（Hymel, Bowker, & Woody, 1993）。

第三節　家庭系統理論觀點

一、家庭系統理論

Bowen 提出家庭系統理論（family system theory），認為家庭是一個情緒系統，家庭情緒系統的基礎就是三角關係。若外在環境平穩，且焦慮程度不高，兩個人的情緒互動尚可維持平穩的關係，並進行情感交換的活動，但是一旦兩個人當中有人因為內在情緒壓力造成焦慮時，就會讓穩定的兩人關係產生拉扯和衝突，此時第三個人的加入，形成三角關係，也讓彼此衝突的雙方有了折衷協調的中間者，可以避免雙方直接面對問題，減緩焦慮的情緒，讓系統回復穩定。在家庭系統中，父母與子女、夫妻、兄弟姊妹，都是不同的次系統，三角關係多半發生在父母與子女身上，家人承載負擔彼此的情緒和壓力，父母又特別容易將注意力放在孩子身上，子女也希望因為自己的表現獲得父母的讚賞或青睞，這些家庭中的三角關係，自然而然形成。例如，當父子產生衝突時，通常媽媽是仲裁協調的三角關係；當夫妻衝突吵架時，子女也可能選擇轉移或迴避的方式。Bowen（1978）認為，雖然衝突對許多家庭而言可能是極為平常的事情，但是當家庭中的第三者人選固定，且每次衝突事件發生的時候都會形成反覆的行為模式，如此的三角關係就不見得是正向的結果。例如，夫妻冷戰的時候，子女成為中間的仲裁協調者，一旦第三者的關係失靈，夫妻的衝突也不易有解決的方式。

人類並非理性的動物，面對關係衝突時，作為人的「本能」的情緒系統就會出現，也就是我們常說的「理智線斷掉」，個體依賴本能處理彼此的關係。理想的夫妻關係或親子關係的維繫，需要透過發展感覺和理智系統。Bowen的家庭系統理論，強調人與人之間的互動，專注家庭系統失衡之後如何造成家庭成員的負面影響。其系統觀強調人的生理、情緒和心理是彼此關聯的（邱淑惠，2019）。在幼兒園，老師探索幼兒家庭的親子關係，並給予家長教養支持，家長需要的不只是親職講座，若幼兒園老師可以協助家長探悉自己對於子女的期待，或許這些愛的渴求（或「苛求」）可能是來自於家長童年時期的不滿足，期望藉由對孩子的關愛，滿足自己過去曾被忽略的傷害。

二、親子三角關係的類型

Geurin、Fay、Burden 和 Kautto（1987）將親子三角關係分為三種類型：

1. 子女為慰藉者的三角關係：夫妻關係緊張時，其中一方希望可以藉由指責對方的不是，拉攏子女。
2. 父母分別搶奪子女的三角關係：夫妻彼此與喜愛的子女結盟，成為對立的兩陣營。
3. 父母將子女視為衝突者的三角關係：夫妻關係緊張時，同時將注意力轉移到子女的問題上，避免直接面對彼此的衝突。

三、家庭系統理論的實務運用

家庭作為個體發展的核心，以家庭為中心的服務取向（family-centered service）也越來越受到重視。以注意力不足過動症幼兒為例，當教保人員看待幼兒行為的問題時，注意幼兒坐不住、專注力差、經常因為行為衝動而干擾別人的行為特質，而將教保的重心放在處理幼兒的過動氣質表現。教保人員需要介入的，也不僅只有改變幼兒行為，同時也要瞭解造成過動的原因，以及家長管教幼兒的方式。教保人員瞭解過動幼兒的家庭教養方式，是否有過度管教或嚴重忽視的情況，家長是否具備適當的管教技巧，當幼兒情緒或行為失控的時候，是否有第三方可以提供協助，化解衝突情境。

醫療的觀點認為，過動兒的治療必須涵蓋學校參與和家庭參與，家庭和學校的重要功能，在於評估階段時必須提供過動兒與相關者（包含家長和幼兒園教師）在各種情境對於過動兒的行為因應。當治療者提出治療計畫時，更需要家長與幼兒園教師共同參與、執行計畫，並做成紀錄，如此才能看到具體成效（宋維村、侯育銘，2004）。但是教保人員常常認為在幼兒園只要處理幼兒的行為問題，甚少關注家庭成員的需求，或許家長因為不瞭解過動兒、不知道如何照顧，導致相當大的情緒壓力，這些情緒壓力可能造成對幼兒的傷害。教保人員若將幼兒行為議題的瞭解和處遇放置在家庭系統中，從幼兒所處的家庭和生態環境著手，進行家庭功能的評估、從優勢觀點看待家庭復原力，更能對過動幼兒帶來正面的效果。

國家政策規劃或社會工作直接服務，採取家庭系統的觀點，強調以「家庭為核心」的服務模式。政策與立法的宗旨，強調支持家庭成員、解決整體家庭問題、滿足家庭需求（彭淑華，2013）。《兒童及少年福利與權益保障法》第64 條即提到，當兒童與少年遭遇不當對待與被虐待情事時，縣市政府的主管機關，應該要在三個月內提出兒童及少年家庭處遇計畫。上述家庭處遇計畫，包含社工人員要對家庭功能先進行評估，兒童及少年安全和安置的評估，親職教育、心理輔導、精神治療、戒癮治療或其他與維護兒童及少年或其他家庭正常功能有關的協助及福利服務方案（社會及家庭署，2020）。

從社會工作服務的理論基礎轉化到幼兒園情境，家庭處遇的目標設定應當先考慮「什麼是家庭需要的？」幼兒園提供家庭服務的過程，經常淪於形式，親職講座有辦就好、親子活動的目標只是為了辦活動、親子吃吃喝喝，同歡的功能甚過教育的功能，但卻不見「提升家長親職教養技巧」的目標。家長參加親子活動後，玩得開心，但家庭內問題仍未解決、教養的困擾依舊存在。幼兒園提出親子活動的滿意度，其結果想當然「很高」，但是問題解決了嗎？幼兒園對於辦理的活動，應該要進行評估，評估必須對準家庭處遇的目標。幼兒園設定家庭處遇方案目標時，可以參考下列指標：

1. 幼兒園所處的社區，家長組成特質是什麼？
2. 幼兒園提供家長哪些資源？
3. 家庭處遇介入的策略是什麼？
4. 對於目標人口群（單親家庭、隔代教養家庭），是否達到預期的效益？

幼兒園設定達成目標後，可以依照問題解決的難易程度和急迫性，列定策略，逐步實施。以前述過動兒的家庭處遇為例，過動兒有不容易專心、衝動、坐不住、情緒和動作控制失調的情況，教保人員鼓勵家長每個星期觀察幼兒行為，當幼兒表現良好的行為時就給予獎勵，學期末檢視家長對幼兒的正向行為是否有逐步提升。教保人員也可以自我檢視，當家長出現正向教養行為時，即給予鼓勵和嘉獎，逐步提升家長自我照顧和自我肯定的能力。

參考文獻

中文部分

何儀（譯）（2005）。**我媽媽**（原作者：安東尼布朗）。臺北：格林文化。

宋維村、侯育銘（2004）。**過動兒的認識與治療**。臺北：正中。

林淑玲、李明芝（譯）（2014）。**發展心理學**（原作者：D. R. Shaffer & K. Kipp）。臺北：學富。

社會及家庭署（2020）。**兒童及少年福利權益與保障法**。取自 https://law.moj.gov.tw/LawClass/LawAll.aspx?PCode=D0050001

邱淑惠（2019）。**修復關係，成為更好的自己**。臺北：商周。

張高賓（2004）。家庭心理環境、親子關係與兒童情緒經驗之關係探究。**中華輔導學報，16**，119-148。

勞動部（2019）。**勞動統計通報～近年我國女性勞動參與狀況**。取自 https://www.mol.gov.tw/media/5759086/%E8%BF%91%E5%B9%B4%E5%A5%B3%E6%80%A7%E5%8B%9E%E5%8B%95%E5%8F%83%E8%88%87%E7%8B%80%E6%B3%81.pdf

彭淑華（2013）。**家庭支持系統服務模式建構與行動**。取自 https://www.sfaa.gov.tw/SFAA/Pages/ashx/File.ashx?FilePath=~/File/Attach/4536/File_26726.pdf

馮燕（2009）。從生態觀點看幼兒托育發展。**幼兒教保研究期刊，3**，1-15。

黃惠娟、楊少強（2004）。隔代兒與單親兒趨勢調查報告——隔代教養教出什麼問題？**商業周刊，862**，138-140。

葉郁菁（2017）。**106 年嘉義縣兒童及少年生活狀況調查報告**。嘉義：嘉義縣社會局。

葉郁菁、武芳清（2017）。越南裔新住民母親對於幼兒學習母語和文化態度之研究。**幼兒教育年刊，28**，107-122。

蔡美兒（2011）。**虎媽的戰歌**。臺北：天下文化。

衛生福利部（2019）。**中華民國107年兒童及少年生活狀況調查報告**。臺北：衛生福利部。

英文部分

Bowen, M. (1978). *Family therapy in clinical practice*. Northvale, NJ: Jason Aronson.

Coplan, R. J., Arbeau, K. A., & Armer, M. (2008). Don't fret, be supportive! Maternal characteristics linking child shyness to psychosocial and school adjustment in kindergarten. *Journal of Abnormal Child Psychology*, *36*, 359-371.

Coplan, R. J., Prakash, K., O'Neil, K., & Armer, M. (2004). Do you 'want' to play? Distinguishing between conflicted-shyness and social disinterest in early childhood. *Developmental Psychology*, *40*, 244-258.

Dihn, T. K., Sarason, B. R., & Sarason, I. G. (1994). Parent-child relationships in Vietnamese immigrant families. *Journal of Family Psychology*, *8*, 475-488.

Geurin, P. J., Fay, L. F., Burden, S. L., & Kautto, J. G. (1987). *The evaluation and treatment of marital conflict*. NY: Basic Books.

Harrist, A. W., & Ainslie, R. C. (1998). Marital discord and child behavior problems. *Journal of Family Issues*, *19*, 140-163.

Hymel, S., Bowker, A., & Woody, E. (1993). Aggressive versus withdrawn unpopular children: Variations in peer and self perceptions in multiple domains. *Child Development*, *64*, 879-896.

Lin, C. Y. C., & Fu, V. R. (1990). A comparison of child-rearing practices among Chinese, immigrant Chinese, and Caucasian-American parents. *Child Development*, *61*, 429-433.

Losoya, S., Callor, S., Rowe, D., & Goldsmith, H. (1997). Origins of familial similarity in parenting. *Developmental Psychology*, *33*, 1012-1023.

Nguyen, N. A., & Williams, H. L. (1989). Transition from the East to the Wests: Vietnamese adolescents and their parents. *Journal of the American Academy of Child and Adolescent Psychiatry*, *28*, 505-515.

Nguyen, T., Chang, P. P. W., & Loh, J. M. I. (2014). The psychology of Vietnamese tiger mothers: Qualitative insights into the parenting beliefs and practices of Vietnamese-Australian mothers. *Journal of Family Studies, 20*(1), 48-65.

Schumaker, J. F., Krejci, R. C., Small, L., & Sargent, R. G. (1985). Experience of loneliness by obese individuals. *Psychological Reports*, *57*, 1147-1154.

第二章

社會學的觀點

社會學是一門研究人類社會和社會環境中人類行為的學科，社會學的視野超越個人的心理層次分析，強調較為廣泛的社會模式和社會生活事件，探討社會現象與現象對個人代表的意義（林義男譯，1995；陳光中、秦文力、周愫嫻譯，1996）。

本章分別從社會學的功能論、衝突論、社會互動論和社會交換論，探討幼兒（個人）、家庭與社區的關係。

第一節　功能論

一、功能論的內涵

功能論者認為社會的每個部分就像是生物體的各種機能，例如生物要生存，需要有呼吸系統、消化系統（王淑女、侯崇文、林桂碧、夏春祥、周愫嫻等譯，2002），也需要有中樞神經系統，執行大腦的各種指令，讓身體可以發揮作用。社會和團體也是如此，必須執行某些功能，才能維持社會的運作。例如，幼兒園存在的功能和目的是什麼？幼兒園不僅有幫忙家長帶小孩的保育功能，同時兼具教育幼兒的功能。

功能論提出相互依賴的各部門組成社會的「體系」（system），社會的各部門中，依賴「制度」（institutions）提供運作執行的方向，主要的社會制度包含教育、家庭、政治和經濟（林義男譯，1995）。教育體系的重要功能為傳遞重要的知識和技能，以及社會價值觀，如：守秩序、準時等。

功能論認為，社會中的個人是被動的，被社會制度規格化，遵循社會制定的原則採取行動。功能論強調穩定與和諧，即使社會中的某些制度造成多數人的阻礙，但最終會因為折衷和協調之後達到平衡狀態（林義男譯，1995）。

幼兒是家庭和社區的成員，他們會直接或間接學習家庭或社區面對各種問題的文化規則，例如，當雙方為了搶玩具產生衝突時，學習如何化解爭執的情緒，透過理性的溝通，達到合理的分配；幼兒如何選擇食物、如何安排休閒運動，或者家庭如何回應重大的事件，這些都包含個別家庭承襲的文化和社會價值觀，影響幼兒園教師與家庭的溝通互動，和改變幼兒的生活習慣，這些議題無法區隔家庭和幼兒園，幼兒園教師更是需要與家庭共同合作。

二、幼兒社會化

「社會化」（socialization）過程，即是幼兒從生物人，發展成為社會人的過程。社會人與生物人最大的差異，在於個體可以使用語言，理解該社會應遵循的規範和原則。社會化包含五個機構：家庭、同儕團體、大眾傳播媒體、學校和工作場所（林義男譯，1995）。

（一）家庭

家庭是幼兒社會化的第一個、也是影響最大的社會化機構。幼兒從家庭中學習辨識主要照顧者的行為，並且從與照顧者的互動中，建立依附關係和穩定的情緒。嬰幼兒從親密的照顧者，習得家庭中的母語。

不同社會階級的家庭，營造的家庭氛圍和教養特質不同。過去累積相當多的研究指出，勞工階級的家庭，父母的教育程度較低、接受的教養觀念較為傳統，習慣使用命令式的語氣，與子女間互動較少。教育程度較高的照顧者（通常是母親）照顧幼兒時，可以使用的詞彙量和語句長度明顯高於教育程度較低者（葉郁菁、陳蔚慈，2019）。Shaffer 與 Kipp 指出，對幼兒不敏感的養育者，通常也是健康、經濟較有困難的照顧者，無法準確辨識幼兒的反應和需求，也是造成幼兒不安全依附的原因（林淑玲、李明芝譯，2014）。

（二）同儕團體

同儕團體（peer groups）擁有相同的興趣，從事類似的活動時，兒童可以從同儕的互動中，學習彼此互相幫助，並瞭解小團體運作的模式。同儕之間的合作和衝突解決、學習人際處理的方式，以及訊息和知識交換，也是一種技能的學習。例如，幼兒園學習區，通常會出現能力較強的創作者，當他用樂高積木做出會旋轉的戰鬥陀螺時，能引發其他幼兒仿效。

家庭內年齡相近的兄弟姊妹、街坊鄰居的兒童都屬於同儕團體，但隨著少子化時代來臨，鄰里社區的互動減少，許多幼兒只有一個兄弟姊妹或甚至是獨生子女，兄弟姊妹的影響反而不如同儕團體。

幼兒園混齡班級的好處主要為補足家庭因手足人數少，缺少的同齡幼兒互動。幼兒園混齡班級呈現 Vygotsky 所指的「同儕鷹架」（peer scaffolding）的功能。包含：

1. 提升大班幼兒的領導能力：混齡的幼兒園班級有不同年齡的幼兒，大班的哥哥姊姊學習扮演領導者角色，教導中小班的弟弟妹妹，學習用較小幼兒可以理解的能力和他們溝通。
2. 提供中小班幼兒學習模仿的對象：中小班幼兒觀察和模仿班級中年齡較大的幼兒，對其智能發展和思考模式有所幫助。

（三）大眾傳播媒體

幼兒許多知識和行為習慣的來源受到大眾傳播媒體影響很深。尤其在資訊化世代，大眾傳播媒體的樣態不僅只有電視，甚至包含時下最為流行的「新媒體」。新媒體指的是新的技術支撐體系下出現的媒體型態，如數位雜誌、數位報紙、數位廣播、手機簡訊、移動電視、網路部落格、桌面視窗等。相對於報刊、廣播、出版、影視四大傳統意義上的媒體，新媒體也被稱為「第五媒體」。

因為網路的便利性，許多家長育兒的知識來源從傳統的育兒教養書或請教長輩、認識的朋友等管道的比例下降，主要來自網路搜尋獲得相關訊息（葉郁菁、張宇樑，2020）。因為網路社群和大眾傳播媒體的發展，讓「社區」的概念無遠弗屆，幼兒家長的社群和支持友伴可能來自一群素未謀面的網友。在新媒體的影響下，幼兒園的訊息傳遞媒介，不再是紙本的親子聯絡簿，而是班級的臉書社團、家長群組等。

（四）幼兒園

有些嬰幼兒從兩個月大之後即進入托育機構，但幼兒園仍是多數幼兒第一個參與的正式教育組織。幼兒在幼兒園中學習團體的生活規範，學習上課時間與下課休息時間，瞭解每日固定的作息活動，成為團體的一份子。幼兒園安排每日的學習活動，透過繪本、團體討論、分組活動、不同的主題課程等，增加幼兒的認知和生活經驗。

學校具有五項功能：(1)政治與社會的整合；(2)選拔人才；(3)文化傳遞；(4)技術訓練；和(5)社會化（林義男譯，1995）。

1. 政治與社會的整合：教育的目的是使社會中的個人產生認同，並順服規範，因此學校中的學科，潛藏傳遞政治意識型態。最明顯的即是公民或社會課程中對於歷史或政治的文字描述。學校的升旗典禮、儀式，也反映了對國家認同的意識型態。幼兒園當然也會有類似的意識型態傳遞，教會設置的幼兒園，也會在幼兒園的每日儀式中涵蓋宗教規訓，例如：用午餐之前要「謝飯」、「感謝主」。
2. 選拔人才：學校教育的目的是提供公平的受教機會，培養人才，並且使有才能的人可以獲得重用。幼兒園是幼兒第一個接受教育的機構，因為幼兒的個別差異，提供適齡適性的學習活動，即使是能力發展快慢不同的幼兒，也都可以獲得適合的個別化教學和輔導。
3. 文化傳遞：教育具有文化傳遞的功能。文化是生活中被視為理所當然的部分，包含規範、價值、符號和語言（林義男譯，1995）。規範是期待社會成員應當遵循的規則，價值則是社會成員對事物的好壞、對錯等共同的評價，符號包含物體、手勢、聲音、顏色和圖案，用來傳遞某些訊息。例如，幼兒學會紅綠燈顏色代表的意義，因此可以學會遵守交通規範。語言則是一種口語系統，可以保存過去的經驗和有助於個人表達想法。幼兒學習中文的語言溝通，學習透過圖像符號表達想法。

4. 技術訓練：教育可以傳遞基本的社交能力，使幼兒理解如何與他人互動並有效的參與班級（團體）；同時幼兒園也教導幼兒生活自理的能力，幼兒學會自己吃飯、自己穿衣、穿鞋，整理自己的書包等；幼兒園協助個體發展思考能力，例如，透過團體討論的過程或者學習區操作，讓幼兒學習蒐集訊息、解決問題的能力。
5. 社會化：幼兒從幼兒園習得一些有關「規範」的不成文規定，例如：上學不要遲到，其他幼兒分享時要注意聆聽、想要去上廁所要先告訴老師、聽從老師的指示到外面排隊、分組活動時和同組的其他小朋友一起工作等。這些規範引領幼兒進入團體生活後，可以很快學習社會的團體秩序。

（五）工作場所

當社會成員接觸到新的工作時，必須學習職場的正式規範，包含工作處理流程、順序、運用正確的技術等，社會成員也會習得在職場生存的「潛規則」，例如，和老闆互動的模式，不同職位應有的說話語氣，工作處理的優先順序等。有時候幼兒在幼兒園學習區的表現，也會看到家庭成員的模仿。幼兒園進行「商店」的主題，通常家裡開店做生意的幼兒，做生意買賣、招呼小客人的表現最為稱職。還有一些幼兒，模仿爸爸每天拿公事包上班，或者媽媽拿著手機跟公司的人講電話。透過學習區的操作和扮演，幼兒模擬各種工作場所的樣態，常常無形之中影響幼兒對於未來工作的理解。

第二節　衝突論

衝突論（the conflict perspective）強調團體或個人之間的關係因為爭奪利益導致產生支配者與被剝奪者的差別（林義男譯，1995）。支配者或既得利益者擁有社會多數的資源，他們住在資源較為富庶的社區，社區內有各種豐富的設施，兒童在這樣的環境長大，能有很多機會接觸各種兒童劇團表演，學習鋼琴、小提琴、藝術等各種才藝；都會區內美術館、文學館、博物館、圖書館等各種公共設施林立，家長和兒童可以便利取得。都會區高社經的家長有能力提供各種資源，家長會捐贈圖書和設備給國小和幼兒園，但在偏鄉弱勢地區，鄰近區域缺乏各種教育資源和建設，幼兒的生活經驗和文化刺激少，他們可以使用的語彙簡單，社區很難提供各種教養的支持，若家長對幼兒的教養方式較為消極，幼兒的能力表現可能不如預期。

衝突論者認為，衝突是社會中存在的一種普遍現象，種族之間的衝突、家庭中人際關係的衝突（包含夫妻、親子、婆媳等）、年輕社群與長者的衝突、政治意識型態的衝突、宗教的衝突等，這些普遍存在於我們的日常生活之中。例如，幼兒園中的新住民家長和隔代教養的祖父母無法看懂聯絡本的中文，幼教老師透過聯絡本宣達事項或幼兒學習的分享，就會造成無法閱讀的新住民和隔代教養家長被排除在外。如果幼兒園教保人員認可「瞭解幼兒學習的情況和表現，知道幼兒園的規定和公布的事項」是每一個家長的基本權利，教保人員應該思考如何滿足各種家長的需求，而不是認為「新住民家長應該學會中文，因為不懂中文而無法瞭解幼兒園的事情應該自己負責」。

衝突論觀點指出，資源的分配不均和團體或個人之間的衝突，是導致社會變遷的重要原因。社會變遷的起因，經常是因為被支配者或被剝奪者意識到自己權益受損，進而爭取自己的利益。

一、文化相對論與種族中心論

不同社會存在文化之間的差異，也各有其遵奉的價值觀。但是有時候文化之間的隔閡，反而容易造成彼此的誤解。文化相對論（cultural relativity）強調不應從自己的文化觀點判斷其他文化的態度和行為（林義男譯，1995）。但種族中心論（ethnocentrism）則是從自己的標準判斷他人的生活方式，團體內部的成員，雖因此獲得團結和穩定的向心力，但是也常造成團體與團體之間的衝突。

幼兒園也存在不同文化的意識型態差別，社區中家長代表的文化和價值觀與學校教師不同。作者輔導南部某間國小附設幼兒園，該園位於靠海的漁村，小漁村裡都是同家族的親戚居多，而幼兒園的幼生多半都有親戚關係；那裡的家長以搭蚵棚、養蚵、剖蚵為生，他們通常清晨四點就出門，接近中午完成工作就回家睡覺，當地居民信奉宮廟的王爺，是社區內重要的信仰中心，幼兒園裡的幼兒，隨口說的都是跟「王爺公」有關的內容。

> 學區內僅有一村、一校，剩下的就是一望無際的蚵殼，家長大多數靠海為生，跟海的關係密切，尤其是以蚵產業為重，飼養的青蚵更是臺灣青蚵的主要產地，所以養蚵、賣蚵、剝蚵代工是村民主要的生計來源，家家戶戶內外，村莊四周蚵殼成堆，因此「蚵」就是這裡最大的特色。

家長的工作時間和對教育的想法，與教育專業的幼教老師有很大的不同。老師認為家長應該在家提供幼兒早餐、帶幼兒上學，這是家庭的基本功能和家長應負的責任。但是家長認為，學校就在社區中，哥哥姊姊帶弟弟妹妹上學沒有什麼不好，況且幼兒園早上也提供點心，有沒有吃早餐沒有關係。因為社區中的宗教信仰，學校活動（包含幼兒園的校外活動）都要請示王爺公，甚至當宮廟有祭祀活動時，家長認為幼兒應該要參加廟裡活動，請假不去上課沒有關係，上述階級價值觀，與學校老師告知學生「用功讀書、認真學習」、「勤奮上學不要隨意請假」的學校規範有所不同，若宮廟和教保人員的宗教信仰不同，對於這種虔誠的民間信仰滲入學校的正式教育，可能也會產生信仰和階級價值觀的衝突。幼兒園聖誕節、萬聖節等西方文化活動，與幼兒家庭生活重心的王爺公生日、建醮等儀式扞格。文化相對論的觀點強調不論是聖誕節或地方宮廟活動，沒有孰優孰劣的問題。教保人員引導幼兒關懷社區文化，同時也學會尊重文化的差異性。

二、社會階級對家庭的影響

（一）階級與家庭

社會階級（social class）指的是經濟和社會地位階梯上屬於同一層級的一群人。階級並沒有明確的「標籤」（labelling）以清楚區隔家庭平均收入多少以上算是「高社經」。不同社經地位的社會群體在工作環境、職位、擁有的地位、財富、勞動形式、生活方式，或其他社會、經濟或文化等，均有不同。幼兒出生之後，家庭環境即已賦予社會階級，胎兒在母親體內中獲得的營養、出生之後的教養環境，均與家庭可提供的物質資源多寡有關。

（二）貧窮的影響

貧窮問題影響的不僅是幼兒的營養和身體健康，貧窮也會造成學習的不利後果，高社經背景學生的學業成就高於低社經的學生，且高社經背景的家長對子女的學習參與較為積極，並扮演子女教學輔助者的角色（謝孟穎，2003）。環境的經常性變動、遷徙，照顧者的不穩定，也是造成兒童不安全依附的因素之一。經濟因素對家庭造成的影響包含（杜宜展譯，2010）：

1. 金錢可以購買新鮮食物

新鮮的食物有益於兒童的健康，若兒童缺乏均衡的飲食，可能導致兒童因為飢餓而營養失調和營養不良。

2. 經濟壓力可能造成家庭壓力和衝突

許多父母和家庭成員的衝突來自於經濟的壓力，他們常因家庭的收入和背景而感到羞恥，拒絕與幼兒園教師溝通，或很少參與學校活動。當父母感受經濟壓力時，衝突也會增加，家庭成員之間的情感和互動薄弱，幼兒也會觀察和感受家庭中的壓力氛圍。

3. 經濟能力決定社區和住宅

住宅區域通常與居住者的社經地位有明顯相關。貧窮的幼兒居住於擁擠、吵雜、犯罪率高的社區，這些區域相對也缺乏完善的公共設施，幼兒缺乏安全的處所，容易導致健康和安全的問題。社區環境攸關家庭可取得的醫療資源是否充足，例如，社區內是否有充足的醫療診所；偏鄉地區的醫療資源缺乏，甚至沒有婦產科、小兒科專業醫師，孕婦可能因為沒有交通接送的資源而忽略或減省產前檢查；因為偏鄉地區缺乏眼科或牙科專業醫師，幼兒的視力檢查、齲齒檢查和矯治，就必須仰賴公衛護理師、校護和幼兒園教師。家庭的經濟能力越強，他們越能選擇高級住宅區域，擁有類似社經地位的鄰居和社區成員。

4. 家庭經濟影響幼兒的學習活動

社區內的各種學習設施是否足夠，包含學校、公私立幼兒園、課後照顧機構、才藝班與補習班等，甚至是圖書館、書局（店）、百貨公司、各種商店，家庭經濟攸關上述資源取得的近便性。家庭為幼兒選擇公立或私立幼兒園，費用門檻是很實際的問題：高社經地位的家庭，可以有多種選擇，高社經背景家庭可以選擇月費兩萬元的幼兒園，但是低社經家庭卻很難選擇高收費的幼兒園。即使是兒童的才藝課程，也充滿著「品牌」、「高低收費」的差異性，這當中把幼兒和家庭做了清楚的階級分隔。嘉義市兒童及少年生活狀況調查結果顯示，家庭收入越低，家庭花費在兒童食物的費用比例越高；相較於高收入的家庭，花費在兒童的教育費用、購買教玩具、娛樂休閒的支出，明顯高於低收入的家庭（葉郁菁、張宇樑，2020）。

瞭解幼兒家庭的社經地位和文化背景，並非讓教保人員對幼兒產生差異對待，而是更能同理幼兒家庭可能因為功能不足、支持不夠，對幼兒的學習和發展產生負面影響。教保人員作為一個教育者，讓每一位幼兒和家庭感受幼兒園教保人員給予的無差別條件的關懷和肯定，才能在幼兒學習啟蒙的初始，確保幼兒園提供給幼兒的學習經驗是有助益的。

第三節　社會互動論

一、社會互動的觀點

社會互動（social interaction）強調日常生活中人與人之間的各種互動，以及個體藉以發展出對自身以及相關人、事、物各種看法的過程。人可以解讀對方的動作和行為、姿勢、語言，代表的意義，同時運用社會上多數成員可以理解的符號，進行對他人的訊息傳達（王淑女等譯，2002）。

社會互動論是一個有趣的觀點，而且經常運用於學校情境中分析教師與學生的互動歷程。從課室的互動歷程分析，更可以清楚地呈現課室中師生課程進行的情況。互動論者透過觀察課室中的成員，瞭解課室成員之間的關係和互動的模式。例如老師告訴幼兒「講話要先舉手」，幼兒必須先徵求發言的話語權，因為教師擁有課室內發話的控制權，能夠決定誰可以、誰不可以講話。即使在幼兒園班級，教保人員與每個幼兒的互動也不一致，教保人員也許會對某些幼兒關注多一點，像是能力較強的大班幼兒經常被老師挑選為「鷹架」小班弟弟妹妹的幫手。而在團體討論的時候，經常舉手發言的幼兒，也較常被老師關注，班級中安靜、較少說話、不敢表達想法的幼兒，教保人員可能較容易忽略。

二、社會互動必須基於雙方可理解的基礎

互動產生的基本要素，是溝通者具有互動的基礎，否則就會淪於雞同鴨講。原住民部落的長輩主要使用的語言為原住民母語，但分發至原住民部落的教保人員若不瞭解原住民語，與家長的溝通較有困難。教保人員使用幼兒可以理解的詞彙，例如，幼兒園老師告訴小朋友：「今天腳趾頭們（指腳趾頭）不想要跟他的好朋友腳跟們（指腳跟）分開，所以你們要想辦法讓他們相親相愛黏在一起走路喔！」老師運用幼兒可以理解的方式，告訴他們如何將腳趾頭分開。

幼兒園老師：你們可以動動腳趾頭嗎？
小波：老師，妳看（腳趾頭張開）。
幼兒園老師：哇～你的腳趾頭很厲害喔，我們今天要利用厲害的腳趾頭做很困難的挑戰。你們準備好了嗎？
幼兒：準備好了。
幼兒園老師：今天腳趾頭們（老師指自己的腳趾頭）不想要跟他的好朋友腳跟們（指腳跟）分開，所以你們要想辦法讓他們相親相愛黏在一起走路喔（示範腳跟碰腳尖）。
家家：像這樣嗎？
小謙：你看我也有黏在一起。
（小虎看著自己的腳做動作）。（20171123 觀）

另一個例子是，因應現代科技和網路，幼兒園教師使用社交群組取代聯絡本，但是對於偏鄉地區未使用社交群組的隔代教養家庭，反而形成訊息阻隔。還有，幼教老師使用中文訊息，對使用社交群組但看不懂中文的新住民家長，也無法達到有效溝通，若能善用社交群組中的留言或音訊，才能減少溝通的阻礙。

三、Cooley 的鏡中自我理論

C. H. Cooley 提出「鏡中自我」概念（looking-glass self），認為一個人就像在照鏡子一樣，會想像自己在別人眼中是什麼樣子，他人就像一面鏡子，映射出自己在別人眼中的形象（林義男譯，1995）。發展心理學者認為，八歲之後的兒童對「自我」的建構，來自同儕或重要他人對他們的評價，兒童可能認為自己學業成績表現很好，在班上人緣不錯，同學都喜歡他；這些對自我意識和自尊的評價，從同儕中得到證實，並且進一步強化對自己的評價（林淑玲、李明芝譯，2014）。

依據社會互動理論，家庭中的互動會形成幼兒對自己的自我認同和評價。例如，家長經常對幼兒說：「你怎麼這麼笨！」「連這個都不會！」「你都這麼大了，還要別人幫你做嗎？」這些負向語言造成幼兒對自己的評價是「缺乏能力的」、「不聰明的」。幼兒缺乏自信，自然認為「我做不好才是合理的」。在幼兒園，幼兒也會從老師和同儕中獲得自己的社會評價。探討幼兒的社會關係時，通常也會運用社會計量法（Socimetric），詢問班上幼兒最喜歡和誰在一起、最不喜歡和誰在一起，由此推算出班上受歡迎與不受歡迎的幼兒，並分為「受歡迎」、「有爭議」、「被拒絕」、「被忽視」和「普通」五組，以作為輔導幼兒的參考。

社會互動論是一種雙向的、彼此互為影響的結果。幼兒給予家長或教保人員的回饋，同樣也會影響成人認為自己是什麼樣的父母或老師。有些父母經常把孩子的成就或失敗歸咎於自己的緣故，認為孩子無法達到父母的期待，所以自己是個失敗的父母。幼兒園教保人員與家長互動溝通的過程中，瞭解社會互動論的影響，若採取正向的語言和行為，讚賞和激勵家長和幼兒，較容易維持正向循環的關係。

第四節　社會交換理論

一、社會交換理論的觀點

社會交換理論（social exchange）也是互動論的一種觀點，認為個體的行為受到行為以前的報酬影響（陳光中等譯，1996）。社會交換論的觀點認為，人類的行為是經過利益評估的，行為的產生是因為受到某種能夠帶來獎勵和報酬的交換活動的支配，幼兒表現符合教保人員期待的行為，是因為可以獲得老師的讚美，完成學習單的幼兒、舉手發表想法的幼兒，都可以得到集點貼紙，這些都是酬賞誘發的行為。發展心理學也運用社會交換理論詮釋嬰幼兒的行為發展，當嬰幼兒對照顧者微笑，獲得擁抱和親吻，嬰幼兒會持續採取同樣的行為（微笑）以獲得（交換）關注（林淑玲、李明芝譯，2014）。因此，人類一切社會活動都可以歸結為一種交換，人們在社會交換中所結成的社會關係也是一種交換關係。

二、交換與分配

P. Blau 的社會交換論，將酬賞分為「內在性報酬」與「外在性報酬」，前者包含從社交關係中獲得的樂趣、認同、愛、感激、讚美等，外在性報酬則屬於金錢、商品、邀請、協助等。社會資源的分配無法達到完全的公平性，因此，在資源有限的情況下，彼此為了爭取自己的最大利益，就會產生衝突。Blau 認為，即使是同一個穩定的交換夥伴關係、具有共同利益，但是每個人都希望對方可以承擔較多責任，或者自己從交換過程可以多一點利益。舉例而言，大學常有分組報告，小組成員的工作無法達到完全的平均分配，但是小組獲得的利益（分數）是一致的，即使小組成員完成報告任務的目標一致，彼此也會因為有人做多、有人做少，當中的交換不均而產生衝突。Blau 也認為，「報酬」過多或過少都不是一件好的事情，不斷地給予報酬或過於豐富的報酬，反而可能降低價值。幼兒園或社區辦理親職講座或活動時，為了吸引社區民眾或家長參與，有時提供必要的誘因，但是過大的酬賞，將會降低酬賞的價值，之後若要再辦活動，就要不斷提高酬賞的價值才能吸引家長或民眾參與。群體中的個人必須學會增加吸引和減少衝突的威脅，不管是在對方心中留下吸引人的印象，或者「讓利」以獲得合作的可能性，個體為了要提高對方的注意，可能會先主動示好，或者證明自己是個友善、沒有威脅性的夥伴（Redmond, 2015）。華人教養中，也會經常出現這種「貶低自己」的謙虛性的措辭，當別人稱讚自己的孩子「這次考試考得很好」，華人父母用貶低子女方式回應「他在家都沒念書」、「應該是運氣好、猜對的。」從交換論觀點，個體減少威脅或降低衝突以維持交換的關係存在，是維繫社會互動的方式。

所有的交換行為不一定是為了外在性報酬而產生，也不一定都是雙方對等的，未必所有的人類行為都經過精密算計，估算行為可能獲致的利益。人類的社會互動有時並不是以「交換」為目的，父母對子女的照顧，幼兒園教保人員對幼兒的關愛，並非有目的的算計，或者期待從對方獲得利益。社會交換論將人類行為過度工具化和功利化，也是社會交換論被抨擊之處。

第五節　幼兒園、家庭與社區的社會學探討

幼兒園和家庭受社區和更廣的社會影響甚深。社會現象涵蓋個體，包含幼兒、家長、幼兒園教師以及社區成員。社會學探討的社會現象，普遍存在於社區、幼兒園和家庭中。社會學者從人口、心理、集體、關係和文化等五個層面探討上述社會現象。

一、人口層面

人口指的是出生、死亡和遷徙，社區出生的嬰幼兒人口數，攸關縣市政府評估幼兒教育和托育公共化的政策判斷。社區是否增設公立幼兒園和非營利幼兒園，出生嬰兒人口數可以作為參考的數值。其次，當地社區家長的工作型態若以雙薪家庭為主，托嬰中心或幼兒園的送托需求則又更高。不過，托育需求和服務提供往往受市場機制影響。都會地區私立幼兒園的家數比較多，形成競爭的市場機制；若家長所得與收入較高，選擇較為便宜的公共化托育設施並非必要的決定因素，政府在該地區即使設置非營利幼兒園，不一定可以滿足家長需求。社區內公立幼兒園、非營利幼兒園或公共托育設施，若近便性夠，且也方便取得，家長將幼兒送托的意願則會更高；相對社區內相關的托育措施或機會有限，家長即便想要讓幼兒送托，幼托機構也沒有足夠員額。

社區人口老化或年輕人口大量外流，是影響幼兒園經營的另一個因素。新興幼兒園的設置多半位於年輕人口聚集區，相對老舊社區或偏鄉地區，年輕人口快速移動到城市都會區，生育率大幅下降，同樣也有招生不足的問題。同時在上述地區，因為獲利較不穩定，也很難吸引私立幼兒園經營，學前教育反而仰賴公共體系。

幼兒人口減少，直接的衝擊是教保人員數。依據《幼兒教育及照顧法》第16條規定（教育部，2018），幼兒園招收三歲以上至入國民小學前幼兒之班級，每班招收幼兒15人以下者，應設置教保服務人員一人。但實務現場，若班級內僅有一位教保人員時，教保人員的照顧壓力比較大，需要隨時注意班上幼兒的情況。即使在收托人數少的偏鄉地區，若能配置每班至少二名以上教保

人員，教保人員的照顧負擔較小。

二、心理層面

行為對每個人的意義為何？包含個人的動機、想法、能力、社會動態、自我認同感。而社會化的過程，則是探討個人態度的形成，受他人和外在環境影響，宗教信仰的行程，騷動和慌亂情緒的傳播途徑等（陳光中等譯，1996）。社會化和社會互動的過程尤其與家庭的關係密切，個體社會化過程受到家庭、學校和社區影響很深，重要他人（significant others）對幼兒的行為和價值觀直接產生烙印的影響。有關幼兒社會化的詳細說明請參見本章第一節。

三、集體層面

社會學探討兩個人以上組成的團體，包含家庭或學校這樣的組織。組織或團體內的成員如何溝通和互動，當中權力的運作又是如何？例如幼兒園家長會的組成或代表，可能反映的並非是幼兒園多數的家長組成樣態，反而是少數的菁英分子。家長代表繳了家長委員費用、擔任家長代表職務，但參與家長會的成員對於這個職務的期待是什麼？或者有些人想要透過合法授予的「職務」，產生更多的利益或影響力，例如，有機會可以結識其他企業組織的主管、對自己經營的企業有商業的利益，或者可以透過學校老師給予自己子女特殊的便利性。

社區中的組織和團體，同樣也對幼兒園產生影響力。幼兒園進行社區踏查時，必須先瞭解社區中有哪些團體對於社區的瞭解程度高、影響度深，也就是幼兒園常提到的「社區耆老」。社區發展協會、里長或村長、在地的民間組織，通常對當地的群眾和活動有較密集的連結；若幼兒園教保人員想要進行社區廟宇或宗教的主題，宮廟的理事長或董事長可能掌控一些資源，例如贊助幼兒園活動或學校的運動會。學校（或幼兒園）很難與上述這些團體隔絕，適度保持彼此互動的關係，對於社區和幼兒園的發展是互利的。像是幼兒園辦運動會，可以商借社區內高中職的場地；幼兒園與企業合作可借用演藝廳辦理畢業典禮；以及幼兒園可帶幼兒參與社區的活動（客家義民節、媽祖繞境）。社區也是幼兒園教保人員選擇和設計課程活動的重要場域，教保人員從幼兒園、家庭和社區中選取學習的材料，提供幼兒多樣的社會文化和自然環境的經驗（教育部，2016）。

四、關係層面

關係層面談的是「角色」（role）。角色是社會中他人期待個體在某個位置中應該有的行為（陳光中等譯，1996）。社會生活中，個人的角色或職稱、位置，乃是因為其他人而產生意義。「教師」的角色之所以存在，是因為有受教的學生；因為子女，所以才會有相對應的母親和父親角色。每個人不一定只扮演一種角色，幼兒園老師在學校中是幼兒的老師、同校其他老師的同事、園長的下屬，但在家中則扮演父母的角色或者人夫、人妻的角色。

角色衝突（role conflict）指的是扮演某一個角色時，無形中妨礙了其他角色的扮演。例如，幼兒園教保人員因為職責協助課後留園，照顧班上幼兒，但是卻因而無法照顧自己的孩子，扮演好父母，就會因此產生對角色扮演的焦慮和失落感。家庭中的角色衝突，影響家庭幼兒和其他成員。當家中夫妻關係出現衝突和緊張、甚至家庭暴力議題，導致幼兒也會出現類似「創傷後壓力症候群」（post-traumatic stress disorder, PTSD）反應：悲傷、焦慮、恐懼、害怕被遺棄等。

五、文化層面

文化層面探討社會規範和社會價值對個體行為的影響。社會規範的主動性，包含社會中的法律規範。強盜、殺人等行為無法為社會接受，且必須接受懲罰；社會規範的暗示性，則包含與長輩同桌必須等長輩動筷子，跟別人說話時坐著很沒有禮貌，別人送你禮物的時候要說謝謝等（陳光中等譯，1996）。

幼兒園教保人員建立的社會規範反映了社會中的價值期待。許多幼兒園強調知識性的學習或紙筆練習重於遊戲，因為家長覺得「遊戲」是「玩」，過多的玩耍對於學習是沒有幫助的。《幼兒園教保活動課程大綱》希望可以改變這樣的價值觀，幼兒的學習活動應該以「遊戲」為核心，在遊戲中自由探索、操弄與發現，並且從遊戲中學習與人的互動、探索素材的意義（教育部，2017）。上述課綱的社會領域，包含「自己」、「人與人」、「人與環境」三個學習面向，其中「人與環境」的學習面向包含以下目標（教育部，2017）：

社 1-4　覺察家的重要

社 1-5　探索自己與生活環境中人事物的關係

社 1-6　認識生活環境中文化的多元現象

上述三個目標引導幼兒覺察自身所處的環境中，人事物的關係，覺察社區中的文化現象，進而參與家庭和社區的各種活動。

社 3-5　尊重生活環境中文化的多元現象

社 3-6　關懷生活環境，尊重生命

上述兩項目標則是培養幼兒對於社區中環境和生命展現尊重的態度，使幼兒樂於親近自然、愛護生命。

參考文獻

中文部分

王淑女、侯崇文、林桂碧、夏春祥、周愫嫻等（譯）（2002）。**社會學的概念與特色**（原作者：J. R. Landis）。臺北：洪葉。

杜宜展（譯）（2010）。**家庭學校關係：親師合作的成功策略**（原作者：G. Olsen & M. L. Fuller）。臺北：學富。

林淑玲、李明芝（譯）（2014）。**發展心理學**（原作者：D. R. Shaffer & K. Kipp）。臺北：學富。

林義男（譯）（1995）。**社會學**（原作者：D. Light & S. Keller）。臺北：巨流。

教育部（2017）。**幼兒園教保活動課程大綱**。臺北：教育部。

教育部（2018）。**幼兒照顧及教育法**。取自 https://law.moj.gov.tw/LawClass/LawAll.aspx?PCode=H0070031

陳光中、秦文力、周愫嫻（譯）（1996）。**社會學**（原作者：N. J. Smelser）。臺北：桂冠。

葉郁菁、張宇樑（2020）。**嘉義市 108 年兒童及少年生活狀況暨福利需求調查報告**。嘉義：嘉義市政府。

葉郁菁、陳蔚慈（2019）。新住民母親與六個月大嬰兒的親子互動：家庭語料分析研究。**教育研究月刊，297**，112-129。

謝孟穎（2003）。家長社經背景與學生學業成就關聯性之研究。**教育研究集刊，49**（2），255-287。

英文部分

Redmond, M. V. (2015). Social exchange theory. *English Technical Reports and White Papers, 5*. Retrieved from: https://lib.dr.iastate.edu/cgi/viewcontent.cgi?article= 1003&context=engl_reports\

第三章

心理學的觀點

心理學主要探究人類內在心理歷程、精神功能和外在行為。發展（development）指的是個體從受孕到死亡的期間內，系統性和連續性的變化，這些變化通常有必定的程序和規律。發展也強調「連續性」，指的是前階段的發展會影響後階段（林淑玲、李明芝譯，2014）。

本章分別從幼兒的生物發展、認知和語言發展、社會與人格發展，探討家庭與社區對幼兒的影響。

第一節　生物發展

一、遺傳的影響

遺傳的缺陷可能導致生理發展的缺陷，遺傳缺陷包含染色體異常和基因異常兩類。

（一）染色體異常

染色體異常包含染色體太多或太少或者染色體斷裂或受傷，前者包含透納氏症（少一條 X 染色體：XO）或超雄性（多一條 Y 染色體：XYY），後者較常見的有唐氏症（Down syndrome），第 21 對染色體多了一條。唐氏症的外觀特徵包含身材較矮小、鼻樑低、杏眼，雙眼間距較大等，通常也會有智能障礙、發展遲緩、癲癇、認知功能減退等問題

（財團法人中華民國唐氏症基金會，無日期）。

（二）基因異常

基因異常則包含隱性遺傳與顯性遺傳。常見的隱性遺傳疾病包含糖尿病、囊胞纖維症、裘馨氏肌肉萎縮症、血友病、苯酮尿症、鐮型血球貧血症等。顯性遺傳則是子女從父母任何一方獲得顯性遺傳基因，而且表現出病徵，例如，杭丁頓舞蹈症（林淑玲、李明芝譯，2014），其他如：捲髮、酒窩、A型和B型血、多一根腳趾，這些也都屬於顯性遺傳（葉郁菁，2016）。

（三）遺傳與心理疾病

個體的心理發展也受遺傳因素影響，包含酗酒、犯罪、憂鬱症、過動、躁鬱症（bipolar disorder）與其他精神官能症（neurotic disorder）。以思覺失調（schizophrenia）為例，其臨床表現為：對事物有錯誤信念，其思維不易瞭解或極為混亂，甚至出現妄想、幻覺、幻聽，社會參與或情緒表達都很少。父母一方為思覺失調者，子女約有12%的機率可能得到遺傳，但若父母雙方均為思覺失調者，子女罹患率則可能高達40%。臨床上思覺失調為一種多基因及多因素造成的疾病，除了遺傳和基因以外，環境因素也可能造成一定的影響（陳建志，2020）。

二、出生前的環境

胎兒在母體的發展，非常容易受到外在環境影響，且懷孕的初期，胎兒的中樞神經系統最容易受到傷害。出生前環境中的不利因子包含：母親酗酒、吸毒、抽菸，母親懷孕時遭到德國麻疹感染，或者母親本身為B型肝炎帶原者，梅毒或性病、愛滋病帶原者，均有可能透過胎盤造成胎兒缺損。酗酒的母親可能造成胎兒有酒精症候群（fetal alcohol syndrome, FAS），出生後的嬰兒會有發展遲緩、低體重、過動、癲癇等症狀。

其他影響因素包含母親在懷孕過程的營養是否充足，若營養攝取不足，胎兒容易身高體重不足，導致早產。此外，高齡懷孕者，產生的併發症包括妊娠高血壓、胎盤早期剝離、前置胎盤、妊娠糖尿病等；而胎兒併發症常見則有：早期流產、低出生體重、染色體異常等問題（國民健康署，2019）。另外，孕婦懷孕過程的壓力和激動的反應，都會分泌腎上腺素，穿過胎盤進入胎兒的血液，導致出生後的嬰兒活動降低、心跳加速。壓力大的孕婦，體內的可體松濃度較高，也容易導致胎兒有較多的情緒反應，包含哭鬧、負向的臉部表情。

社區中的不利因素，也會影響胎兒的健康。

1. 化學品：包含生活中的有機溶劑、染料、重金屬和有毒物質等。例如染髮劑或髮膠等，都是環境中常見的化學品（信誼基金會，無日期）。環境中使用的農藥殘留，或者工廠直接排放汙水，直接汙染土地、河川和海洋，以及農田種植的農產品，間接影響胎兒健康。食材確實清洗，避免生食，才能確保降低汙染物風險。
2. 空氣汙染：空汙是造成健康危害的殺手，包含汽機車廢氣、PM 2.5。空氣汙染的來源包含自然環境和人為環境造成。自然來源的空汙如沙塵暴，人為環境的空汙則常與工廠排煙與汽機車廢氣有關，所以經常以機車為交通工具者，通常直接接觸 PM 2.5 的機會更高。
3. 災害導致的環境汙染：包含核能事故造成的環境汙染，魚貝蝦類以及農植產品可能遭受汙染，受輻射感染的環境，可能導致畸形胎兒。

三、發展的重要關鍵期

學齡前是幼兒發展的重要關鍵期，學齡前幼兒需要有健康的飲食、充足的睡眠，避免幼兒受到傷害，不論是家庭、幼兒園或社區，都應維護幼兒的健康安全。

（一）健康的飲食

臺灣嬰幼兒體位與營養狀況調查結果顯示，幼兒蔬菜類及乳製品平均攝取量不足，而且很多家長為了方便解決，很少注意幼兒的營養是否足夠。臺灣地區兒童甜食、零食、含糖飲料攝取率偏高，油炸與零食多半為高熱量密度的食物，過多甜食和含糖飲料也是導致兒童肥胖、慢性病和齲齒率偏高的原因。國民健康署「我的健康餐盤」包含六大口訣：每天早晚一杯奶、每餐水果拳頭大、菜比水果多一點、飯跟蔬菜一樣多、豆魚蛋肉一掌心、堅果種子一茶匙（國民健康署，2018a）。

健康飲食包含：

1. 良好的飲食行為（細嚼慢嚥、定時定量、在位置上坐好吃飯）。
2. 食物的安全（食物的保鮮、保存期限）。
3. 均衡營養的飲食（選擇少油、少鹽、少糖的飲食）。

家長若無法在家中準備餐點，必須外食時，下列原則可供參考：

1. 選擇餐食多點蒸、煮、燉以及涼拌的食物。
2. 點肉類時盡量選擇瘦肉並去除皮的部分。
3. 蔬菜要多吃些，但是注意油量或是沙拉醬的量。
4. 白米飯可以改成糙米或五穀米等全穀雜糧類；麵包可選擇全麥麵包，並控制份量。
5. 飲料和甜點則要節制，尤其避免掉入份量越大、越經濟實惠的陷阱，並優先以白開水或無糖茶飲取代含糖飲料。

（二）充足的睡眠

依據國民健康署 2017 年「兒童青少年視力監測調查」顯示，睡眠時間不足九小時比睡眠時間達九小時者，近視風險增加九倍。幼兒若睡眠不足，可能會導致視力發展受損。國民健康署建議，幼童最好每天晚上九點之前睡覺，而且要睡足九小時（國民健康署，2018b）。美國「國家睡眠基金會」2015 年的研究指出，建議新生兒可能每天需要睡到平均 16 到 19 小時左右，一歲以上幼兒為 11 至 14 小時，三至五歲幼童每日應睡 10 至 13 小時。睡眠不足可能導致染色體的端粒變短、心理壓力和損害健康，而且越晚睡的幼兒，變胖機會越高，同時還會出現情緒調節能力變差（早安健康編輯部，2020）。在臺灣，許多幼兒跟著家長晚睡、使用手機、看電視，導致睡眠嚴重不足。下列做法提供家長參考（早安健康編輯部，2020）：

1. 訂定適合幼兒年齡階段的睡眠時間作息表，讓幼兒能夠得到足夠的睡眠時間。

2. 平常日與放假日的就寢時間與起床時間應該要保持一致，維持生理時鐘穩定，以及確保睡眠行為模式的穩固。避免幼兒因為週末生理時鐘混亂，晚起、沒有吃早餐，晚睡、星期一早上起不來的「週一症候群」。
3. 建立合適的睡前助眠儀式或程序，例如，睡前和孩子共讀一本小書。睡前避免接收到螢幕光線的刺激。
4. 建立適合睡眠的臥室環境，幼兒的房間內不要有手機、電腦、電動等可能干擾睡眠的物品。

（三）健康的生活習慣

幼兒園和家庭共同努力，從小養成幼兒健康生活的習慣。在家庭中，家長要培養幼兒個人衛生的習慣，包含：早上和睡前要刷牙、每天洗澡和更換清潔衣物、經常保持頭髮整齊清潔、修剪指甲、打噴嚏或咳嗽時要遮住口鼻、避免與他人共用私人物品等。家長更應該以身作則，不要在幼兒面前或家中抽菸、飲酒、吃檳榔，與幼兒共同養成健康的生活習慣。家長不要以手機或平板電腦安撫或打發空閒時間，鼓勵家長帶幼兒戶外活動，建立動態的健康生活型態。

第二節　認知和語言發展

一、家庭對幼兒認知和語言發展的影響

（一）家庭對語言發展的影響

幼兒語言發展的觀點認為，照顧者與幼兒的互動內容、使用的詞彙和語言重述（recast）技巧等，有助於幼兒的語言發展。葉郁菁、張鑑如、周麗端、何祥如（2019）對新住民家庭的長期性研究調查指出，隨著新住民家庭幼兒的年齡越長，新住民家長採取傳統華人教養方式越明顯，傳統的華人教養方式對

幼兒的語言發展反而有不利影響。語言責罰、嚴厲管教、做錯事時給予懲罰、反而造成幼兒在語言能力的表現較差。家庭提供嬰幼兒社會化過程最重要的發展脈絡，父母藉由親子互動及管教所提供之環境經驗，對於孩子的社會情緒發展必然有重要的影響（程景琳、涂妙如、陳虹仰、張鑑如，2016）。上述研究的重要發現，指出家庭環境對於幼兒發展的重要影響。

隨著幼兒年齡漸長，家長應該要調整語句的長度和複雜度。一直用疊字「車車」、「飯飯」等兒語無益於幼兒的語言學習，反而導致幼兒的語言內容單一化而無變化。運用重述和擴充的技巧，可以協助幼兒擴增語句長度。例如，幼兒說：「車車，跑！」家長可以幫他重述句子為：「那臺藍色的車子要跑去哪裡呀？」

（二）親子共讀

幼兒的閱讀啟蒙對日後的語言和認知發展極為重要。親子共讀不是等幼兒會說話、看得懂故事書才開始，而是應該越早開始越好。家長用說故事的聲音傳遞對幼兒的關愛，共讀不僅可促進親子互動與親密感，更有助於促進腦部發育、語言發展及增進理解能力，啟發幼兒的想像力及培養創造力。父母的聲音對於剛出生的幼兒有強大的影響力，透過說故事、唱兒歌及念童謠都會產生親暱愉悅的作用。因此，共讀越早開始越好，若無法每日執行，即使每週進行二至三次，也能讓幼兒享受到愛的陪伴。

親子共讀的方式如下（國民健康署，2020）：

1. 家長可以坐在舒適的椅子上，或用枕頭支撐住身體坐在床上，讓幼兒坐在腿上，用雙臂環抱住幼兒，以一隻手拿書，盡可能讓幼兒看見說故事者的臉和嘴型，增加彼此交流及互動。
2. 幼兒雖然無法完全瞭解文字意義並與家長互動，但是藉由說故事來刺激幼兒的聽覺、觸覺等感官都能促進其知覺發展。透過家長的聲音和傳遞的情感，就能幫助幼兒大腦發展。
3. 幼兒對書本的抓握及啃咬等，其實是一歲以下幼兒常見的閱讀行為，而這些行為都能幫助幼兒發展良好的感覺統合能力，不需要刻意阻止。

4. 共讀素材不侷限於繪本、圖書，不論照片、圖片及隨手可得的物品或者嘗試發揮想像力來說故事，甚至用白紙與畫筆，畫出自己想與幼兒分享的事物，都能達到共讀的效果。

（三）親子共玩

家庭中有非常多的生活素材可以當成教具使用，家長不一定要花很多錢採購大量的教玩具，可以運用家庭中的生活素材和幼兒一起玩。例如，用洗衣籃讓幼兒練習投球，就是很好的大肌肉訓練；鞋盒、牛奶罐、塑膠瓶，可以當成打擊樂器；綠豆和紅豆加上小湯匙，就可以訓練幼兒的精細動作；廚房中的鍋子、湯勺可以成為敲打樂器；各種顏色的襪子可以拿來練習配對；小手帕對折是一種手眼協調能力的訓練；把小車車放在手帕下面，讓幼兒猜猜看「小車車在哪裡？」生活素材無所不在，都可以成為親子共玩的教具。大一點的幼兒，可以協助家長參與家務工作，例如，晚餐的時候幫忙挑菜、剝豆子、打蛋，也可以幫忙摺衣服、把襪子配對摺好。這些日常生活的訓練，不僅可以讓幼兒從參與家務工作中獲得樂趣和成就感，更可以傳達家庭成員共同參與家務的性別平權意識。

二、幼兒園對幼兒認知和語言發展的影響

隨著幼兒進入正式的學校體系就讀，家庭的影響逐漸削弱，幼兒有三分之一的時間受幼兒園教師影響，幼兒園教師的教學方式或說話風格、語言引導的方式等，都會影響幼兒的語言習得。

（一）教室語言行為

教室內的對談與社會上所使用的語言並不相同，教室內之所以產生語言，是因教師與學生之間的互動有關係，教室中並不會自然生成語言，這個環境中會生成語言往往和教師的教學策略有關（Al-Smadi & Rashid, 2017）。在教師與學生的對話內容中，可以發現教師的言語不僅能達到教室管理和控制，同時也可以引發學生自我導向的語言建構和同儕合作（Rashid, 2016）。

Alpert（1987）依照師生言語互動程度，將教室言語行為分成三種：

1. 沉默：幾乎都是教師在說，偶爾才問一個問題。
2. 控制：提問－回答－評論。
3. 活躍：教師促使學生彼此對談。

在早期教室語言中，可以發現教保人員所扮演的角色多半都是教室的主控者，在一堂課中，教保人員說話的時間往往大於幼兒發表的時間，有學者主張，學習是在參與教室語言中持續進行的，也就是說教室語言對學生的學習有著重要的影響，教師在課堂中的教室語言也會影響學生的學習效果（國家教育研究院，2012）。

（二）教師的口語表達

幼兒透過語言理解外在世界和社會環境，語言扮演與照顧者互動和溝通的重要工具，同時也可以引發幼兒對於學習的興趣。幼兒的語言發展是與照顧者或教育者相互建構的結果（Isler, Kirchhofer, Hefti, Simoni, & Frei, 2017）。良好的團體討論氛圍中，教保人員的口語扮演著重要的角色。教保人員的言談可以促成良好的氛圍，進而影響幼兒在聆聽時的專注程度，專心於團體討論。雖然團體討論的目的是為了讓幼兒有機會發言，但教保人員仍在團體討論中有重要的角色，透過教保人員的口語表達，可以引導幼兒的思考方向（黃碧容，2008）。雖然在課程中會有分組討論或個別發表的時間，但絕大多數幼兒園的教保活動仍以教保人員主導，幼兒在團討過程多半為回應教師問題（陳昇飛，2010）。大多數教保人員的教學過程中，偏重認知層面的學習，這樣的教學方式會導致課程進行的方向多半以教保人員想要教導幼兒什麼，而不是幼兒想要學習什麼。教保人員帶領團討時，預先設定問題與答案，仍以教保人員的想法為主，在團體討論過程，幼兒表達自身想法的時間較為缺乏。在團討時，安靜、較少說話的幼兒更容易被教保人員忽略。

（三）教師的發問技巧

一個好的問題能使學生思考探究其問題的意義，而不是讓問題停留在只是單純回答問題。由此可知教師擁有好的提問技巧在教室語言中也是重要的一環。好的教師發問技巧可以從學生的口語表達中發現其學習的問題，抑或是讓學生有再一次思考的機會，透過與教師對談的過程中，可以刺激學生，進而突破學習盲點。較缺乏技巧的發問，會讓問題淪於背誦，而缺乏思考（陳昇飛，2010）。

（四）分享回憶策略

幼兒園老師運用Vygotsky的「分享回憶」策略。例如，老師講完Eric Carl的《好餓好餓的毛毛蟲》，老師把繪本闔上，和幼兒一起回想：

> 我們剛剛看了《好餓好餓的毛毛蟲》這本故事書。星期一到星期天，毛毛蟲每天都吃不一樣的東西。星期一，毛毛蟲吃了什麼食物呢？星期二，毛毛蟲吃了什麼食物呢？小朋友還記得，星期三，毛毛蟲吃了什麼食物呢？

分享回憶的技巧可以讓幼兒從當中找到故事的邏輯，連結星期數字和食物的概念，幼兒園老師試做之後發現，即使是班上發展遲緩的幼兒，也可以在不用看繪本的情況下，完整說出《好餓好餓的毛毛蟲》故事情節。

第三節　社會與人格發展

一、家庭對幼兒社會與人格發展的影響

父母對子女表達接納與回應性（acceptance/ responsiveness），經常對幼兒的需求做出回應，讚美與鼓勵自己的孩子並對他們微笑，不僅有助於建立子女與照顧者的依附關係，而且也是幼兒穩定情緒發展的關鍵。控制性較強的父母，容易限制幼兒表達的自由，父母雖能確保幼兒的行為循規蹈矩，但也可能造成幼兒較為退縮的社會人格，因為幼兒擔心出錯之後招致嚴厲的懲罰。

（一）教養的四種模式

父母親對幼兒的教養風格包含權威專制、民主、寬容溺愛、漠視四種（林淑玲、李明芝譯，2014）。但是並非所有的父母只選擇一種教養風格，通常依照情境，父母會調整教養的方式。例如，幼兒不想吃午餐，父母可以先和幼兒探索餐盤中的食物，和幼兒玩故事遊戲：「大恐龍嘴巴張開吃一口。」這是屬於民主的教養風格。但是當幼兒生病不想吃藥的時候，父母可能採取權威專制的教養風格，要幼兒把藥吃下去。

1. 權威專制的教養風格：通常父母設定許多規則和限制，幼兒必須絕對服從，父母很少關注幼兒的想法，對幼兒的需求敏感度不高。父母常常以「撤回關愛」的方式，要求幼兒順服。例如：「你再不聽話，我就把你丟在這裡！」「我只要抱弟弟，因為你不乖，你沒有認真吃飯。」
2. 民主的教養風格：父母的教養方式較有彈性，他們理解幼兒的發展，同理幼兒的行為反應，並且可以理解幼兒的想法，以幼兒可以接受的方式予以回應，民主教養的父母，給予幼兒較大的自由空間，他們重視幼兒學習和探索的歷程，較能接納幼兒失敗之後的結果。
3. 溺愛型的教養風格：父母對幼兒的想法和行為採取放任的態度，或對幼兒的衝動甚少表達堅決的語氣，對幼兒的行為難以管控。幼兒無法學習和判斷正確的、適宜的行為準則。溺愛型的家長，不太願意遵守幼兒園的規範，例如，經常遲到，原因是因為想讓小孩睡久一點，或者對幼兒園的餐點諸多挑剔，認為幼兒園提供的餐點幼兒不喜歡吃。
4. 漠視型的教養風格：父母對幼兒的生理和心理需求極度不敏感。或許是父母有自己無法解決的困境和壓力，或是忙於自己的工作，忽略幼兒的需求，對幼兒表現出冷漠的態度。通常這類家長甚少參與幼兒園的活動，家長很少回應親子聯絡本。教保人員與家長溝通的過程也很簡短，家長拒絕教保人員的訪視或關心。

（二）手足對幼兒社會與人格發展的影響

手足關係源於共同的血緣關係，手足無法選擇，而且手足是個人一生中可能擁有時間最長的人際關係，比配偶關係的時間更長。手足關係在兒童期和青春期的互動最為緊密，之後才會隨著各自生活經驗的不同逐漸淡化。童年時期，手足關係受到共享經驗（shared experiences）與非共享經驗（non-shared experiences）的影響，前者造成手足間的相似性，後者則造成差異性。兄弟經常一起玩球，觀看籃球比賽的影片，共享經驗影響的結果，兄弟同時喜愛籃球運動並培養了對籃球的興趣。而手足各自的同儕友伴、學習環境，則是造成手足的非共享經驗。

嬰幼兒出生之後，先有基本情緒的表現，包含滿足、厭惡、悲傷等，直到一歲之後，才逐漸發展複雜情緒。忌妒的複雜情緒（又稱自我意識情緒）發展較晚，幼兒必須具備自我概念，可以區辨「我」與「他人」，同時又要達到一定的認知能力發展（表 3-1）。

表 3-1　年齡與情緒發展

年齡	情緒類別	情緒	影響因子
出生	基本情緒	滿足、厭惡、哀傷、感興趣	生物程序制定的結果
2～7 個月		生氣、害怕、高興、難過、驚訝	所有健康的嬰兒大約在相近的月齡出現
12～24 個月	複雜情緒	困窘、忌妒、內疚、驕傲、羞愧	需要幼兒發展自我概念和認知能力達一定成熟

資料來源：林淑玲、李明芝（譯）（2014）。

當家中有新生兒誕生時，長子女開始意識到自己在家中獨寵的地位不再，父母回應長子女的方式，影響其如何看待家中的新成員。若父母親以關懷接納的方式看待長子女的忌妒，並且給予關懷和回應，則長子女對新生的手足較不會有競爭的敵意。但若父母忽略長子女的需求，告知「你現在是哥哥（姊姊）了，你長大了，所以你要自己做。」當所有大人都把目光焦點和時間放在新生兒的照顧，忽略了較大子女的需求，反而容易造成長子女為了爭寵而出現退化作用，例如經常用哭鬧的方式要求大人幫忙、也要吵著用奶瓶喝奶、不小心尿溼褲子等大人看似「幼稚」的行為出現。手足競爭主要造成的原因是父母的偏心和手足之間的成就競爭被激化，父母將手足的表現和成就，催化成彼此競爭的心理壓力，造成手足之間既愛又忌妒的矛盾情緒。

手足關係對社會發展的影響包含：

1. 友誼與情感的支持：家庭中的手足提供彼此的情感支持，當手足各自建立自己的友伴關係時，也會將這樣的情感支持擴及到同儕，使得友伴關係的發展可以延續手足的親密感。
2. 照顧年幼與弱小者：較年長的子女較常被期待要照顧家中的弟妹，或者健康的手足要照顧身心障礙與能力較不足的手足。這些期待也養成家中較有能力的子女，需要扮演「照顧者」的角色。在幼兒園中，也會經常觀察到有這樣特質的幼兒，經常擔任老師的小幫手，分組活動時，協助照顧和指導其他幼兒。
3. 手足形成的聯盟：手足穩定的社會關係，被認為更為可靠、值得信賴。臺灣傳統的社會價值觀強調手足和諧、兄弟齊心，因此也形成許多的企業和組織「家族化」的傾向。聯盟是一種小團體的緊密關係，手足形成的聯盟可以對父母產生抗衡的作用。手足之間聯盟的合縱連橫，也是適應複雜社會必要的生存技巧。

二、幼兒園對幼兒社會與人格發展的影響

幼兒園教保人員是塑造幼兒社會與人格發展的重要他人，教保人員給予幼兒關懷和溫暖，對幼兒的反應給予即時的回饋，允許其自我探索和嘗試，以培養幼兒獨立自主且內控的行為能力。教保人員營造溫暖關懷的教室情境，引導幼兒對同儕友伴展現利他行為，增強幼兒的自我認同感。

（一）幼兒的社會能力發展

《幼兒園教保活動課程大綱》的社會領域，培養幼兒「探索與覺察」、

「協商與調整」、「愛護與尊重」三項領域目標（教育部，2017）。其中要培養幼兒的社會能力，包含幼兒可以覺察家的重要、探索自己與生活環境中人事物的關係、發展自我概念、同理他人並與他人互動、遵守生活規範與活動規則、關懷與尊重生活環境中的他人。

教保人員建立與幼兒的安全依附關係，透過班級經營，營造溫暖安全的學習環境，教保人員對自己的情緒要有高敏感度，避免因為個人情緒遷怒幼兒。班級規則的擬定，有助於幼兒自我探索和發展自我管理的能力，而非基於教保人員方便管理的因素。教保人員以正向和支持的態度及語言與幼兒互動，鼓勵幼兒發展同理、合作行為。在班級活動中，教保人員也要鼓勵家長共同參與幼兒的學習，幼兒園和家庭的教養理念趨於一致，家長學習教保人員使用支持與同理的溝通技巧，有助於建立幼兒一致的行為標準。

（二）幼兒的情緒發展

幼兒園情緒教育的重點在於培養幼兒處理情緒的能力，促進幼兒的心理健康，包含情緒覺察與辨識、情緒理解和情緒表達。幼兒學習覺察與辨識自己的情緒，並且可以合宜地表達自己的情緒、理解自己情緒出現的原因，以及運用策略調整自己的情緒（教育部，2017）。

教保人員營造接納幼兒、溫暖和安定的環境。研究指出，過度擁擠的教室空間、較少的學習素材，容易造成幼兒的衝突事件。教保人員規劃教室環境時應該考慮動線、教室空間，例如，教室空間過於狹小，不易設置多種學習區，幼兒園教保人員會把彩繪、木工等學習區移至教室外的小陽臺。教保人員也會考量學習區的人數和所需要的活動空間，例如，擺放單位積木需要較大的空間，也不適合放在幼兒經常走動的動線上，否則幼兒在教室移動，容易不小心踢倒已經完成的單位積木作品，造成幼兒衝突發生。

教保人員鼓勵幼兒表達正向情緒，並接納負向情緒的流露。幼兒有情緒反應時，避免先以結果訓斥幼兒：「老師不喜歡你這樣！」教保人員可以鼓勵幼兒慢慢說。教保人員掌握幼兒在情緒發展的個別差異，針對情緒能力較弱的幼兒提供個別輔導。幼兒的情緒發展受到家庭成員情緒表達方式的影響，例如家長在家只要不高興就會摔椅子、摔門，幼兒可能也會仿效這些負向的情緒表達，會踢桌子或推擠其他幼兒。教保人員觀察幼兒的情緒表現方式後，可以適當運用機會，在學習區、午餐、轉換時間，與幼兒個別談話，也可以和家長分享幼兒在學校的表現，引導幼兒以穩定的方式表達情緒、控制情緒。

教保人員也要照顧好自己的情緒，當幼兒情緒高漲時，教保人員應該先調整自己的情緒，避免隨著幼兒拉高聲音、做出情緒性的動作反應。帶2歲幼幼班的老師，更是要經常面對安撫幼兒哭鬧的情緒，長期處於哭鬧聲中，的確造成教保人員的情緒壓力，教保人員經常不自覺會以較大的肢體動作和力道，想要壓制幼兒的哭鬧，或者糾正幼兒的行為，這些都是不當的教保處遇。當教保人員情緒崩解（burn out）時，幼兒園應該有充裕的人力支持和協助幼幼班的教保人員，適時提供老師喘息（respite）的機會，協助教保人員將哭鬧的幼兒帶到校園散步、看花，轉移注意力。

（三）建構「類手足」的混齡學習情境

手足之間因為親情的熟悉感，手足自然表現出友愛和合作的行為。手足之間的合作或競爭，都是社會中人際交往行為的縮影，這些家庭中的社會行為預先提供了「社交技巧」發展的練習。有手足的幼兒在社交和溝通技巧比獨生子女有更多機會可以練習，他們的社會適應能力也比較好。但隨著臺灣少子女化情形越來越嚴重，平均每個家庭生育的子女數不到兩人，許多幼兒在「無手足」的環境中成長。獨生子女進入幼兒園之後，面對團體生活適應的困難。混齡教學是指有計畫的將各年齡的幼兒混合編排在一間教室內，讓他們一起生活、彼此互動及共同學習（教育部，2019）。幼兒園混齡的學習情境，提供類手足的情境，適足彌補獨生子女的缺憾。

混齡學習的好處包含：不同年齡的幼兒透過教保人員的安排及引導，年紀小的幼兒可以學習和模仿較大幼兒，有機會超越年齡而適應其個別的發展進度（教育部，2019）。較大或年長、能力較好的幼兒，可以指導年紀小或能力較弱的幼兒，提供學習的支持，學習者也可以從支持中提升自己對於問題的瞭解，此為 Vygtsky 所說的「鷹架作用」（scaffolding）的概念。混齡班級中的合作學習可以產生以下效果（林淑玲、李明芝譯，2014）：

1. 幼兒一起解決問題更能產生動機。
2. 合作學習必須向其他幼兒解釋自己的想法和解決衝突，擔任教學者或引導者的幼兒也要學會用其他幼兒可以理解的方式表達和溝通。經過消化和咀嚼的知識，可以有助於學習經驗的統整。
3. 幼兒和混齡者一起工作時更能採取高品質的認知策略，透過合作激盪出想法或解決方案的策略。

較大幼兒也可以透過指導年齡較小的幼兒，學習領導、統御的能力，同時透過指導年幼的幼兒，獲得知識和技能的精熟。除了認知能力的發展，混齡學習也可以彌補獨生子女在家中缺乏與相近年齡手足互動的經驗，讓幼兒可以習得正確的社會技巧和互動行為，進而形成健全的人格。

參考文獻

中文部分

早安健康編輯部（2020）。**臺灣兒童普遍睡眠時間少，睡眠技師教親子八招一起改善**。取自 https://www.edh.tw/article/23777

林淑玲、李明芝（譯）（2014）。**發展心理學**（原作者：D. R. Shaffer & K. Kipp）。臺北：學富。

信誼基金會（無日期）。**惡化的生活環境正在戕害寶寶！**取自 https://parents.hsin-yi.org.tw/Library/Article/3662

財團法人中華民國唐氏症基金會（無日期）。**關於唐寶寶**。取自 http://www.ro-cdown-syndrome.org.tw/aboutbaby.php

國民健康署（2018a）。**我的餐盤聰明吃營養跟著來**。取自 https://www.hpa.gov.tw/Pages/EBook.aspx?nodeid=3821

國民健康署（2018b）。**孩子睡眠不足，近視風險增九倍**。取自 https://www.hpa.gov.tw/Pages/Detail.aspx? nodeid=1405&pid=9556

國民健康署（2019）。**高齡產婦風險高，「適齡生育」很重要**。取自 https://www.hpa.gov.tw/Pages/Detail.aspx?nodeid=3804&pid=10393

國民健康署（2020）。**親子共讀**。取自 https://www.hpa.gov.tw/Pages/List.aspx?nodeid=3808

國家教育研究院（2012）。**教育大辭書：教室言語互動**。取自 http://terms.naer.edu.tw/detail/1453906/

教育部（2017）。**幼兒園教保活動課程大綱**。臺北：教育部。

教育部（2019）。**108學年度國民教育幼兒班教保訪視與巡迴輔導工作小組教保服務人員參考手冊**。臺北：教育部。

陳昇飛（2010）。幼稚園教室言談之探究。**朝陽人文社會學刊，8**（2），59-90。

陳建志（2020）。**【精神病】思覺失調症會遺傳嗎？**取自 https://www.typc.mohw.gov.tw/?aid=509&pid=41&page_name=detail&iid=118

程景琳、涂妙如、陳虹仰、張鑑如（2016）。學齡前嬰幼兒之社會情緒能力——與嬰幼兒語言能力及父母教養之關聯。**當代教育研究季刊，23**（1），1-27。

黃碧容（2008）。**幼稚園資淺教師與資深教師在團體討論活動中之語言使用比較研究**（未出版碩士論文）。臺東：國立臺東大學幼兒教育學系。

葉郁菁（2016）。嬰幼兒的生理發展。載於葉郁菁、施嘉慧、鄭伊恬等著，**幼兒發展與保育**（第二章，頁 38-75）。臺北：五南。

葉郁菁、張鑑如、周麗端、何祥如（2019）。**臺灣地區新住民家庭對幼兒發展影響之追蹤調查研究成果報告**。科技部補助專題計畫（MOST104-2410-H-415-017-SS3）。臺北：科技部。

英文部分

Alpert, B. (1987). Active, silent and controlled discussions: Explaining variations in classroom conversation. *Teaching and Teacher Education*, *3*(1), 29-40.

Al-Smadi, O., & Rashid, R. Ab (2017). A theoretical review of classroom discourse. *International Journal of Academic Research in Progressive Education and Development*, *6*(3), 164-173.

Isler, D., Kirchhofer, K., Hefti, C., Simoni, H., & Frei, D. (2017). *Supporting early language acquisition: A conceptual framework for improving language education in the early years.* Zurich, Switzerland: Department of Education of the Canton of Zurich.

Rashid, R. A. (2016). Topic continuation strategies employed by teachers in managing supportive conversations on Facebook Timeline. *Discourse Studies*, *18*(2), 188-203.

第四章

親職教育與家長參與

教保人員與家庭建立良好的夥伴關係，對幼兒整體發展極為重要。教保人員需要從家長端獲取幼兒相關的訊息，同時也提供家長幼兒在園內學習情況的反饋。本章共包含四節：第一節談述親職教育的重要性；第二節介紹幼兒園中可使用的親職教育方案的類型；第三節為親職壓力與親職效能；第四節則為家長參與。隨著家長主體意識的增強，越來越多家長參與幼兒園的活動，或到幼兒園擔任志工，家長志工在幼兒園的角色與任務，均需要有適當的規範。

第一節　親職教育的重要性

家庭是幼兒的第一個社會化機構，從家庭中，幼兒習得生活習慣、文化與社會知識、家庭價值觀等。家庭包含了三個次系統：夫妻次系統、兄弟姊妹次系統，以及親子次系統。系統之間彼此影響，例如，親子關係可能受到家庭子女數影響，父母對於獨生子女、長子女，或老么的教養方式也都不同；夫妻間對於親子教養的看法和作為也可能不一致。家庭環境不僅影響幼兒的學習，家庭關係與父母的親職教養能力，也都是影響幼兒人格成長的重要關鍵因素。

吳亦麗（1998）指出親職教育的目的在幫助家長扮演適當的父母角色，提供子女發展、適應的相關知識與技能，以瞭解子女身心發展的狀況與需求，協助子女健全發展，進而促進家庭生活的幸福。親職教育的重要性在於強化家庭功能，使幼兒適應從家庭到正式教育的環境轉換，提供家長幼兒園和社區資源，支持家庭發揮正向功能。透過親職教育，可以使家長對於子女教養有正確的觀念和方法。親職教育方案應以促進父母本身的成長、自我覺察為主，傳遞親職知識與技巧、協助解決子女問題、傳遞正確的教養方式為次要（吳麗娟，1997；簡文英、卓紋君，1993）。

一、親職教育的重要性

親職教育的重要性包含（王鍾和，2009；郭靜晃，2009）：

（一）社會變遷中的家庭教育功能

由於社會變遷，雙薪家庭比例提高，因應而生的問題包含幼兒的照顧需要仰賴托嬰中心、幼兒園等，由於幼兒對於家庭的依賴程度降低，父母對於幼兒的照顧工作常常力有未逮。有些父母常常因為加班而無法準時接幼兒，一些私立幼兒園就發展出延伸留園照顧的模式，提供晚餐、照顧幼兒到晚上八、九點。不過這樣的做法，反而讓父母容易忽略自己應盡的責任和義務。

（二）增進父母的教養觀和新方法

幼兒園教保人員與家長的互動最為密切，雙方應建立正向的關係。教保人員是幼兒發展與學習情況的主要提供者，且同時具有親職教育的專業素養，可以藉此提供家長最新的教養觀點和方法，建構父母對幼兒的正確教養觀念。

（三）鼓勵父母促進幼兒發展與學習

鼓勵父母多參與幼兒的學習，可以協助父母與幼兒建立親密的依附關係，讓幼兒對自己更有自信心。父母應該每天花時間與幼兒遊戲或閱讀，但遊戲和閱讀應該有正確的方法，閱讀可以提高幼兒的知識能力、但更重要的是因為父母的陪伴，而親子對故事內容的對話和討論，有助於幼兒的語言表達和社會知識的理解。

（四）協助幼教老師瞭解幼兒發展需求

親職教育促進幼教老師與家庭的合作關係，教師可以透過家長的回饋，瞭解幼兒在家裡的行為表現，進而提出對幼兒學習最有利的教學活動規劃。例如，五歲的小均在幼兒園午睡時突然連續幾日有尿床的退化行為，老師可以透過與家長的聯繫溝通，瞭解家裡是否發生危機事件，或者造成小均尿床的可能原因。並且推估是否因服藥或生病產生的生理性因素，或者為情緒壓力造成的退化作用。教保人員與家長共同合作，安撫家長，避免因尿床事件造成小均更大的心理壓力。

依據《幼兒教保及照顧服務實施準則》（教育部，2019a）第 18 條規定：「幼兒園應舉辦親職活動，並提供幼兒之法定代理人教養相關資訊。」基於上述法規，實施親職教育、辦理親職相關活動，並提供幼兒家長教養相關資訊，為幼兒園和幼兒園教保人員的工作內容。

二、親職教育的目的

《幼兒園教保活動課程大綱》（教育部，2017a）提到，教保人員須與家庭建立夥伴關係，相互尊重、合作、協商，以共同分擔教保責任。因此，教保人員如何與家庭合作？

1. 主動與家庭分享對幼兒的認識，並且視家庭為認識幼兒的重要資源。
2. 邀請家庭共同關注幼兒的學習與發展，作為教保活動課程計畫的參考。
3. 教保人員需與家庭建立暢通的管道，讓雙方有經常性的溝通機會。
4. 接納家庭所珍視的價值，並且提供多元的機會，鼓勵家長共同參與幼兒的學習。

幼兒園親職教育的目的包含：

（一）使父母瞭解正確的教養子女方式

幼兒園教保人員與家長溝通，除了瞭解在家庭中父母如何與幼兒互動，且應提供正確的親子溝通方式與管教方式。例如，家長常常因為早上睡過頭來不及準備早餐，匆匆忙忙讓幼兒吃顆糖果就來上學。教保人員需要提供有關早餐重要性的文章與家長分享，並與家長共同討論如何調整作息，讓幼兒在上學前可以吃簡單的早餐，才不至於影響幼兒的專注力。

（二）培養父母對於幼兒教育的正確觀念

許多幼兒家長對於幼兒教育的概念是偏誤的。例如，他們認為幼兒園應該提早進行注音符號教學，或者教幼兒英文，以免讓幼兒輸在起跑點。但如此揠苗助長的結果，反而使得幼兒長期坐在桌子前書寫，不僅不利於小肌肉發展，同時也常造成幼兒身體活動量不足、近距離用眼時間過長等問題。

（三）協助父母建立良善的親子關係

幼兒園教保人員必須協助父母與子女建立良好的親子關係，教保人員首先必須瞭解幼兒的發展歷程，例如：依據 Piaget 的理論，學齡前幼兒處於「自我中心」階段，因此常常會以「我不要」回應父母。當幼兒專注於遊戲時，可能無法理解父母催促「快一點」的急迫性。因此，協助父母瞭解幼兒的個別特質，才能因應不同氣質取向的幼兒，採取最適切的互動模式。

（四）協助父母解決遭遇的親子問題

教保人員必須讓家長瞭解幼兒在園的學習與生活的相關訊息，並且瞭解父母在家與幼兒的互動情形。當父母遭遇親子互動或親子關係的問題時，可以協助提供建議。例如，父母經常以手機或平板電腦作為安撫幼兒的工具，教保人員應該適時提供建議，對三歲以下的幼兒不要提供任何電子產品，且多以親子共同閱讀取代 3C 產品，這些都是解決幼兒過度依賴 3C 產品的建議。

（五）提供父母社會資源以改善家庭教養問題

許多親職的困擾未必來自於幼兒的個人問題，而可能是家長的關係衝突，造成親子關係的緊張。例如，夫妻之間可能因為婚姻危機，造成心理壓力，而將壓力轉而發洩於子女身上。教保人員雖無法介入解決家庭問題，但可以提供家長心理支持、轉介婚姻諮商的資源，或者紓壓課程。

第二節　親職教育方案的類型

方案是一套有系統的方式，運用各種資源，執行各種相關、可行的活動，以達成事先決定的目標的系列過程（中華社會福利聯合勸募協會、鄭怡世，2010）。幼兒園的親職教育方案，是指幼兒園教保人員覺察到班級或幼兒園家長，在親子關係或親職教養方面有特殊的需求或問題，在瞭解問題的原因和脈絡之後，針對問題與需求思考可行的服務策略，並擬定所欲達到的親職教育目標，提供一連串的服務或活動，以達到預期的成果。同時，幼兒園行政主管或教保人員，也應針對執行過程中與執行過程後，受服務的家長是否因為幼兒園提供的親職教育方案而產生改變。

親職教育方案依據實施對象可以分為四類（林家興，2007）：

1. 以一般父母為對象。
2. 以某一類特殊父母為對象，如單親父母、收養父母、新住民家長。
3. 以某一類特殊兒童父母為對象，如過動兒、發展遲緩、身心障礙幼兒父母。
4. 以具有某一特殊親職問題的父母為對象，如目睹家暴幼兒的家長等。

《家庭教育法》（教育部，2019b）第 12 條即指出：各級學校推廣家庭教育時，應採取多元、彈性、符合終身學習的原則，依親職教育的對象及實際需要，親職方案的型態包含：演講、座談、遠距教學、個案輔導、自學、參加成長團體等。一般幼兒園最常見的親職教育方案通常為開學後的家長座談會，或親職教育演講。因為演講通常為一次性的活動，較難考量幼兒園家長的個別需求，以解決家長問題為出發設計方案。

親職教育的類型可以分為直接、間接、個別、團體四種不同的型態：

1. 直接個別類型：親職教育的實施方式為與個別家長一對一、面對面的進行。例如：親師個別晤談、家庭訪問。
2. 直接團體類型：親職教育的實施方式為提供一群有類似興趣與需求的家長，共同學習與參與。例如：班級同樂會、讀書會、家長成長團體、專題演講或研習、園遊會、親子戶外教學等。

3. 間接個別類型：為一種非面對面的實施方式，提供家長可以幫助或瞭解幼兒的學習和成長。例如：電話聯繫、教師或家長提供幼兒學習單的回饋、家庭聯絡簿、信件、電子郵件、網路社群（臉書或LINE）私訊、幼兒園網頁等。
4. 間接團體型態：提供給家長的親職教養訊息或有關幼兒園介紹的訊息內容。例如：幼兒園家長手冊、幼兒園刊物、主題課程期末的學習成果統整、提供給家長的主題課程活動花架等、給父母閱讀的教養小文章、錄音或影片、圖書、學習網站等。

第三節　親職壓力與親職效能

一、親職壓力

（一）親職壓力的定義和成因

什麼是「壓力」（stress）？壓力是個人對外在環境的主觀感受和評估。通常個體是否對壓力做出具體反應，取決於壓力強度、壓力長度，以及壓力總度（陳柏蒼譯，1997）。家長平常準時送小孩上幼兒園，這樣的壓力強度或許不高，但是如果家長必須在時間內準時把孩子送到幼兒園，而且那天早上有一個非常重要的會議要做報告，這樣的壓力強度就會很高。壓力總度指的是個人在同時間承受壓力有多少種，例如，早上送小孩上幼兒園已經遲到，因為趕著上班又跟人發生車禍，一到公司生氣的老闆叫自己捲鋪蓋走路，回到家還有躺在床上需要照顧的長輩，這些一連串可承受的壓力事件總值就是壓力總度。

親職壓力（parental stress）通常指的是家庭中遭遇的壓力事件，造成照顧者在照顧或養育子女時的心理負擔。親職壓力是一種獨特的壓力，尤其當父母履行親職任務時，可能因為個人的人格特質、子女的身心狀況、平時的親子互動，以及父母可取得的社會資源與社會支持多寡，而影響親職壓力的程度（Abidin, 1992）。例如，身心障礙幼兒或過動兒的家長，親職困擾和親子衝突產生的可能性較高。此外，夫妻關係也是影響親職壓力的重要原因，例如，夫妻婚姻失和或離婚，也是造成親職壓力的主要原因。壓力可以包含壓力源（事件）或個體對壓力的覺察。個體對於壓力的覺察和感受是一種主觀的歷程，例如，父母對於嬰兒不斷啼哭立即感受強大壓力，而有焦慮、挫折、自責等負向的情緒表現，但是其他照顧者可能可以調節自己的情緒感受，持續對哭鬧的嬰兒安撫。親職壓力的程度，可能因為某個或一連串的壓力事件作為導火線，而引發照顧者緊張的情緒感受。但是每個人對於情緒感受的調節又有不同，敏感度較高的照顧者，非常容易因為壓力事件而感受負向情緒，引發的情緒表現又較為激烈。當親職壓力過於強烈時，家長需要調節以舒緩不愉快的情緒感受，例如可能選擇哭泣等情緒發洩的方式，但也有人會將壓力轉嫁到嬰幼兒身上，使得親子互動更為惡質化。蔣姿儀、李文意與林季宜（2014）研究調查結果即指出，親職壓力對於預測親子關係可解釋的變異量最高，證明了兩者之間具有重要的影響關係。

家長因為親職壓力與選擇偏誤的壓力因應方式，可能造成兒童虐待或傷害事件。造成家長使用錯誤的親職管教方式主要原因有：

1. 家長不清楚適合的親職管教方式。
2. 家長無法控制自己的情緒。
3. 家長誤解認為體罰很有效，或者誤認為子女是父母的財產，若父母實施不當的處罰也是父母的管教權。

（二）親職壓力的測量方法

親職壓力的測量可以使用心理出版社出版的《親職壓力量表》（*Parenting Stress Index*）（翁毓秀，2019）。此量表適用的對象為 12 歲以下兒童的父母親，主要功能為篩選家長的壓力源，施測時間大約 30 至 40 分鐘，可以用以診斷評估家長在扮演親職角色時面臨的壓力源，瞭解家長面臨的壓力源之後，作為處遇和輔導的參考。測驗內容分為兒童分量表與父母分量表。兒童分量表測驗的六個構面包含：過動／無法專注、子女增強父母、情緒／心情、接納性、適應性、強求性。父母分量表測驗的七個構面包含：親職能力、親職角色投入、親職角色限制、憂慮、夫妻關係、社會孤立、父母健康狀況。如果測驗題目太多，也可以選擇《親職壓力量表簡式版》（*Parenting Stress Index: Short Form*），測驗題目共 36 題，分為：父母困擾、親子失功能互動、困難兒童三個分量表。父母困擾主要可以讓父母自己評估對扮演親職角色的看法與感受，親子失功能互動則是評估父母對親子間互動的感受與看法，困難兒童則是評估父母感受到的兒童困難行為（翁毓秀，2011）。國內運用親職壓力量表的相關研究如：以特殊幼兒和一般幼兒的主要照顧者各 50 名比較其親職壓力，結果發現兩組幼兒的親職壓力上有顯著差異，其中特殊幼兒主要照顧者的親職壓力明顯高於一般幼兒家長（張子嫻、曹純瓊，2013）。鍾璧卉（2008）探討自閉症兒童家長的親職壓力，結果顯示家庭收入較低的自閉症兒童家長的親職壓力明顯高於收入較高的自閉症兒童家長，且家長自己的身心症狀也會影響親職壓力的狀態；不過，自閉症兒童家長經過半年之後，親職壓力、身心症狀和兒童適應行為均無明顯差異。

葉郁菁（2007）指出，新住民女性的親職愁苦與臺灣配偶的收入有關，臺灣配偶無收入時，新住民女性的親職愁苦高於配偶每月收入兩萬元以上者。親職壓力為影響新住民女性的親職能力的主要原因，新住民女性親職壓力越大，親職愁苦也越高。

（三）家長面臨壓力的反應

家長面臨壓力時的反應，包含（蘇昭菁，2008）：

1. 生理方面：肌肉張力、心跳加快、血壓升高、呼吸急促、血糖增高等。
2. 認知方面：注意力無法集中、分析力與解決問題能力減弱、無法客觀。
3. 情緒方面：焦慮、憤怒、煩躁、內疚、責備、傷感、不安、生氣、悲傷、害怕、厭惡等。
4. 行為方面：躁動、坐立不安、攻擊、批評、依賴、失眠、難以表達自己想法或感覺、欲藉由抽菸或喝酒減緩壓力、容易發脾氣。

（四）教保人員協助家長減輕壓力

教保人員如何協助家長減緩親職壓力？教保人員可以透過訪談或親師聯絡本，瞭解家長的壓力來源：

1. 提供適合的社會支持和資源：例如，幼兒家長最近因為失業而感受經濟壓力，可以告知家長有關失業救助金補助的申請資訊。又如，家長因為要同時照顧生病的長輩，需尋找臨時托育，教保人員可以告知居家托育服務中心或代為詢問有關臨時托育服務。
2. 時間管理：與家長一起討論，將最近要處理的事依照緊急和難易程度列定處理的優先順序。同時間內無法一併處理的事情，需要分為短期、中期與長期計畫分別執行。對於常常有時間壓力的家長（如：經常遲到或趕著上課），也會因為急著送幼兒上學而對幼兒催促吼叫，建議家長應該提早出門，以免時間壓力造成更多衝突。
3. 適時放鬆自己：壓力的反應不僅造成個人心理的焦慮，同時壓力感也會投射至幼兒或其他無反抗能力者身上。因此適時放鬆、保持愉快心情，偶爾也要適度的運動，或者找到合宜的紓壓方式。

二、親職效能

自我效能感（self efficacy）指的是個人對自我能力預期的信念。個人執行行為之前，會先預估行為的結果，再衡量自己的能力是否足以勝任。因此，自我效能感較強的人，較傾向採取積極的行為以達成目標（陳富美，2005）。親職效能感，為個人對於自己扮演父母角色上能力預期的信念。

影響親職效能的因素包含：

1. 經濟壓力或環境因素：當家庭經濟狀況較差時，經濟負擔成為其中一個生活壓力事件，家長容易對現實環境產生無力感，這樣的無力感會影響親職效能的表現，這些父母認為家庭的經濟環境無法對孩子的學習產生任何正向的幫助。環境因素方面，例如，嘉義縣東石鄉盛產蚵，當地許多居民是以養蚵、剖蚵維生。養蚵人家必須清晨四點就乘漁船到外海收蚵，直到中午才回來，因為隔天必須很早出門，所以晚上八點多就睡覺。幼兒園老師表示，許多幼兒的父母因為養蚵的工作時間無法照顧子女，所以通常由家中的哥哥姊姊帶幼兒上學。也有家長做零工、家中無其他人可接送幼兒，只能極早就將幼兒送到幼兒園。

2. 父母的教養信念：放縱型的父母較少關注幼兒的學習，高親職效能的父母通常也會施行民主式的教養方式，傾聽孩子的想法，因此親子之間的溝通較少阻礙。反之，威權式的父母習慣用掌控、威脅、羞辱的方式控制兒童，許多兒童到了青春期，反而產生對父母威權的抗爭，造成親職效能低落。
3. 兒童的年齡：Piaget 認為，學齡前幼兒處於自我中心階段，對於許多事情的理解常常以自我為中心。例如，父母要幼兒收好地板上的玩具，但是幼兒經常回答：「不要！」幼兒自我中心的表現常讓父母覺得自己的親職效能低落，且幼兒經常無法理解主要照顧者的口語指令，也會讓照顧者感受親職效能低落。
4. 家庭成員的影響：家庭成員的親職教養方式出現落差，例如，幼兒用哭鬧方式吵著要買玩具時，媽媽堅持不可以買，但是爺爺奶奶卻指責媽媽為什麼不買給小孩？因為其他家庭成員干預親職教養，使得主要照顧者的親職效能感較低。不過，也有研究指出，大家庭對新住民女性參與幼兒園有正向幫助，小家庭人口少、較為孤立，不像大家庭人多，除了提供新住民女性臨時的幼兒照顧協助，還可以幫忙指導新住民家庭子女課業。這是大家庭的家庭型態對新住民女性親職能力的正向幫助（葉郁菁，2007）。

第四節　幼兒園家長參與

一、家長參與的定義與類型

家長參與（parent participation）是指家長參與子女的學習活動與學校（或

幼兒園）的相關事務。狹義的「家長參與」指的是家長出席學校或幼兒園的活動，但廣義的定義則包含家長對子女的期望。Epstein（1992）將家長參與分為五種形式，分別為：

（一）教養學習

協助家長營造一個良好的、有利於幼兒的學習環境，例如到宅親子共讀計畫，到家庭中協助指導家長如何說故事。除此之外，教養的部分也包含各種親職教育、演講、訓練課程等。

（二）親師溝通

幼兒園教師與家長的溝通形式，例如，學期初的親師座談會，或者幼兒園的親師聯絡本，都是屬於溝通的形式。

（三）志工服務

招募並組織願意到幼兒園協助和參與的志工家長，以利推動幼兒園的各項工作。

（四）家長組織

家長代表參與學校或幼兒園的決策，通常家長會為正式的組織，必須有組織的辦法，規範家長代表如何遴選，以及家長會的權利義務等。

（五）社區合作

整合社區資源與服務，提供幼兒家長社區中可取得的健康、教育、社會福利等相關資源或活動訊息。

二、家長成長團體

家長成長團體的實施，需要先規劃團體的主題，團體進行的次數約視議題需求至少三次以上，每次約二至三小時，每次的團體活動均有其處理的特定議題。帶領家長團體，通常需要有專業的諮商、輔導或社會工作背景的團體領導者進行。封閉式團體（close-ended groups）的成員為固定的十位左右的家長，因為團體人數少，才能達到團體成員互信與議題深入的目的。

下面是家長成長團體的舉例：

第一次活動主題：認識自己。進行的主題包含：鼓勵家長自我探索、追尋自己原生家庭的生命議題、瞭解自己扮演的多重角色和壓力來源。

第二次活動主題：認識孩子。進行的主題包含：與家長討論幼兒的特質、如何探索幼兒的優勢能力、與孩子的溝通技巧。

第三次活動主題：教養路上我和你。進行的主題包含：透過團體參與者的彼此分享教養經驗，讓參與者瞭解自己與其他家長一樣都會面臨教養的困擾，增加參與者的同理和情緒支持，壓力來臨時如何覺察自己的情緒並調節，協助參與者建構支持網絡。

第四次活動主題：明天會更好。帶領團體參與者共同回顧歷次的團體活動，正向積極面對未來生活，給予團體參與者正向的支持力量。

家長成長團體容易受到家長配合度影響。家長成長團體需要持續幾週，家長可能因為缺席而無法持續。其次，參與者通常有特定的議題必須處理，例如上述的家長成長團體對象為親子溝通困難者。越特殊的團體對象，符合條件的人相對較少，越不容易形成團體。通常幼兒園較少辦理家長成長團體，幼兒園可以推薦家長參加托育資源中心或親子館辦理的家長團體活動。

Abidin與Carter（1980）建議，家長團體實施時，團體領導者最好具備下列條件：(1)熟悉兒童發展，修過發展心理學課程；(2)有與家長相處的經驗、教學經驗或臨床經驗；(3)熟悉團體動力與團體過程；(4)具有接納家長的態度；以及(5)樂於提供家長大量的鼓勵與增強。林家興（2007）建議，若團體帶領者在上述的經驗不足時，團體領導者可以接受資深親職教育團體領導者的個別督導，以便在良好的督導之下進行親職教育團體，如此才能維護團體成員的最佳利益與福祉。

三、讀書會

讀書會指的是一群人定期聚會，並針對一個主題或問題進行有計畫的學習（中華民國成人教育協會，1995）。讀書會參與成員的同質性較高，而且是非正式的學習社群，有共同的目標，以閱讀、討論、分享為主要的學習方式，參與的成員是自願性的、自主的參與（陳素萍，2010）。透過讀書會的共同閱讀，可以營造一個主動學習的環境，提升個人的學習興趣、增加個人的思辨能力，讀書會也會影響成員的個人和家庭關係，提升與改善成員的親職教養能力、促進與家人的關係。幼兒園中常見的家長讀書會，最常見的形式為帶領家長做繪本閱讀，或者閱讀親子教養書籍。幼兒園教師於學期初邀請班級家長組成讀書會，利用晚上或週末的時間，帶領家長一起閱讀繪本，並指導家長在家與幼兒共讀繪本的技巧。讀書會初期，由幼教老師介紹如何幫幼兒挑選好的繪本，並且示範親子共讀繪本的技巧。為了鼓勵家長參與，教保人員除了提供讀書會成員期末的繪本贈品，平日也鼓勵參加讀書會的家長借閱幼兒園的繪本，與幼兒一起在家共讀。

一個成功讀書會的經營，包含以下要素：

1. 讀書會的議題：幼兒園教師推展讀書會之前，最好先瞭解社區家長的興趣，規劃家長有興趣的讀書會議題。可以透過問卷或邀請熟識的幾位家長先行規劃。
2. 讀書會的時間地點：讀書會辦理的時間因為考量多數家長參與，只能選擇晚間或週末。但晚間則須考慮家長忙完家務後再到幼兒園的時間，以及幼兒園是否能提供臨時托育服務。
3. 讀書會的成員：幼兒園老師邀請家長參與時，成員的組成很重要。通常幼兒園家長群中，會有少數意見領袖，或者較善於與其他家長溝通的協調者，通常這些關鍵者的參與，對其他家長具有帶動鼓舞作用。若能事先向這些意見領導者說明讀書會辦理的想法，爭取支持，讀書會較容易成功。幼兒園老師邀請家長參與時，建議可以不受幼兒母親的限制，幼兒的爸爸或爺爺奶奶有興趣都可以參加。只是當讀書會成員異質性越高時，執行讀書會的挑戰性就越高，必須同時兼顧讀書會不同對象的興趣。

4. 讀書會的帶領者：幼兒園在經費短缺的情形下，通常由園長或班級教師自己帶領團體，因此推動讀書會之前，讀書會帶領者不妨與家長多溝通，先建立與家長的友伴關係，如此家長較不會拒絕老師的邀請。幼兒園也可以運用國小的說故事志工予以協助。若讀書會需要外聘帶領者，則必須考慮額外的經費支出。
5. 滿足讀書會成員的學習動機：讀書會以滿足學習動機為主要興趣，不過以女性居多的讀書會，有時候從成員共同閱讀當中獲得他人的情緒和心理支持，也是讀書會得以維繫的主要原因。
6. 讀書會的經費來源：大部分讀書會的領導者為幼兒園教師，所以多半是義務性質，不過有些單位可以提供經費補助，幼兒園可以多方瞭解並申請。例如，移民署新住民發展基金、火炬計畫等均補助各級學校和幼兒園推動新住民家長的親職教育活動。或者也可以透過社區發展協會向文建會或內政部申請經費。

讀書會的發展受到一些因素影響，例如，成員很容易因為家務或工作忙碌半途而廢，其次，幼兒園的讀書會很容易因為孩子畢業或離園而使原來的讀書會成員無法延續，但讀書會發展依賴成員之間建立的深厚情誼，理念價值相近，讀書會較能延續。若能賦予讀書會更為重要的任務，例如親子共讀繪本的讀書會成立之後，將原有的讀書會成員擴展成為說故事志工，鼓勵家長到幼兒園、學校為孩子說故事，如此才能使讀書會成員增能，擴大讀書會的效益。

林家興（2007）的研究結果指出，透過團體輔導、讀書會和演講教學三種親職教育的實施方式，對於國小學童問題行為都可以產生長期的影響，但是在親子關係方面，團體輔導和讀書會的長期影響較為顯著，但演講教學則沒有。主要原因為團體輔導和讀書會比演講教學更重視團體動力和成員內省得到解釋，較能鼓勵團體成員進行反省覺察，有利於親子關係的維繫。

四、家長組織

依據《國民教育法》第 20-2 條（教育部，2016a）與《高級中等教育法》第 27 條（教育部，2016b），國民中小學、高級中學等各級學校應該設置學生家長會（簡稱家長會），不過幼兒園並未規定必須設置。國小附設幼兒園均與國小部家長會併同辦理，並未單獨設置。專設公立幼兒園、部分私立幼兒園、非營利幼兒園，或者公辦民營托嬰中心等，則另外設置家長會。若參考國中小與高中家長會組織章程，家長會的成員均為幼兒家長（包含幼兒的父母或監護人）。家長會組織章程規範了家長代表遴選制度，以及家長會的權利義務。縣市政府提供公私立幼兒園家長會任務組織及運作辦法，將幼兒園的家長會包含：家長代表大會、家長委員會，及班級家長會（臺中市政府，2012）。因為幼兒園的編制較小，通常不像國中和小學如此繁複，必須選舉班級家長代表之後，再組成校級的家長委員會。幼兒園若要成立家長會，則可以採取簡化程序，由全園家長推選代表。

班級家長會召開時，由教保服務人員負責聯繫，開會時由出席家長推選一人擔任主席。班級家長會任務包含：

1. 促進班級與家庭溝通聯繫事項。
2. 協助班級推展幼兒教保服務及提供改進建議事項。
3. 選舉家長代表大會之代表（以下簡稱家長代表）。
4. 執行家長代表大會及家長委員會之決議事項。
5. 其他有關事項。

家長代表大會則每學年召開兩次，第一次會議應該在開學日起五星期內召開，由前任會長召集，若無前任會長則由園長召集，並由出席家長代表互推一人為主席。第二次會議則應於學年結束前召開，由會長召集並擔任主席。家長代表大會開會時，並不是由園長主持，但園長必須列席。

家長代表大會的任務包含：

1. 協助推行幼兒園教保服務及提供改進建議。
2. 審議家長會組織章程。

3. 討論家長代表之建議事項。
4. 審議家長委員會所提出之會務計畫、會務報告及經費收支事項。
5. 選舉家長委員會委員。
6. 其他有關家長會事項。

上述第五項的家長委員會設置家長委員七到十一人，並設會長一人、副會長一到二人。任期至下屆家長代表大會第一次會議召開時為止，連選得連任，但會長以連任一次為限。

家長委員會之任務包含：

1. 協助幼兒園推展幼兒教保服務及提供改進建議事項。
2. 執行家長代表大會之決議事項及處理經常性會務。
3. 研擬提案、會務計畫、會務報告及經費收支事項。
4. 協助幼兒園處理重大偶發事件，及有關幼兒園、教保服務人員、幼兒及家長間之爭議事項。
5. 協助幼兒園辦理親職教育及親師活動，促進家長之成長及親師合作關係。
6. 推選會長、副會長。
7. 代表家長會出席幼兒園園務會議。
8. 其他有關家長委員會事項。

許多人誤解家長會可以干涉園務，左右幼兒園的收費或課程發展，不過，上述均為幼兒園經營管理的範疇，非家長會得以干預。家長會可以管理家長會費的預算或決算，家長會費支付的項目，可以在家長會費支用辦法等相關條文中明列清楚。家長會會費之收取，得委託幼兒園代收，以幼兒家庭為單位，每學期收取一次，公立幼兒園應依各縣市幼兒園收退費辦法收取費用，私立幼兒園應依教育局之收費數額收取。

家長會經費的使用用途可以由幼兒園或家長委員會提供計畫及預算，並經過家長委員會通過後才可支用。也有私立幼兒園將家長會費運用於補助園內弱勢家庭幼兒的戶外教學、畢業紀念冊等費用。

家長會經費的來源，除了由家長繳交家長會費外，還包含捐款收入、經費孳息收入等，不過幼兒園內的教職員不得向幼兒家長募款。家長會費的收取，每學期一次，但持有低收入戶證明者可以免繳。園方應製作收據，以作為憑證。

五、家長志工

志願服務（volunteering or voluntary service）指的是沒有報酬、自願奉獻組織的人們，以幫助他人、對環境有益為目的的活動。鼓勵家長擔任志工，不僅可以鼓勵家長參與幼兒園的活動，同時也可以透過人力資源的協助，積極推動幼兒園的相關工作，讓具有高度奉獻的志工積極參與幼兒園活動。

（一）家長志工的價值

幼兒園家長擔任志工具有下列功能與價值：

1. 幼兒園家長來自社區，因此家長擔任志工可以強化幼兒園與社區的聯繫。
2. 增進社區民眾與家長的服務精神，改善社會風氣。
3. 達成社區與幼兒園資源共享的理想。
4. 讓家長與社區民眾參與幼兒園活動，共同經營學校。
5. 善用社區人力資源，協助解決幼兒園人力不足的困境。
6. 藉家長的專長，協助幼兒園辦理各項活動，補充教保人員人力不足的情形。
7. 分攤教師額外的工作（如教室圖書、教具整理、協助幼兒午餐），讓老師可以專心教學。

（二）家長志工參與的內容

幼兒園家長志工並非所有項目和任務均可以協助，較常見的是說故事志工、幼兒園戶外教學時需要額外的人力支援，以及相關主題課程時，邀請家長志工到幼兒園與幼兒分享家長的專業。若依照分類，家長志工可以參與的項目包含：

1. 教學：擔任圖書志工、協助整理圖書教具、說故事、協助戶外教學、特殊節慶活動提供人力資源協助。例如，幼兒園進行「社區好生活」主題，談到社區中各種職業的人，可以邀請社區中的「達人」與幼兒分享他們的專業技術，從尋找老師傅的技藝，喚起社區傳統文化的傳承。
2. 支援戶外教學：幼兒園安排戶外教學活動時，需要有更多成人協助。依據《幼兒教保及照顧服務實施準則》（教育部，2019c）規定，「照顧者與三歲以上至入國民小學前之幼兒人數比例不得逾 1：8；與二歲以上未滿三歲之幼兒人數比例不得逾 1：3；對有特殊需求之幼兒，得安排幼兒之法定代理人或志工。
3. 環境整理：推動資源回收、整理幼兒園花草、放學後協助整理教室環境。

（三）實施家長志工的困境

幼兒園實施家長志工可能遭遇下列困境：

1. 多數幼兒園家長為雙薪家庭，忙於工作，甚少參與幼兒園的志工活動。幼兒畢業之後，家長志工也會離開，造成家長志工的流動性過高。
2. 家長進入幼兒園班級後，常常過度干涉子女在教室中的活動，反而不利於幼兒的人際互動與關係建立。曾有一個幼兒園班級內有一對早產兒雙胞胎，家長自願到幼兒園擔任志工，但卻無時不刻跟在孩子身邊，午餐時也要親自餵飯，造成教保人員管理的困擾。建議教保人員邀請家長擔任志工時，最好先瞭解家長動機，避免雙方對志工服務的認知落差。
3. 幼兒園希望家長志工參與，成為輔助性人力資源，但家長志工投入的目的和動機較希望直接參與，可能與幼兒園的期待有落差。
4. 較封閉的幼兒園，其實反而不願意家長過度涉入，尤其家長在教室中，更容易觀察到師生互動的情形，引發家長對教保人員教學的不滿。

（四）實施家長志工的注意事項

家長志工畢竟不是幼兒園聘僱的員工，邀請擔任幼兒園志工時，幼兒園行政主管應注意下列事項：

1. 先瞭解家長志工的背景與擔任志工的動機：幼兒園應該評估家長志工的動機和投入服務的項目是否符合幼兒園需求。
2. 定期對家長志工的服務內容進行評估檢討：家長志工包含短期性（任務型）志工，例如因應某次戶外教學增加志工人力協助，也有長期性志工，如擔任說故事志工。無論是哪一種類型，幼兒園均應定期評估家長志工服務的效益，並提出改善做法，調整志工家長的工作項目。
3. 應對家長志工在幼兒園內的行為進行規範：幼兒園應該告知志工家長擔任志工的角色和義務，同時為了保障幼兒園內幼兒的個人隱私，不得以手機或照相機等錄音、錄影器材拍照攝影，所有幼兒園內拍攝的照片均不得公開（包含上傳個人臉書）。
4. 幼兒園應要求志工家長謹守倫理規範：家長志工有非常多機會瞭解幼兒園內的幼兒，包含幼兒在教室內的學習表現、行為、情緒反應等，也可能有機會探知幼兒的家庭情況。但志工家長應謹記，自己為志工而非教保人員，所有攸關幼兒行為的問題，不應由志工家長直接涉入。且志工應謹守專業倫理，勿將課室內攸關幼兒或其家庭的情形告知無關的第三者。
5. 志工並非教學輔助者：依據《教保服務人員條例》（教育部，2017b）第 26 條規定：「未具教保服務人員資格者，不得在幼兒園從事教保服務。」曾有幼兒園邀請懂得足球的家長，協助幼兒園成立足球隊並訓練幼兒，上述已經違反規定。

六、鼓勵家長參與的策略

幼兒園教師如何鼓勵家長積極參與幼兒園的活動？策略如下：

（一）家長親自參與比書面傳遞更有效

期初的家長座談會、教學觀摩日，或者搭配節日或慶典（如母親節或畢業典禮）辦理的家長日等，透過家長到園親自觀察，瞭解幼兒學習的成果與能力的展現。

（二）考量家長參與親職活動的時間

過去幼兒園為了辦理方便，許多親職活動辦理的時間多半利用週一到週五的上班時間，但是能來參加的家長有限，僅有未就業的家長才能前來，否則家長必須特地請假，造成非常多不方便。幼兒園若於晚間或週末辦理親職活動，同樣需要考量家長有臨時托育的需求。若能考量多數家長方便的時間，則較能邀請較多家長參與。

（三）強化父親參與的動機

幼兒園的親職活動，最常見的都是媽媽參加，父親常常是缺席的一方。親職活動議題的選擇上，會影響父親的參與。例如，父親對育兒或生活照顧的議題比較沒有興趣，但是對於學習或國小生活適應等議題，可能參與度較高。由老師親自邀請爸爸一同參與，效果較佳。父親積極參與親職活動的幼兒園會形成一股正向效應，越多父親參與，下次這些參加的父親就更有勇氣參加，但是若多數是媽媽，父親覺得尷尬反而會拒絕參與下次活動。

參考文獻

中文部分

中華民國成人教育學會（1995）。**成人教育辭典**。臺北：中華民國成人教育學會。

中華社會福利聯合勸募協會、鄭怡世（2010）。**成效導向的方案規劃與評估**。臺北：巨流。

王鍾和（2009）。**親職教育**。臺北：三民。

吳亦麗（1998）。**臺北縣市幼兒園實施親職教育之發展研究**（未出版之碩士論文）。臺北：國立臺灣師範大學家庭教育研究所。

吳麗娟（1997）。**青少年心理發展與適應之整合性研究——父母自我分化、教養態度對青少年子女自我分化、因應方式及適應影響之研究暨親職教育課程效果之實驗研究（I）**。行政院國家科學委員會專題研究計畫成果報告（NSC86-2413-H003-011-G10）。

李惠明（2008）。**中年女性參與讀書會對生命發展影響之研究**（未出版之碩士論文）。臺北：臺灣師範大學社會教育學系。

林家興（2007）。親職教育團體對親子關係與兒童行為問題的影響。**教育心理學報，39**（1），91-109。

翁毓秀（2011）。**親職壓力量表簡式版**。臺北：心理。

翁毓秀（2019）。**親職壓力量表**（第四版簡式中文版）。新北：心理。

張子嫻、曹純瓊（2013）。嘉義縣學前特殊需求幼兒與一般幼兒主要照顧者的教養態度、問題與親職壓力差異之探究。**幼兒教保研究期刊，11**，21-42。

教育部（2016a）。**國民教育法**。取自 https://law.moj.gov.tw/LawClass/LawAll.aspx?pcode=h0070001

教育部（2016b）。**高級中等教育法**。取自 https://law.moj.gov.tw/LawClass/

LawAll.aspx?pcode=H0060043

教育部（2017a）。**幼兒園教保活動課程大綱**。取自https://www.ece.moe.edu.tw/archives/5432

教育部（2017b）。**教保服務人員條例**（民國 106 年 4 月 26 日公布）。取自https://law.moj.gov.tw/LawClass/LawAll.aspx?pcode=H0070071

教育部（2019a）。**幼兒教保服務及照顧服務實施準則**（民國 108 年 6 月 14 日修正通過）。取自 https://law.moj.gov.tw/LawClass/LawAll.aspx?PCode=H0070047

教育部（2019b）。**家庭教育法**（民國 108 年 5 月 8 日修正通過）。取自 https://law.moj.gov.tw/LawClass/LawAll.aspx?pcode=H0080050

教育部（2019c）。**幼兒教保及照顧服務實施準則**（民國 108 年 6 月 14 日修正通過）。取自 https://law.moj.gov.tw/LawClass/LawAll.aspx?PCode=H0070047

郭靜晃（2009）。**親職教育：理論與實務**。臺北：揚智。

陳柏蒼（譯）（1997）。**顛覆壓力**（原作者：Robert Sharpe）。臺北：精美。

陳素萍（2010）。**教師參與由校長領導的讀書會之成長經驗研究**（未出版之碩士論文）。新竹：國立新竹教育大學教育心理與諮商學系。

陳富美（2005）。親職效能感、教養行為與孩子生活適應之關係研究。**輔導與諮商學報，27**（1），47-64。

葉郁菁（2007，11 月）。**育有六歲以下幼兒之新移民女性親職教養壓力之研究**。論文發表於國立臺北教育大學舉辦之「全球化移民現象與教育回應——臺、日國際經驗」學術研討會，臺北市。

臺中市政府（2012）。**臺中市幼兒園家長會任務組織及運作辦法**（民國 101 年 12 月 19 日修正通過）。臺中：臺中市政府。

蔣姿儀、李文意、林季宜（2014）。學齡前幼兒母親親職壓力與親子關係之研究。**幼兒教育年刊，25**，141-161。

鍾璧卉（2008）。**學齡前自閉症兒童家長親職壓力之初探**（未出版之碩士論文）。臺中：臺中教育大學早期療育研究所。

簡文英、卓紋君（1993）。國內親職教育團體研究的回顧與分析。**諮商與輔導，211**，2-10。

蘇昭菁（2008）。什麼是壓力？定義、影響及因應。**義大醫訊，27**，19-22。

英文部分

Abidin, R. R., & Carter, B. D. (1980). Workshops and parent groups. In R. R. Abidin (Ed.), *Parent education intervention handbook* (pp. 107-129). Springfield, IL: Charles C. Thomas.

Abidin, R. R. (1992). The determinant of parenting behavior. *Journal of Child Psychology*, *21*(4), 407-412.

Epstein, J. L. (1992). School and family partnerships. In M. Alkin (Ed.), *Encyclopedia of educational research* (pp. 1139-1151). New York: MacMillan.

第五章

親師溝通策略

親師溝通的對象包含教保人員與家長。親師溝通指的是教保人員與家長相互交流的歷程，交流聚焦的共同對象為幼兒，透過溝通的過程可以使教保人員與家長彼此對於幼兒的發展歷程、學習訊息、人格情緒發展、生活自理表現等，達到整合彼此對幼兒發展期待和管教方式的策略，以建立家長和教保人員的共識。本章共分為七節：(1)親師溝通的重要性；(2)家庭關係對幼兒的影響；(3)親師溝通管道；(4)幼兒園親師溝通策略；(5)幼兒園親師刊物編輯；(6)家庭訪問；(7)溝通失靈後的申訴。

第一節　親師溝通的重要性

一、溝通的形式

透過親師溝通，雙方有意見的表達和訊息的交換，也透過溝通建立共識，調整與反思對幼兒學習與輔導的期待和目標，最終目標如《幼兒園教保活動課程大綱》所述：「幼兒園提供幼兒群體活動的機會，以支持幼兒學習在社會文化情境中生活。透過教保服務人員的引導，幼兒不但要擁有健康的身心、學習與人相處，同時也願意關懷生活環境，培養對周遭人、事、物的熱情與動力。」（教育部，2017a，頁 3）。

溝通分析學派的 E. Berne 指出，每一次溝通包含單一的刺激和單一的回應，所以無論是語言或非語言，都是社會行動的基本單位。Berne 把溝通分為三種形式（邱溫譯，2000）：

1. 互補（complementary）：互補式的溝通，接受訊息的自我狀態也是發出回應的自我狀態，只要維持在互補形式，一來一往，雙方的溝通則可以無限地進行下去。
2. 交錯（crossed）：接受訊息的自我狀態並非做出回應的自我狀態，通常溝通呈現「中斷」的狀態，可能因為出乎意料的事件發生，使得溝通暫時停止。Berne 指出，交錯溝通的第一型，指的是針對訊息回應的人以兒童自我狀態進行溝通，他有可能將對方（幼兒園老師）視為過去某個階段與自己有關的人（如：印象中過去曾接觸過或受過傷害的人），而影響回應者對於訊息的理解和回應。這也是社會、職場和家庭中最常見的困擾原因。交錯溝通的第二型，是訊息回應者以父母自我狀態進行溝通，例如，家長認為年輕剛畢業的幼兒園老師「沒經驗」，家長與教保人員講話時，可能把對方看成小孩子一樣。
3. 曖昧（ulterior）：曖昧溝通則是同時傳達兩個訊息，社會層次的訊息透過語言表達出來，但是心理層次的訊息則以非語言的方式呈現。這就是俗話所說的「口是心非」，或許家長言語表達的是對幼兒園的讚美和稱許，但是從眼神和肢體動作，卻透露家長對於幼兒園的不信任。

二、親師溝通的重要性

親師溝通可以幫助家長和教師相互瞭解，還可以提升教師專業能力、家長的親職效能（林珍宇，2002）。親師溝通的重要性包含：

（一）親師溝通有助於幼兒發展

教保人員與家長的溝通聯繫有助於幼兒的能力發展和自信心的表現。家長參與幼兒園活動可以提升幼兒的安全感，增加對幼兒園活動的參與度。同時家長與教保人員的良好溝通，也可以協助幼兒建立與幼兒園教保人員、家庭中家長雙向的安全依附關係。反之，衝突型的親師溝通模式，常常讓幼兒無所適從，陷入關係的矛盾中。

（二）親師溝通有助於教師專業成長

透過正向的親師溝通，可以促進教師瞭解幼兒在家庭中的生活習慣和家長的教養方式，有助於教保人員對幼兒學習能力的評估，提出適合幼兒的學習輔導策略。同時，家長給予教保人員的積極肯定，對於教保人員極為重要，可以提升教保人員的「我能感」，與對教保工作的滿意度，減少教保人員因為親師溝通不良而萌生挫敗。

（三）親師溝通有助於家長親職能力提升

良善的親師溝通可以協助家長更加瞭解幼兒的發展，提供家長親職教養的諮詢和建議，促進家庭中正向的親子互動。同時教保人員也可以提供家長心理支持，舒緩家長的親職壓力，提升家長親職教養的自信心，成為有效能的家長。

第二節　家庭關係對幼兒發展的影響

一、家庭關係建立的重要性

劉曉彥（2017）指出，家庭關係是幼兒出生之後初次體驗的人際關係，因此幼兒受到家庭關係的影響甚深。若幼兒長期處於父母暴力緊張的氣氛下，則會造成幼兒的緊張情緒。朱瑞玲與章英華（2001）從臺灣地區社會變遷基本調查分析結果發現，臺灣社會的家庭倫理價值仍受到傳統信念影響，不過也有越來越多年輕父母，選擇以規勸取代責罵的教養方式，同時多數人也認同嚴厲管教的結果並不會使子女有較高成就。依據Russell與Yik（1996）的研究指出，華人父母對於子女的困擾行為經常表現出憤怒情緒，華人父母甚少向子女表達愛與自己的感受（張兆球、郭黎玉晶，1998）。傳統華人母親對於「教養」內涵為管教，是為了訓練或教導幼兒良好的行為，華人觀點的「管教」是基於對兒童的行為期待，涵蓋「照顧」（care）與「愛」（love）的意涵，相較於西方的教養觀，對於「管教」一詞，則有「嚴格管理和控制」的意涵（Chao,

1994）。因為華人不善於向子女表達情感，因此華人的家庭互動關係，經常是「內隱」的，只能透過心意傳達體會，較少在行為或言語上表現（趙梅如，2005）。

二、正向親子關係有利於幼兒發展

建立安全依附（secure attachment）的親子關係，對幼兒的情緒和認知發展有穩定的影響。親子互動關係越好、越密切，可以使幼兒有穩定的情緒、自信心，對他人產生信任感。正向親子互動有助於幼兒適應人際關係，建立與他人的和諧相處模式（嬰兒與母親編輯部，2014）。當父母關係不和諧時，也會成為影響幼兒健康發展的主要原因。因為親子關係的發展是一種同步互動的關係，父母與子女互為影響，研究指出，當父母和易怒或反應遲鈍的嬰兒，也較難建立情感的依附感（林淑玲、李明芝譯，2014）。此外，手足競爭（sibling rivalry），一種手足間的競爭、忌妒或敵意，也是親子關係中容易被忽略的一環。若幼兒在弟妹出生前，和父母維持安全的依附關係，同時弟妹出生後仍可以得到父母的關愛，盡量維持原來的生活步調，較有利於友好的手足關係的建立。

三、親子互動的原則

親子互動的原則建議如下：

（一）擁抱與觸覺刺激

Freud 的性心理發展論強調穩定的餵食、口腔的刺激，可以讓嬰兒獲得心理的滿足；Erickson 也強調，出生之後的信任感建立，主要來自嬰兒擁抱和撫慰的需求獲得照顧者的回應（施嘉慧，2016）。因此，當幼兒需要被撫慰時，若父母可以給予擁抱，透過觸覺刺激，可以穩定幼兒的情緒。

（二）給予讚美

家長重視幼兒的行為規矩，較常注意幼兒的負向行為並加以制止，但是對於幼兒的正向行為或好的表現卻視為理所當然，若父母可以經常讚美幼兒，可以增強幼兒的自信心，也可以為親子關係加溫。

（三）不要以 3C 產品取代親子互動

現代幼兒父母經常提供幼兒手機作為安撫，或者直接讓孩子觀賞手機上的影片。1990 年代以前的兒童與少年，互動的對象是同儕、真實的人，而非科技裝置。兒童從自己創造、發想遊戲活動中獲取樂趣，而不是從人工智慧中獲得程式預先設計的遊戲。過度依賴 3C 產品不僅使得親子溝通的能力變差，因為兒童缺乏面對面溝通時的訊息判讀能力、情緒線索的解讀能力也會降低（遠見雜誌，2017）。3C 產品無法取代父母照顧者的角色，而且接觸 3C 時間越久，幼兒的情緒調節能力也越差。幼兒情緒困擾時，手機只能轉移暫時的注意力，長久下來會造成親子關係嚴重疏離。

（四）親子互動質重於量

現代家庭的組成以小家庭、雙薪家庭為主。雙薪家庭的父母忙於工作，育兒照顧的功能從家庭逐漸被機構取代，包含坐月子中心、托嬰中心、幼兒園等。雙薪家長與幼兒的親子互動僅限於下班之後回家到睡覺前的短暫時間，所以親子互動要重質不重量，高品質的親子互動才是維繫良好親子關係的關鍵點。例如，幼兒的閱讀需要透過親子之間的真實互動才能發揮效果，父母每天花半小時陪伴幼兒一起看書或玩玩具、餵食或沐浴，可能比父母坐在一旁一邊滑手機一邊陪幼兒還要有積極效果。

第三節　親師溝通管道

蕭道弘（1995）指出，一般而言，學校或幼兒園較常見的親職教育實施方式包含：演講、座談、參觀、晤談、研習、出版刊物、諮詢專線、團體活動、家庭訪視、親子活動、幸福家庭教室、家庭聯繫、提供資訊、學藝活動等。不過，上述活動均有其限制，例如，演講活動時間的安排若在平常日的週間，雙薪家長可能無法參與；而有意願增強自己親職知能的家長，通常也是比較沒有風險的家庭。周震歐（1986）認為，若親職教育的實施方式為集會式的演講，僅止於知識層面的傳遞，可能忽略參與親職講座家長的特殊需求。尤其網路資訊搜尋方便，許多育兒的問題均可以透過網路的訊息搜集獲得解答，家長另外撥時間到園聽演講的意願降低。雖然演講活動在短時間內可以達到參與人數的期待，但對解決家庭中的親職教養問題卻可能無實質效果。

一、親師溝通模式

以下依照溝通的形式和訊息傳達的對象等，分別敘述親師溝通類型。教師運用不同親師溝通形式時，應該注意溝通的內容、對象、即時性等，採取最適合的溝通管道。

親師溝通的管道可分為動態溝通與靜態溝通兩種模式（教育部，2019）。

（一）動態溝通

動態溝通為透過面對面、電話聯繫、親師座談、家庭訪問等溝通模式，親師之間可以針對問題和想法做立即性的討論與澄清。其形式包含：

1. 家長說明會：包含新生家長說明會和每學期初的家長說明會，通常會伴隨著各班的班親會。藉由這兩種說明會，幼兒園可以傳達辦學理念和未來一學期將要推動的活動，也可以向家長說明本學期規劃的課程內容，透過這樣的溝通，也能讓彼此瞭解對方對於幼兒學習與成長的期望。
2. 班親會：這是以班級為單位的溝通模式，由帶班的教保人員與家長面對面溝通，比較能針對個別幼兒問題充分交換意見。
3. 教學觀摩：學期間可配合親職講座或班親會辦理，邀請家長進入教室觀摩教學，除了讓家長瞭解幼兒園的課程與教學進行，也可以讓家長觀察教學活動中，幼兒的學習狀況。
4. 教學成果展：通常選擇在學期末辦理，一方面幫助家長瞭解幼兒各方面的發展狀況，一方面向家長展示幼兒園和教保人員教學成果。內容可以是幼兒作品與學習檔案的呈現。除了展示幼兒的作品，教保人員可以參照課程規劃的幼兒學習能力指標，向家長說明幼兒的能力表現。

5. 親子活動：幼兒園配合節慶或是幼兒園重要典禮舉辦，如母親節活動、耶誕節晚會、畢業典禮、跳蚤市場義賣活動等。藉由親子活動增進家長對幼兒園的認識和認同，透過親子活動設計，也可以增進家長與幼兒的互動。林慧芬與林妙徽（2013）建議可以減少全園性的大型親子活動，以班級為單位的多元親子活動取代，例如：親子共讀、爺爺奶奶說故事，以促進家長與教師實質關係的建立。
6. 親職教育講座：幼兒園可根據家長需求、幼兒發展議題、親職議題，定期辦理相關的親職講座，也可以搭配其他活動辦理，如教學成果展或是親子活動。
7. 讀書會：透過讀書會的運作可以提升家長的親職知能，幼兒園每學期可以選定主題，選擇適當圖書，由園長（主任）、教保人員或家長帶領閱讀，定期聚會討論分享閱讀心得，給予獎勵和發表，以激勵其他家長的參與。
8. 父母成長團體或親職工作坊：根據不同類型和需求的家長，組織不同議題的父母成長團體，如親職紓壓、面對幼兒情緒議題、親職力、故事劇場等，組成同儕團體定期聚會，提供專業的諮商輔導和必要的協助，形成支持系統，幫助父母成長。
9. 父母志工團：邀請家長共同協力，藉由家長參與幼兒園的班級活動，觀摩教保人員與幼兒互動，以增進親子互動技巧和品質（林慧芬、林妙徽，2013）。
10. 電話連繫：針對當天有特殊狀況的幼兒，尤其是父母不能經常來校接送幼兒，或是幼兒坐娃娃車上下學的家長，電話訪談是較直接有效的溝通方式。
11. 家庭訪問（home visit）：家庭訪問可以幫助教保人員更加瞭解幼兒的成長環境，適時提供適當的輔導與協助。

（二）靜態溝通

經由書面、其他文字，非經由雙方直接溝通的形式，為靜態溝通，包含刊物、Line 群組留言、親師聯絡本等方式。

1. 公布欄：可分為幼兒園外牆和園內公共區域的公布欄，以及教室內外的公布欄。公布欄內容包含幼兒園和各班活動訊息、各類活動後的花絮剪影、各班課程的紀實、教養新知、親子相關藝文活動訊息、醫療保健或法律資訊等。《一百零七學年至一百一十一學年幼兒園基礎評鑑指標》（全國教保資訊網，無日期）的評鑑項目 1、3 資訊公開，需將幼兒園教保服務人員的學歷證書或資格證書（證書內個人隱私資料得採部分遮蔽方式呈現），應懸掛於園內足資辨識之處所，有些幼兒園也會公告於園內的公布欄。
2. 園刊或班訊：園訊內容與公布欄類似，但是更能深入提供相關資訊。班訊是由各班自行發行的班級刊物，用以刊載班級正在進行的課程紀錄和活動花絮，深入地與家長分享課程發展和幼兒生活的點滴。班訊若為單週或隔週發行、通常篇幅少，但提供的課程訊息較為即時。園刊的印刷則成本較高，且需花時間編輯和校對，刊物內容累積一學期的課程活動的綜整成果。
3. 通知單：幼兒園對於必須告知或提醒家長之訊息，以通知單之形式立即發給家長。
4. 家庭聯絡簿：固定型態的親師溝通方式，進行每日或每週做雙向互動式的溝通。教保人員藉由聯絡簿提供幼兒生活與學習狀態，家長則提供幼兒在家的生活情形，也可以增加家長教養相關資訊或活動訊息。
5. 親子學習單：配合課程設計親子學習單，鼓勵家長參與幼兒的學習、促進親子互動，也可以讓家長瞭解幼兒園正在進行的課程。

二、溝通參與者

依據參與親師溝通者的人數，可以分為個別與團體兩種模式。

（一）個別化溝通

透過親師聯絡本、社群軟體的私訊、電話聯繫、家長私人晤談等，為了個別化溝通。個別化溝通較有利於處理幼兒私下的問題，或是家長、教師認為不宜在公開場合表達的事情，建議應該採取個別化溝通。進行親師溝通時應該注意，對於幼兒個別化的議題（如：行為輔導）不宜公開，以維護幼兒與家長的隱私權。不過，個別化溝通對幼教師而言需要耗費較多時間，通常教保人員也會擔憂因為公開私人的聯繫方式，家長可能因毫無節制的使用，干擾教保人員私人生活。

（二）團體溝通

例如繳費訊息、通知單、停課訊息、校外教學同意書、親職教養文章分享等，訊息內容較無隱私性或個別性，傳達內容的對象為多數家長，可以透過團體溝通方式，達到最好的聯繫效果。幼兒園經常從幼兒親子雜誌或網路上搜尋相關文章影印貼在親師聯絡本供家長閱讀，不過幼兒園需要留意未經過同意授權影印的文章，尤其有些雜誌刊物文章標註未經授權不得刊（轉）載，可能有違反著作權疑慮。

三、建置完整的聯繫紀錄

建立家長的聯繫管道非常重要，包含幼兒發生緊急事件時的主要、次要連絡人與聯繫方式。幼兒園聯繫出缺席，有些由班級教師負責電話詢問，但有些則交給幼兒園的行政人員聯繫。不論由哪一方取得家長個別資訊，幼兒園均應妥善保管，避免被他人窺視，不應放置於辦公室公告欄等公開場合，且不得做為親師聯繫以外的用途。此外，建議幼兒園應該註記聯絡人員、與家長聯絡的時間、聯絡的家長，不論是否接通，都應該詳細註明，以有助於釐清權責。

四、親師聯絡本

幼兒園教保人員通常要花一些時間回想今天幼兒的表現，並且撰寫當日的親師聯絡本。若教保人員平日疏於觀察幼兒在園的表現，撰寫親師聯絡本就會經常流於流水帳的紀錄。

（一）親師聯絡本的溝通內容

親師聯絡本的溝通內容大致可以包含：

1. 幼兒生活與照顧情形：包含幼兒在幼兒園的飲食、午睡狀況等。例如：「小花今天午餐吃兩碗，很好喔！」
2. 健康或特殊狀況描述：幼兒在幼兒園發燒、流鼻血，或因為意外事故受傷的情況告知，並請家長在家留意幼兒的健康狀況。例如：「小可早上有點流鼻水，再請家長留意喔！」
3. 與行政聯繫有關的通知：學習單（或回家功課）通知、戶外教學通知、親子活動邀請等。例如：「今日發下收費袋，請查收。」
4. 與幼兒發展有關的描述：教保人員描述幼兒在語文、身體動作、認知、美感、情緒、社會等領域的發展和表現，在學習區和主題課程的作品描述等。

（二）聯絡本撰寫技巧

上述前三種內容都是例常性的單方面「告知」家長幼兒的生活照顧、健康狀況、行政聯繫等事務。家長讀完聯絡本的反應是「瞭解」、「知道了」，但不易引導家長回應。若能透過親師聯絡本，達到雙向溝通的目的，如此才能有益於親師的密切合作。教保人員如果可以透過分享，讓家長瞭解幼兒在幼兒園中的表現，同時透過邀請家長對聯絡本內容的回應，也讓教保人員瞭解幼兒在家中的表現，如此才能形成正向的溝通循環。

1. 因應幼兒入園時間，調整聯絡的內容：剛入園的幼兒，轉換新的環境，不論幼兒或家長都有分離焦慮，家長較關注幼兒受照顧情形，生活照顧的描述可以降低家長的焦慮感。但已入園一段時間的幼兒，則可以多與家長分享幼兒學習發展的表現。
2. 文字精準：教保人員手寫聯絡本，但聯絡本的內容有時會有錯字，給家長「教保人員中文能力不好」的印象，完成後應該再檢查一次。此外，教保人員雖然想要表達與家長的親密感，但過於口語化的描述、或使用網路語言，反而讓家長覺得過於輕浮。

3. 透過聯絡本展現教保人員的專業能力：除了對幼兒的學習表現描述歷程，若能再加上符合該年齡幼兒的能力表現，則更能讓家長信服教保人員的專業能力。「今天小惠在學習區練習用積木建構彈珠軌道。」屬於歷程的描述。「今天小惠在學習區練習用積木建構彈珠軌道，排出上下兩層的立體空間。之前小惠只能用積木排平面的圖案，小惠的空間概念已經逐漸發展。」上述描述更能讓家長理解幼兒能力發展的歷程。
4. 邀請家長分享經驗：教保人員可以請家長分享幼兒在家中的表現，鼓勵家長回應。當「你一言、我一語」的互動形成，親師之間更能透過分享和溝通建立對幼兒學習和發展的共識。

第四節　幼兒園親師溝通策略

親師溝通過程中，造成教保人員不愉快感受的主要原因包括：幼兒園與家庭對生活照顧的差異，與家長對教養問題的爭議，對幼兒學習表現的期待落差，以及教保人員與家長處理事情的原則不同（洪怡芳，2005）。

幼兒園親師溝通的策略大致包含：

一、對家長疑慮的釐清和溝通

有些家長以「幼兒園沒有教注音符號」或者「幼兒園都在玩、都沒有學到東西」為理由，要把幼兒轉去別間學校，教保人員為了要妥協這樣的家長，因此走回傳統的認知教學。事實上，教保人員應該同理家長的焦慮，因為家長的教育程度可能不高，所以希望可以依賴幼兒園老師的教學，提早讓幼兒學會認知性的知識，但是家長未必清楚幼兒園的主題課程是什麼、如何透過主題課程發展幼兒的能力，因此需要與家長進行溝通和說明，同時也要在幼兒的學習能力展現上，讓家長感受到幼兒能力的提升，而非僅有活動的描述。

二、充分掌握與幼兒有關的訊息

通常家長希望從教保人員處獲得有關幼兒在幼兒園的訊息，如果教保人員僅用廣泛抽象的「還不錯！」、「很棒！」、「很乖」這樣的敘述告知家長，家長會誤認為教保人員不夠關心自己的孩子，甚至會覺得教保人員在敷衍。平時教保人員即對個別幼兒（不管在主題課程、學習區操作，或者生活自理能力）都能試舉一些實例說明幼兒的表現，家長較能有更明確的訊息可以參與討論。要注意教保人員若對幼兒情況描述張冠李戴，非常容易造成家長誤解，更應該特別留意。

幼兒的學習表現紀錄非常耗費教保人員時間，但從家長對幼兒學習紀錄的回饋，多數家長對於教保人員呈現幼兒學習歷程紀錄給予正向回饋。例如，某位家長在聯絡本提到：「幼兒的畫看不懂，還好有老師解釋、謝謝老師花時間做紀錄。」教保人員記錄歷程、幼兒對當天進行的學習區操作以畫圖方式呈現，由教保人員協助加上文字說明，輔以教保人員在活動過程中拍的照片說明，讓家長更清楚知道幼兒學習的活動內容，無形中增加許多正向的親師互動。家長若沒有回饋，並不表示家長不關心，相對老師還是要持續提供幼兒參與學習活動的歷程描述。教保人員在家長簽名欄打「？」，可能會導致親師關係的緊張，若家長無法用文字描述，建議可以在家長接送幼兒時，以幼兒學習紀錄的內容、幼兒的作品口頭說明。

三、從優勢觀點看每一個家庭和幼兒

優勢觀點（strengths perspective）是社會工作個案處遇運用的一種方法。曾仁杰（2013）指出，優勢觀點模式主要強調案主優勢的發掘，並與案主一同使用其優勢突破面臨的困境。優勢觀點以正向觀點看待案主或家庭，肯定案主有學習、成長，和改變的能力。教保人員即使發現幼兒的家庭可能存在對於幼兒學習的不利因素，或者孩子有許多能力不足之處，但是仍可以從優勢觀點來瞭解家庭可使用的學習輔助資源有哪些，以及個人面對困境時的回應與能力、家庭運用社會資源解決問題的能力是什麼。例如，幼兒被診斷為發展遲緩時，幼兒父母可能因為工作忙碌無暇照顧，將責任推給幼兒園老師，但幼兒平日由奶奶照顧，奶奶對孫子也極為關心，透過奶奶的增權賦能，提升奶奶在家中對於發展遲緩幼兒的學習指導能力；雖然奶奶無法撰寫紀錄，但是透過與奶奶的口語溝通，教保人員可以協助記錄幼兒在家庭中的行為，即能對發展遲緩幼兒產生正向影響。

四、積極聆聽有助於親師溝通

積極聆聽是一種溝通技巧，目的是為了清楚向對方反映自己對於他人的遭遇產生同感，於晤談期間可運用積極聆聽的方式，更可藉此一方面鼓勵對方表達得更清晰，一方面使對方明白自己的感受。許多家長與老師溝通時，經常會連帶一些與幼兒無關的話題，老師必須先判斷這個問題是否需要回應或積極處理？並且判斷自己是否有時間幫助家長、願不願意、有沒有足夠的資源，或對家長的問題是否足夠瞭解。教師使用「積極聆聽」，分析家長言語背後的真實用意。例如，家長單純只是希望知道在家可以如何與幼兒一起閱讀？如何選擇繪本？還是家長抱怨的是幼兒園的語文活動太少、幼兒沒有學習注音符號等。

積極聆聽包含下列原則：

（一）開放的姿態

聆聽者的身體姿態通常暗示著聆聽者是否願意溝通。例如，雙手抱胸的姿體語言可能告訴對方：「我是一個威權者」、「我拒絕溝通」。聆聽者一邊看電腦螢幕打字，一邊告訴對方：「你說吧！我在聽。」這樣的姿勢語言真實傳達的是：「我在忙，你最好不要打擾我。」或者與家長溝通時，老師還在一邊吃東西，顯示的都是漫不經心的溝通模式。老師應該放下手邊的工作，眼神專注，適時的點頭回應，才是積極的溝通方式。

（二）細心觀察

教師與家長溝通時，要留意家長面部表情和身體語言可能傳達的情緒，揣摩家長的想法，適度安撫家長焦慮的心情，多以讚美幼兒取代在家長面前數落孩子。例如，當家長眼神不願意直視老師時，可能傳達的訊息是他對這個議題不感興趣，或者他正處於擔心或焦慮的狀態。有些過度焦慮的家長會有特定的身體姿勢，例如摳指甲。緊張狀態的家長，坐下來時會有身體肌肉緊繃，或者手緊緊抓住或抱住包包。

（三）設身處地

老師從家長的角度思考：「如果我是這位家長，我可能會有什麼反應和感受？」每個家庭都有獨特的生命經驗，無法從「指導者」的高度，告知家長應該如何解決，同時也要盡量避免將自己對於班上幼兒的好惡加諸於家長身上，反之亦然。教師對於幼兒家庭環境最為清楚，但在溝通的過程，常常會受限於對家庭環境的偏見。例如，「這些新住民家長拿到身分證很容易就跑了」、「幼兒在幼兒園的認知表現差，因為阿公阿嬤在家都沒在教」。將心比心，設身處地去體會家長的感受。對於幼兒甚少關注、接了孩子就走，或者不簽聯絡簿的家長，反而需要老師多花一點時間溝通。例如，家長非常擔心剛上學的幼兒常常生病，準備許多營養食品或中藥粉請老師幫忙餵，但是這些來路不明的食品或藥粉，即使填了託藥單，老師也都不宜給幼兒餵食。老師直接拒絕：「不行！我們如果幫你餵給孩子吃，我們會違反法規！」如此說法可能讓家長覺得受挫。教保人員先耐心地傾聽家長他們對營養食品和中藥粉的想法，或許這位幼兒是早產兒，父母對於幼兒的健康問題非常焦慮。老師應該處理的是家長對於早產兒的焦慮感，而非執著於「可不可以餵食」這件事。如果家長純粹只是因為「擔心」，我們需要指導正確的幼兒健康保健知識及提供正確的做法，才能減緩家長的焦慮。

（四）透過發問可以更深入瞭解家長要溝通的議題

老師可以透過提問或複述的方式，釐清家長溝通的重點。例如，「您是不是認為……？」「您可以再告訴我，通常○○在家裡是什麼樣的情況嗎？」

（五）簡單的回應感受

老師可以用簡單的話語表達對家長問題的感受，例如：「你這麼生氣，一定對孩子的行為很難過。」與家長溝通時，教保人員應避免連珠炮似地一直講自己的看法和觀點，單向的溝通缺乏互動，也容易讓家長感到「被教訓」。

（六）如何結束對話

教保人員在班級並沒有太多時間可以和家長長談，教保人員通常會利用家長到園接孩子的時間與家長溝通，這樣的對話時間很短，尤其教室內還有幼兒需要照顧。接送幼兒的情境，比較適合訊息傳遞的短溝通，但是如果要「討論」問題，尤其尚有其他幼兒在場，建議應該找其他適合的時間，才能對問題有更為詳細的討論。教保人員必須透過對話開始的聊天，快速判斷議題需要的時間長短，以做出回應。「○○媽媽（爸爸），我覺得您提到的問題很重要，我也很關心這個問題，但是我們需要對這個問題做更進一步的瞭解，才能思考對○○最好的方式。不知道您什麼時間方便？我可以打個電話跟您討論？」

有些家長接送幼兒的時間很匆忙，希望快點離開，從家長顯露的動作眼神（匆忙、焦慮），教保人員知道這個時間無法和家長討論今天發生的重要事件，而且家長也無心與教保人員討論。建議教保人員可以先回應家長的焦慮：「○○媽媽（爸爸），您現在急著要帶小孩回家對不對？我想再找個時間跟您談談，是否方便晚上打給您？或者您明天帶小朋友來上學時，我可以跟您聊聊？」

如果家長充滿溝通的熱情，但是老師又必須忙著照顧幼兒，而必須結束對話，建議老師應該先找打斷的時機插話，用和緩、而非緊張短促的語氣告訴家長：「您剛剛說的事情很有趣，不過真的很抱歉，因為今天下午另一個老師輪休，所以教室人手不足。我必須去處理……，我們是不是下次再聊？」

積極正向的聆聽溝通，才是親師互動的重要關鍵。有時候因為老師忙於級務，忽略了親師關係的建立，造成家長誤解。欲建立良好的親師溝通，必須從「態度」上著手，首先教保人員應學會「傾聽」。造成無法傾聽的原因很多，例如沒時間或怕麻煩；因擔心花太多時間，而容易切斷家長的話題，影響親師關係的建立。所以，積極聆聽，同時瞭解家長言語表達的真正含意，藉此也可以增加家長對老師的信任。

第五節　幼兒園親師刊物編輯

一、親師刊物的類型

親師刊物可以向家長傳達幼兒園教學活動與幼兒學習情況，達到親師溝通的目的。幼兒園的親師刊物通常為非正式的刊物，依照發行時間可以分為週刊、月刊，或年刊。依照發刊的對象包含班刊或園刊，前者以幼兒園某班級家長為對象，後者則是全園性的家長刊物。

二、週刊與年刊的特性

週刊的發行時效最高，可以將這一星期幼兒園班級內的情況迅速讓家長知道，但是發行週刊因為時間限縮，幼教師在編輯的時間壓力也會比較大，建議可以採取單張雙面的方式。年刊通常為一年課程的總回顧，家長對於幼兒園的課程內容會有比較完整的概念，不過也因為年刊的篇幅較長，很多家長較無耐性一一閱讀，而且因為是全園的活動和課程內容，家長也未必對其他班級有興趣。年刊因為需要美編、印刷，成本也相對較高。

三、親師刊物的內容

幼兒園應該先界定親師刊物的功能，親師刊物並非通知單，所以聯繫與行政業務的通知，較不適合放在親師刊物中。親師刊物的功能是希望家長可以瞭解幼兒園現在進行的課程內容與幼兒的學習狀況。例如，某國小附幼發行的週報，主要包含三大部分：

1. 簡要描述本週的主題課程活動內容，並且摘述教學活動歷程。
2. 幼兒的學習成果，並佐以活動照片說明。

3. 家長對於該週活動的意見反饋。

四、編輯親師刊物的原則

教保人員應釐清班級親師刊物的重點，討論親師刊物涵蓋哪些主題？有些教保人員直接拿教師日誌剪貼成為親師刊物，條列週一至週五每天的教學活動，甚至還有一些教保人員將坊間教材光碟所附的教學設計直接貼給家長，這些都是不恰當的做法。以下為編輯親師刊物的原則：

（一）適度的圖文說明

教保人員選擇刊物圖片時，必須注意：

1. 圖片清楚而且能夠說明幼兒能力的展現。例如，一張照片以「小瑋正在畫恐龍」，僅是描述當下這位幼兒在做什麼，不需要文字說明，家長即可以「看圖理解照片」。但是同一張照片，老師的圖文說明是：「小瑋畫了一隻彩色的恐龍，說這隻恐龍穿越過彩虹，穿了彩虹的衣服，想像力很豐富。」這樣的圖文說明就更能清楚表達這張照片的意義。
2. 圖片清楚夠大，尤其若為團體照，又縮小在刊物的一角，幾乎看不清楚。若幼兒園經費允許，建議可以使用彩色列印，比黑白列印更清晰。
3. 圖片盡量呈現不同幼兒：家長非常重視自己孩子的照片是否出現在刊物上，如果相同幼兒不斷重複的比例很高，可能會引發其他家長誤會自己的孩子不被重視。除了團體照片，教保人員編輯時盡量可以兼顧班上不同幼兒。

（二）兼顧不同教育程度家長的文字理解

刊物編輯時，應該留意閱讀刊物的讀者為家長，文字要簡單易懂，附上圖文說明，避免專有名詞、學術用語，使刊物更為貼近讀者。尤其對於文字閱讀較困難的新住民家長，或者是年紀較大的爺爺奶奶，文字描述太多，家長很容易失去耐心閱讀。

（三）勿隨意引用未經註明出處的文章

幼兒園可能在園刊中使用一些親職教養的文章、圖片或照片（如：某一本繪本封面照片），或者摘錄與幼兒有關的童言童語或親子笑話，必須注意著作權問題。若親職文章、圖片照片、童言童語，非幼兒園邀稿為園刊撰寫，或是園內幼兒的語言軼事紀錄，勿隨便使用網路或其他雜誌刊物電子檔直接貼於園刊內。同時經過多人轉載後的文章，因為也無法求證原始出處，建議不要使用。若教保人員想提供一些適合的教養訊息，建議可以自己撰寫。現今網路訊息查詢容易，教保人員是否要花時間剪貼教養文章，又家長是否會詳細閱讀這些教養文章，能否達到親職教養觀念宣導的預期效益，可以評估後再決定是否採行。

（四）若引用團討紀錄或教師教學省思，需要重新修飾內容

教室中幼兒與老師團討的歷程，若能如實呈現，將有助於家長瞭解課室活動的進行。教保人員若要呈現於園刊中，直接擷取教學日（週）誌的紀錄較為不妥，因為團討的歷程很冗長，而且幼兒團討過程也未必能聚焦於議題，除非將全文完整引用。但是通常刊物篇幅不夠，且家長也沒有興趣閱讀冗長的教學軼事歷程，建議老師應該擇取其中幼兒的重要對話，並且說明上述內容呈現幼兒的重要能力。園刊與教師日誌不同，日誌的教學反思提供教師反省教學，但園刊的讀者是家長，他們的興趣不在教學如何改進，所以教保人員若需引用教學省思，必須經過大幅修正。

（五）園刊電子化

隨著網路科技發展，許多幼兒園均將園刊電子化，一方面減省許多印刷成本，二來也可以達到宣傳的便利性。幼兒園必須評估園刊是否可以從網路搜尋公開取得，建議園刊電子化後，應加註網頁版權：網頁版權宣告的寫法必須包含幼兒園名稱，加註「版權所有」字樣，©指的是版權（copyright）。寫法範例為：「臺北市私立○○幼兒園版權所有© 2020」。

園刊若僅提供園內家長或相關人員透過專屬帳號密碼上網瀏覽，則可以加

註提醒園刊著作權，請勿轉載。若可以允許下載，則必須降低圖片解析度，使之無法再使用。若園刊可以隨時上網閱覽，需留意幼兒肖像權需經過家長同意書同意幼兒園可使用於園刊。若園刊可供上網瀏覽，編輯時應更加注意文字內容和使用的照片，例如，老師團討的照片，但背景出現注音符號圖卡、英文單字圖卡；園刊摘錄團討內容紀錄，但卻讓人感覺老師對於團討無法掌握重點。

第六節　家庭訪問

一、家庭訪問的目的

「家庭訪問」（home visit）的定義是由導師到學生家裡訪問，瞭解學生的家庭情況（國家教育研究院，2000）。幼兒行為的養成與家庭環境有密切關係，透過家庭訪問，可以歸結幼兒問題的癥結，與家庭共同合作解決問題。不過因為有些家庭的環境較為複雜，家長因工作或其他因素不便參與親師座談或講座，平日也幾乎不簽親師聯絡簿，幼兒園老師更難透過上述訊息得知家庭情形。因此，家庭訪問可以最直接獲知與幼兒相關的訊息，並且向家長傳達幼兒的學習情形。

教育部於 2009 年頒布「教育部強化國民中小學家庭訪問實施原則」，其中提到家庭訪問的功能為促進親師合作機制，協助家長瞭解學生，強化親師生的良性互動溝通，並建立多元輔導管道，提高輔導學生的效果。

二、家庭訪問注意事項

依據「教育部強化國民中小學家庭訪問實施原則」，班級導師應該每學期至少一次安排到學童家訪問，或採取電話訪問、個別約談、班親會等方式。若有特殊個案學生，需要瞭解學生的家庭生活環境和社區環境背景，則可以由導師會同相關人員共同訪問或晤談。若家庭訪談過程中可能會有人身安全的顧慮，建議家訪人員應該結伴同行。

（一）家庭訪問的優點

家庭訪問的優點包含（吳明隆，2017）：

1. 增加幼兒與家長對幼兒園的認同和對教保人員的信任。
2. 透過觀察幼兒的家庭環境和親子互動，增加教保人員對幼兒行為和表現的瞭解。
3. 家長可以從家庭訪問中，感受教保人員對幼兒的關懷和重視的程度，同時也有較多時間可以針對自己幼兒的學習情況有更深入的瞭解、徵詢教保人員的教養諮詢。

（二）家庭訪問的缺點

家庭訪問的缺點則有：

1. 教保人員需要花費額外的時間進行。
2. 家長可能因為教保人員的到訪感到焦慮和不自在。

有些幼兒園規定老師僅需做「新生拜訪」，有些則必須每學年開學初到家庭訪問一次，也有些規定每學期實施一次家庭訪問。因為家庭具有高度隱私性，過度密集的家庭訪問可能造成家庭困擾。有些家長平日即與幼兒園老師保持密集的接觸和互動，家庭訪問的目的平時即可以透過親師溝通達成。若要有彈性的作法，可以先由老師評估家庭訪問的次數與密集度，以達到最佳效益，同時也可以省去老師的疲於奔命。不過，從另一個角度思考，老師親自到家庭拜訪，可以展現老師對家庭的重視和關懷，強化家長對幼兒園的認同。不過因為多數家長白天都有工作，家訪的時間勢必要利用晚間或周末，對教保服務人員無疑是額外的工作負擔，幼兒園也可能衍生因應加班產生的人力調配和加班費用支出的問題。

（三）家庭訪問的注意事項

教保人員進行家庭訪問時，應注意下列事項：

1. 以愉悅和讚美幼兒方式進行家庭訪問：當幼兒園教保人員親自到家庭訪問時，家長和幼兒必定處於忐忑和焦慮的狀態，家長擔心家庭環境曝露在陌生人之前，也擔心教保人員可能提及幼兒在幼兒園的負面表現。教保人員應善用溝通技巧，對幼兒的優點和好的表現多予讚賞，以減低家長的焦慮感。

2. 事先告知：教保人員先與家庭聯繫方便的時間、確認家訪的地址，讓家長有心理準備，並且事先告知家長家庭訪問的目的和重點。並且依約前往。
3. 同一天的時間安排不要過於密集：教保人員可能希望一趟出門可以完成最多的家庭約訪，但是家庭訪問的時間不易掌握，一方面可能因為交通因素，或者與前一個家庭的家長聊得較久而耽誤時間，後面就會不斷延遲時間。若是晚上約訪，建議以一個家庭為主，盡量不要超過兩個家庭。因為也要考慮幼兒與家長休息的時間，時間太晚可能會打擾家庭的作息。
4. 事先規劃好路線：將距離較近或方向相同的家庭安排在同一天。運用手機導航等方式，先查出需要的交通時間，避免因為找不到路而耽誤家訪時間。
5. 到訪前最好先電話再次確認：家庭訪問時間安排好之後，家長可能忘記，或者因為臨時有事不在，教保人員到訪前最好再以電話再次跟家長確認。
6. 家訪紀錄表：教保人員於家庭訪問結束後，應撰寫家訪紀錄表，包含家訪的重點，與家長溝通的內容，家長對幼兒學習的意見。若有特殊情況也可註記。

三、家庭訪問的內容

家庭訪問與晤談內容包含：家庭生活狀況（包含家庭背景、生活習慣、與家人相處情形、家長期望、家長教養方式等），學校生活狀況（包含學習狀況、人際關係、行為表現等），或提供相關的親職教養訊息。所有家庭訪問執行者應對家訪內容予以保密，但是若幼兒家庭確實有提供社會資源的必要，則應該轉介相關資源，提供幼兒家庭必要的協助。

第七節　溝通失靈後的申訴

一、幼兒園申訴案件

因為幼兒園收托的幼兒年齡較小，未必能做清楚的意見表達，幼兒園中家長與教師因為溝通不良，或對事實有爭議的控告案例層出不窮，包含：幼兒園超收費用、未依照收退費辦法退費、家長控告教保人員不當管教、體罰幼兒；幼兒園因為照顧疏失導致幼兒受傷；班級內幼兒傷害其他幼兒造成家長之間的衝突。如若雙方無法對申訴案件取得協調平衡，結果往往造成家長對於幼兒園的不信任，甚至衍生司法訴訟和消費者爭議，教保人員身心俱疲。黃光國（1998）指出，當親師衝突發生時，華人的解決衝突方式，採取逃避或忍耐的解決方式。而隨著網路社群越來越普及，許多家長也會將幼兒園的情形或影片上傳社群網站，訴諸「公斷」，希望透過網路社群力量施壓幼兒園。

二、申訴案件的法律處理流程與相關規定

依據《幼兒教育及照顧法》第 35 條規定：「教保服務機構之教保服務有損及幼兒權益者，其父母或監護人，得向教保服務機構提出異議，不服教保服務機構之處理時，得於知悉處理結果之日起 30 日內，向教保服務機構所在地之直轄市、縣（市）主管機關提出申訴，不服主管機關之評議決定者，得依法提起訴願或訴訟。」（教育部，2018a）。有關家長申訴案件處理的對口單位為幼兒園，當幼兒園處理無法獲得家長滿意時，可以向縣市政府教育局處提出申訴。若再不服主管機關評議結果，則依法可以提出訴願或訴訟[1]。

上述《幼兒教育及照顧法》第 2 項又規定：「直轄市或縣（市）主管機關為評議前項申訴事件，應召開申訴評議會；其成員應包括主管機關代表、教保與兒童福利團體代表、教保服務人員團體代表、家長團體代表、教保服務機構

1　家長因為行政機關（縣市政府教育局處）的處分結果，認為自身的權益受到損害，而尋求救濟，可以先向行政機關提起「訴願」。若仍有不滿，家長可向行政法院提起「訴訟」。

行政人員代表及法律、教育、兒童福利、心理或輔導學者專家，其中非機關代表人員不得少於成員總數二分之一，任一性別成員應占成員總數三分之一以上；其組織及評議等相關事項之自治法規，由直轄市、縣（市）主管機關定之。」因此，各縣市對於教保服務的申訴評議，均應設有正式組織和相關法規。

當幼兒園與家長的溝通無效之後，就會進入縣市政府申訴評議會的處理流程。評議會不接受匿名申訴，幼兒的父母或監護人應該填妥申訴書，並載明下列事項後簽名或簽章，且申訴人應出具相關身分證明文件，申訴書始具有效力。下列為《臺南市幼兒園教保服務申訴評議會組織及評議辦法》第七條之規定（臺南市政府，無日期）：

一、申訴人及幼兒之姓名、住所或居所或其他足資識別之特徵。

二、有代理人者，其姓名及聯絡方式。

三、被申訴之幼兒園。

四、申訴之事實、理由及證據。

五、知悉異議處理結果之日。

六、請求事項。

七、其他陳述事項。

八、提起申訴之年月日。

教育局（處）自收到家長的申訴書之次日起七日內，以書面檢附申訴書影本及相關書件，通知被申訴之幼兒園提出說明。被申訴之幼兒園應自前項書面通知送達之次日起十日內，擬具說明書連同相關文件送教育局（處），說明書副本應提供給幼兒父母或監護人。被申訴之幼兒園若認為申訴有理由，可以自行撤銷或變更原措施，並函知教育局（處）。家長在評議書確定前都可以提出撤回，但是一旦撤回後，就不得再對同一事件提申訴。必要時，得經申訴評議會議決後，推派三位（以上）委員組成專案小組進行調查。專案小組調查過程應保護申訴人、被申訴之幼兒園及其他關係人之隱私權，調查結束後，由專案小組作成調查報告，提申評會審議。申訴評議會應在收到申訴書之後的 60 日內完成申訴案的審議，並以教育局（處）名義，將評議決定書通知申訴人及被申訴幼兒園評議結果。

當幼兒父母或監護人提出申訴時，不僅是對教保人員教學和專業能力的質疑，同時也可能因為後續的調查、申覆，或者涉及民事和刑事訴訟而身心俱疲。教保人員必須瞭解並謹守專業者本分，勿做出任何傷害幼兒身心健康發展或權益的事情，且平日與幼兒家長建立良好溝通管道，彼此信任，才能避免申訴案件。幼兒園的行政人員（包含園長、主任），必須扮演家長和教師之間的溝通橋樑，一旦發生申訴案件，不論家長或教保人員，都需要支持，幼兒園園長和行政主管不僅要善盡調查與釐清事實的責任，也要盡力與家長溝通，協助教保人員解決問題。

三、不適任教保人員

幼兒園教師與教保服務人員的工作權應該受到保障，但若涉及「不適任教師」或「不適任教保人員」，幼兒園仍應依法處理。

（一）不適任教保服務人員的定義

依據《教保服務人員條例》第 12 條規定，教保服務人員若有下列情事之一，不得在幼兒園服務（教育部，2017b）：

1. 曾有性侵害、性騷擾、性剝削或虐待兒童行為，經判刑確定或通緝有案尚未結案。
2. 行為違反相關法令，損害兒童權益情節重大，經有關機關查證屬實。
3. 罹患精神疾病或身心狀況違常，經直轄市、縣（市）主管機關諮詢相關專科醫師二人以上後，認定不能勝任教保工作。
4. 其他法律規定不得擔任各該人員之情事。

（二）不適任教保服務人員的通報與登錄

教育部依據上述辦法第 12 條，訂定《幼兒園不適任教保服務人員之通報與資訊蒐集及查詢辦法》（教育部，2018b）。其第 3 條規定，中央主管機關（即教育部）應建置「各教育場域不適任人員通報及查詢系統」（網址：https://

unfitinfo.moe.gov.tw/query/logon.jsp），上述系統並未對外開放。家長若想得知各縣市政府違反《幼兒教育及照顧法》之教保服務機構相關處理情形，則須透過全國教保資訊網（網址：https://www.ece.moe.edu.tw/）的「教保行政」下之「各縣市裁罰公告」逐一查對。幼兒園進用教保服務人員時，必須要求教保人員出具近三個月內的警察刑事紀錄證明，同時上述證明必須報縣市政府教育局（處）查證該教保人員並無上述性侵害、性騷擾、性剝削或虐待兒童行為，經判刑確定或通緝有案尚未結案之情事。

若有幼兒在申訴和爭議事件中，因而受傷或甚至死亡，造成的傷痛和遺憾，是刑事訴訟無法彌補的。幼兒園的園長和行政主管，平日即應擔負起管理之責，積極的事前預防比事後消極解聘教保人員、切割事件爭議更為重要。

參考文獻

中文部分

全國教保資訊網（無日期）。**107 學年至 110 學年幼兒園基礎評鑑指標**。取自 https://www.ece.moe.edu.tw/archives/156

朱瑞玲、章英華（2001，7 月）。**華人社會的家庭倫理與家人互動：文化及社會的變遷效果**。論文發表於「華人家庭動態資料庫」學術研討會，臺北市。

吳明隆（2017）。**班級經營：理論與實務**。臺北：五南。

周震歐（1986）。**我國目前對非行少年父母專業服務之現況與改進**。輯於「加強家庭教育、促進社會和諧」學術研討會論文集。臺北：行政院研考會。

林珍宇（2002）。**國民小學親師溝通互動歷程之個案研究**（未出版之碩士論文）。花蓮：國立花蓮師院學院國民教育研究所。

林淑玲、李明芝（譯）（2014）。**發展心理學**（原作者：D. R. Shaffer, K. Kipp）。臺北：學富。

林慧芬、林妙徽（2013）。**子計畫三、家庭型態變遷趨勢對幼兒家長教養期望、教養態度與親職角色之影響**。國家教育研究院委託研究報告。臺北：國家教育研究院。

邱溫（譯）（2000）。**伯恩：溝通分析學派創始人**（原作者：Ian Stewart）。臺北：生命潛能。

施嘉慧（2016）。發展的理論。載於葉郁菁、施嘉慧、鄭伊恬（著），**幼兒發展與保育**。臺北：五南。

洪怡芳（2005）。**幼兒園親師不愉快經驗之探討**。未出版之碩士論文。臺北：輔仁大學兒童與家庭學系。

國家教育研究院（2000）。**家庭訪問**。取自 http://terms.naer.edu.tw/detail/1308182/

張兆球、郭黎玉晶（1998）。香港兒童對父母管教訊息的其緒反應和行為傾向。**本土心理學研究，9**，281-306。

教育部（2017a）。**幼兒園教保活動課程大綱**。臺北：教育部。

教育部（2017b）。**教保服務人員條例**。取自 https://law.moj.gov.tw/LawClass/LawAll.aspx? PCode=H0070071

教育部（2018a）。**幼兒教育及照顧法**（民國 107 年 6 月 27 日修正通過）。臺北：教育部。

教育部（2018b）。**幼兒園不適任教保服務人員之通報與資訊蒐集及查詢辦法**。取自 https://edu.law.moe.gov.tw/LawContent.aspx? id=GL001741

教育部（2019）。**108 學年度國民教育幼兒班教保訪視與巡迴輔導工作小組教保服務人員參考手冊**。臺北：教育部。

曾仁杰（2013）。增強權能之助人關係的形成歷程與策略：以優勢觀點為基礎的處遇模式。**嘉南學報，39**，185-201。

黃光國（1998）。**知識與行動**。臺北：心理。

臺南市政府（無日期）。**臺南市幼兒園教保服務申訴評議會組織及評議辦法**。取自 http://boe.tn.edu.tw/boe/wSite/public/Attachment/f1343888558245.pdf

趙梅如（2005）。**青少年親子互動關係型態之研究（II）**。行政院國家科學委員會專題研究計畫成果報告（NSC94-2413-H-006-003）。臺北：國科會。

遠見雜誌（2017）。**小心！3C 產品弱化孩子情緒解讀能力**。取自 https://www.gvm.com.tw/article/40772

劉曉彥（2017）。家庭關係不和對孩子成長的影響。**呂梁教育學院學報，34**（3），29-30。

蕭道弘（1995）。**現代親情——父母親手冊**。臺北：臺北市教育局。

嬰兒與母親編輯部（2014）。**營造良好親子關係**。取自 https://www.mababy.com/knowledge-detail? id=2610

英文部分

Chao, R. K. (1994). Beyond parental control and authoritarian parenting style: Understanding Chinese parenting through the cultural notion of training. *Child Development*, *65*(4), 1111-1119.

Russell, J. A., & Yik, M. S. M. (1996). Emotion among the Chinese. In M. H. Bond (Ed.), *The handbook of Chinese psychology*. Hong Kong: Oxford University Press.

第六章

與多元家庭合作

隨著社會開放，對於多元家庭的接納程度越來越高。多元家庭的型態包含：健康不利因素的家庭型態（如：身心障礙幼兒、重症幼兒的家庭）；經濟弱勢家庭（如：中低收入戶）；多元婚姻型態家庭（如：單親家庭、繼親家庭、重組家庭、同志家庭）；不同親屬組合的家庭（如：隔代教養家庭、收養家庭）；多元族群的家庭（如：跨國婚姻家庭、原住民家庭）等，其他還包含因為工作緣故分隔兩地的臺商家庭等。幼兒園教保人員有越來越多機會可以接觸上述多元家庭。因此，瞭解多元家庭，並且運用適當的方法與家長一起合作，可以提升多元家庭的親職參與，同時也有助於幼兒的學習成長。

第一節　特殊與重大疾病幼兒家庭

一、特殊、重大疾病與罕見疾病

（一）身心障礙

依據《特殊教育法》（2019 年 4 月修正）第 3 條，「身心障礙」指的是因為生理或心理的障礙，經過專業評估和鑑定，具有學習的特殊需求及相關服務措施協助。按其分類，共包含：智能障礙、視覺障礙、聽覺障礙、語言障礙、肢體障礙、腦性麻痺、身體病弱、情緒行為障礙、學習障礙、多重障礙、自閉症、發展遲緩，與其他障礙 13 類。依據衛生福利部（2020a）發展遲緩兒童早期療育服務個案通報概況，2019 年全國的發展遲緩幼兒共計 26,471 人，其中男幼兒 18,397 人（占 69.5%），二歲以上未滿三歲幼兒的通報人數最多（6,622 人）。2019 年全國零至六歲的身心障礙幼兒人數共計 6,095 人，零至三歲幼兒主要的障礙類別分別為聽覺機能障礙與肢體障礙；三歲以上未滿六歲者的身心障礙類別主要以多重障礙、自閉症、智能障礙和肢體障礙居多（衛生福利部統計處，2020b）。

（二）重大疾病

屬於嬰兒期的重大疾病包含小兒麻痺、嬰兒腦性麻痺、脊髓損傷或病變、早產兒引起的併發症及運動神經元疾病引起的身心障礙。衛生福利部中央健康保險署（2019）於 2016 年修訂公告之重大傷病共 30 類，第一類為癌症，其他包含遺傳性凝血因子缺乏（俗稱血友病）、嚴重溶血性及再生不良性貧血（新生兒經常低於 12gm/dl以下者）、慢性精神病（例如思覺失調症或幼兒常見的自閉性疾患、亞斯伯格症候群等）、小兒麻痺或腦性麻痺引起的神經、肌肉、骨骼、肺臟等併發症（例如嬰兒腦性麻痺）、先天性肌肉萎縮症、外皮之先天畸形（例如先天性魚鱗癬，俗稱穿山甲症）等。依據衛生福利部統計處（2018）資料顯示，2017 年我國零至四歲重大傷病兒童人數為 2,811 人，其中以「心、肺、胃腸、腎臟、神經、骨骼系統等之先天性畸形及染色體異常」人數最多（1,593 人），罕見疾病有 235 人；五至九歲重大傷病兒童人數為 5,088 人，同樣也是以「心、肺、胃腸、腎臟、神經、骨骼系統等之先天性畸形及染色體異常」人數最多（2,124 人），罕見疾病 380 人。

（三）罕見疾病

「罕見疾病」指的是盛行率低、少見的疾病，科學上的定義主要依照疾病盛行率需低於萬分之一以下，且經過「罕見疾病及藥物審議委員會」審議認定。經過國民健康署公告的罕見疾病名單超過兩百種，每年國內通報的罕見疾病個案大約有 15,000 人左右。常見的罕見疾病包含苯酮尿症、重型海洋性貧血、成骨不全症（玻璃娃娃）、黏多醣症（黏寶寶）、脊髓性小腦萎縮症（企鵝家族）（財團法人罕見疾病基金會，2019）。許多罕見疾病具有遺傳性，罕見疾病兒童的家長除了對子女懷有愧疚感（因為自己的緣故導致子女遺傳此疾病），同時家人也會因為照顧罕見疾病子女而有壓力和挫折（陳梅影，2006）。

每種疾病的嚴重程度不一，被診斷的病因不明確，伴隨不易預測接下來的病程發展，病童反覆來回醫院檢查、治療、開刀，家長還要承擔子女可能死亡的恐懼感（唐先梅，2002）。

二、特殊或重大疾病幼兒家庭面臨的問題

特殊或重大疾病幼兒家庭面臨的問題包含：

（一）社會接觸有限

家有特殊或重大疾病幼兒，有些家庭成員會傾向閉鎖，與社區和外界的溝通程度降低，使得特殊或重大疾病幼兒家長面臨壓力時，往往無法及時取得社區資源。

（二）治療與照顧的負擔

對身心障礙、重大疾病和罕見疾病兒童，需要定期回診治療、吃藥、復健。有些藥物可以改善病童的生活品質和學習情況，若是病童沒有按醫師指示確實吃藥，不但無法減輕症狀，還可能會引起副作用，或加重病情、危害生命。接送子女接受治療、追蹤幼兒治療進程，這些可能影響病童家長因照顧而離職。病童未定期服藥，造成病程反覆或治療效果不佳，長期累積的照顧壓力，都是形成照顧者壓力的原因。

（三）經濟負擔增加

因特殊或重大疾病幼兒的照顧和醫療費用，造成家庭經濟的額外負擔。特殊與重症幼兒的主要照顧者通常為女性，幼兒家長一方可能需要離職以全心照

料身心障礙或重症幼兒，使得家庭收入受到影響。

（四）教育資源連結

特殊或重大疾病幼兒照顧需要獲得多方面的協助，包括醫療、教育、訓練、看顧、輔導等，需要各界的統整合作與協助。例如，幼兒園教保人員需要與早療中心合作，瞭解幼兒復健的情形，與特教輔導員共同討論擬定個別化教育計畫（individual education plan, IEP）。

（五）對家庭其他成員的影響

家有特殊或重大疾病幼兒對全家所有成員都是一種壓力。例如，通常幼兒的母親可能承擔更多其他家庭成員指責的壓力；或者家長把照顧心力放在身心障礙或重症幼兒的照顧，而忽略家中其他兒童的心理感受。

（六）照顧者需喘息服務

照顧者的長期壓力無法紓解，需要由社工提供喘息服務（respite care）。喘息服務的提供對象為：慢性疾病（包含身心障礙者）或失能個案的主要照顧者，使他們可以獲得短暫休息機會的一種服務設計。喘息服務重視提供主要照顧者社會支持、降低壓力，並且提供暫時紓解壓力的技巧（林君黛、邱盈綺、徐宙玫、黃昱瞳，2013）。

三、特殊或重大疾病幼兒家庭需要的資源和支持系統

特殊或重大疾病幼兒家庭需要的資源和支持系統包含：家庭成員的心理建設、情緒管理、壓力調適、家長心理支持課程、特殊幼兒家長的夫妻成長、家庭溝通訓練、生涯規劃課程、生活自理訓練、臨時托育與課後照顧、特殊幼兒福利政策的溝通與說明。

林秀娟（2018）提出以下四項建議，以使特殊兒童及其家庭獲得更好的支持：

（一）設置兒童服務管理師

特殊幼兒或重大疾病幼兒的家長，可能因為長期照顧生病幼兒處於高度壓力之下，產生兒虐或經濟壓力的風險。因此對特殊或重大疾病幼兒家庭的資源，不僅限於醫療，同時還包含心理諮商、社會救助、特殊教育等領域，服務的對象除了特殊或重大疾病幼兒本人，還包含其手足、父母等家庭成員。這些需求跨越了衛生、教育、社會福利等各種不同領域，也需要有跨領域的協助者提供家庭資源和協助。兒童服務管理師（child service coordinator）可以為家長連結不同單位的資源，同時作為單一窗口、提供整合服務。

（二）強調以家庭為中心的服務介入模式

特殊與重大疾病的兒童家庭的需求相當複雜且多樣化，因此若能提供個別化家庭服務計畫（individual family service plan, IFSP），才能完整地評估和診斷家庭的需求，而非讓資源的輸送斷裂。雖然罹病的是幼兒，但是家庭系統的觀點是採取以家庭為核心的服務介入模式，包含四個核心的概念：幼兒和家庭是生活的共同體，他們的需求無法切割為單一個體；專業者的角色應該是提供諮詢和協助，但也應該尊重家庭的需求；福利服務的輸出是以家庭為概念，所以不僅有生病的幼兒需要被服務，長期處於壓力之下的家長也需要被支持；採取家庭優勢的觀點（strengths perspective），強調家庭的復原力（resilience），當家庭面對危機或壓力情境中時，具有某些特質或能力，可以發展出健康的因應策略，因此協助者的角色為提供正向的鼓勵，同時也協助家庭釐清自己的優勢在哪裡。

（三）資訊系統的整合

國內對於發展遲緩、罕見疾病、身心障礙等各自有其個案通報系統，系統之間，或系統與健保署的資料並未勾稽，導致不同的系統各自提供服務，不但資源重置，而且也造成人力的浪費。未來若能整合提供跨系統的資訊平臺，建構單一窗口，使得個案通報、後端的個案評估和服務提供以及後續追蹤都可以透過平臺，即可改善服務流程的效益，並強化服務團隊的資訊分享。

（四）發展遲緩兒童的社區療育

衛生福利部為了鼓勵發展遲緩兒童可以在社區接受療育，公布「發展遲緩兒童社區療育服務實施計畫」（社會及家庭署，2019a）與「發展遲緩兒童早期療育服務實施方案」（社會及家庭署，2019b）。教保人員可以協助家長連結社區療育的資源。

1. 社區療育的目的

社區療育的主要目的，在提供發展遲緩兒童及家庭可以就近接受服務。

2. 社區療育的目標

主要目標為：

(1) 於社區中推動以家庭為中心的近便性社區療育，並且提升發展遲緩兒童的早期療育和家庭支持服務。

(2) 建構以社區為基礎的療育服務，培育社區早期療育知能發展，增進發展遲緩兒童及其家庭與社區融合。

(3) 促進早期療育資源輸送的城鄉差距。

3. 服務對象

上述計畫的服務對象主要是社區內尚未就讀托嬰中心或幼兒園的兒童，或者家庭經濟條件不利，導致兒童未到醫事機構或早療機構接受療育者。

4. 服務型態

服務的型態包含：定點式的社區療育、結合行動服務車，或在社區中選擇未固定的適當場所走動式社區療育和到宅服務。到宅服務可以到兒童或居家托育服務人員家中，優先服務三歲以下幼兒。

5. 據點設置的考量

社區療育據點之選擇，優先考量：

(1) 該鄉鎮（含鄰近鄉鎮）未設立區域級醫院，全民健康保險醫療資源不足，且無其他早療據點提供服務。

(2) 距離區域級醫院達 30 公里以上，且當年度未設立相關早療據點之離島、原住民族地區（社會及家庭署，2019a）。

6. **服務內容**

社區療育的服務內容包含兒童發展和家庭參與兩個層面（社會及家庭署，2019a）：

(1) 應視幼兒療育需求，提供療育評估，並擬定個別化服務計畫據以進行各項時段療育訓練（包含：認知治療、物理治療、職能治療、語言治療、心理治療、聽能訓練、視知覺治療等）。
(2) 辦理家長團體與親職活動，提供親子與親職教育及促進兒童發展之家庭支持策略。
(3) 依據評估建議，提供各項療育、輔具及醫療資源連結。
(4) 指導主要照顧者日常生活支持訓練、簡易動作或語言復健、訓練生活輔具操作等技巧。
(5) 提升主要照顧者教養知能及技巧。
(6) 提供主要照顧者情緒支持及專業諮詢服務。
(7) 辦理發展遲緩兒童社區宣傳與預防服務。
(8) 其他經評估需要提供之服務。

四、幼兒園提供的特殊教育資源

幼兒園不應拒絕特殊學生入學，但幼兒園教保人員必須具備專業的特教知識，才能協助身心障礙幼兒與家長，並為特殊幼兒家庭尋找特教資源。依據《高級中等以下學校特殊教育班班級及專責單位設置與人員進用辦法》（教育部，2020）第 5 條規定，經縣市政府教育局（處）特殊教育學生鑑定及就學輔導會（簡稱鑑輔會）鑑定，收托中度以上障礙程度或學習生活上有特殊需求的身心障礙學生的幼兒園，可以設置部分工時的教師助理員。

教師助理員的工作，主要在幼兒園教師的督導下，配合教師教學需求，協助幼兒在幼兒園的學習、評量與上下學及校園生活等事項。教師助理員只要具備高中畢業或同等學力資格即可。不過教師助理員應接受幼兒園或縣市政府辦理的 36 小時職前訓練，以及每年九小時的在職訓練。幼兒園教師應該依據個別化教育計畫內容，設計教師助理員應執行的教保活動內容，並指導教師助理員記錄身心障礙幼兒的表現，以讓身心障礙幼兒可以獲得學習的支持和生活的訓練。

五、教保人員親職教育的重點

教保人員親職教育的重點包含下列五項：

1. 協助家庭成員認識家庭功能與家庭成員責任，以及面對特殊或重大疾病兒童事實之調適方法。
2. 以家庭為本位的親職教育，整體考量家庭的個別性，設計個別化家庭服務計畫。積極邀請家長參與孩子個別化教育計畫（IEP）或個別化家庭服務計畫（IFSP）的擬定與執行過程。提出的家庭介入策略需長期持續，不斷追蹤評估，並調適方法，才能達到效果。
3. 增進對孩子特殊需求的瞭解與合理的親子互動方法。方法上除了家長來幼兒園時的溝通外，亦可考慮採用家訪、電訪、通訊軟體等方式，讓每一家庭皆能發揮功能，協助幼兒健康成長。
4. 設計能支持家長情緒、抒解家長壓力的活動。辦理方式宜以小團體方式或一對一方式進行，以解決特殊或重大疾病幼兒家長的問題，演講或講座的方式，較無法符合特殊個案的個別需求。
5. 解說相關法規，轉介社會資源，如教養方法、教育訓練、生活輔助金申請、復健醫療、社會福利等訊息之提供。唯有結合社會工作、醫療護理、特殊教育、心理與治療等人員進行科技整合的服務，才能真正解決特殊或重大疾病兒童及其家庭的問題。

第二節　多元家庭型態的幼兒家庭

本節將探討多元家庭型態下的幼兒家庭與教保人員提供的親職教育重點。

「多元家庭型態」除了一般父母同住且婚姻關係存續的雙親家庭不予討論，本節依照家庭成員的組成分為五種型態：單親家庭、繼親或重組家庭、同志家庭、隔代教養家庭與收養家庭。

一、多元家庭型態

隨著社會變遷，家庭的組成也越來越多樣化。婚姻關係的改變，可能形成單親、繼親、重組等家庭型態；或者因為父母無法照顧子女，由祖父母或曾祖父母代為照顧的隔代教養家庭。以下就各項家庭型態做定義：

（一）單親家庭

造成單親的原因包含：幼兒父親或母親一方死亡、幼兒父母離婚，或者幼兒的父母未婚生子，都是造成單親幼兒的原因。

（二）繼親、同居或重組家庭

繼親家庭（step family）指的是父或母親一方，與子女並無血緣關係的再婚配偶組成的家庭型態。若父或母一方與另一方僅有同居未有婚姻關係，則為同居家庭。若上述繼親家庭中包含雙方的前配偶子女以及現任婚姻關係中所生的子女，則稱為重組家庭。

（三）同婚家庭

「同婚」於 2019 年合法化，同婚者的婚姻自由及平等權受法律保障，並可合法登記。選擇與自己相同性別的性伴侶共同組成家庭，即可稱為「同婚家庭」。同婚家庭可能包含兩人與前配偶的子女，或者同婚者透過單身收養的收養兒童共同組成的家庭，以及女性同婚者與藉由人工生殖生下的子女共同組成的家庭。

（四）隔代教養家庭

隔代教養家庭（skipped generation family）指的是祖父母輩取代子女的父

母，擔負照顧孫子女的教養與照顧責任，子女的父母多數時間甚少與子女互動或相處的時間很少。

（五）收養家庭

收養指的是原本沒有血緣關係的雙方，經過法律認可的過程，建立親子關係。收養可能是無血緣關係的收養，也可能是由親戚透過收養關係協助照顧親人的子女，或者繼親收養，亦即收養配偶前次婚姻所生的子女。兒童與原生家庭父母法律上的親屬關係不復存在，收養父母對收養人負有照顧教養的責任。

二、多元家庭型態面臨的問題

（一）離婚父母應維持子女的最佳利益

夫妻處於婚姻衝突的狀態，經常自己身陷於和配偶的情緒壓力和困境中，子女有時候會成為雙方談判離婚的籌碼。夫妻離婚後，子女必須面臨被迫與父母一方、甚至與自己的兄弟姊妹分離，被帶走的子女承受衝突關係中「有我無他」、「對照顧者忠誠」、「仇視離開的一方」等仇恨情緒，造成離婚後子女的情緒壓力和傷害。《民法》第 1055 條之 1，親權判定增加「友善父母條款」（法務部，2019），父母雙方都應該讓子女與未同住的一方保持聯繫且維持良好互動，若其中一方禁止或阻礙子女與他方聯繫，可能會影響監護權判定的結果。離婚未必對子女造成負面影響，關鍵在於子女在父母離婚後能否感受父母對他們的關愛，不會因為離婚而失去另一方的愛和資源。

（二）隔代教養祖父母兩極化的教養

「白髮童顏」的隔代教養家庭形成的原因包含：年輕世代到外地打拼工作，或者夫妻一方因離異、入監服刑缺位、幼兒的父母離家，這些父母只能將年幼子女託付給祖父母協助照顧（教育部，2006）。祖父母因為年長，體力難以負荷幼童的照顧工作，加上對於幼兒園的課程不瞭解，當教保人員要求隔代教養祖父母參與幼兒園課程學習單或學習活動時，祖父母較難配合。許多教保人員常常提及隔代教養的祖父母，將孩子帶到幼兒園之後，就完全依賴老師教導孩子。祖父母教養的優點是幼兒的照顧衣食無缺，但是有可能缺乏新世代的教養觀念。除了「主動參與」的正向親職，通常隔代教養家庭會有另外兩種極端的負向親職類型：

1. 「過度溺愛」型：祖父母對幼兒照顧無微不至，經常會很焦慮，明明大熱天還要幼兒穿長袖外套，擔心幼兒著涼、沒有吃飽。
2. 「過度忽視」型：因為親職中缺乏與幼兒互動，所以只要幼兒吃飽睡飽即可，對於幼兒在幼兒園的學習不太重視，可能不簽聯絡本、也不會配合幼兒園活動。

而較為主動的祖父母，則是屬於正向親職型態的「主動參與」型，積極參加家長成長團體，學習如何說故事書給幼兒聽、如何和幼兒玩玩具，甚至成為幼兒園的家長志工，透過邀請祖父母到幼兒園分享，祖父母達人也可以成為幼兒園的教學伙伴。

（三）同婚家庭：同性父母共親職

依據蕭巧梅（2015）研究指出，成家育兒的同志家長，具有高度同志身分自我認同與家庭認同的特質。他們正向看待自己的家庭，其子女也展現高度的家庭認同。同志家庭中的性別角色有更多的彈性，他們對於家務分工、與子女的互動形式，反而有多重視角的親職觀點，呈現同志家長不分父母角色差異的「共親職」型態，同婚家長兼具家庭父職與母職工作，對於性別議題更為開放，接納子女的性傾向，反對性別的歧視與偏見。當同婚家長面臨社會質疑他們的親職教養能力時，他們通常會積極現身溝通、建立支持網絡、培養孩子獨立面對社會的能力（陳政隆，2016）。

（四）收養家庭：因為有你，所以我們成為一家人

收養父母決定要收養兒童之前，常常會有許多心理壓力和必須面對的調適問題。例如，收養父母可能經歷一段嘗試懷孕或流產的創傷期，收養人面對自己無法生育的情緒壓力，以及決定收養之後，可能還要面對親友之間對於收養

的質疑。因此對於收養父母，需要有更多同理和支持。尤其當幼兒出現一些適應的問題時，收養父母直覺認為是因為血緣的關係，誤解為只有自己的孩子會發生這些問題，忽略這些適應的行為問題也有可能出現在其他幼兒身上。

三、教保人員親職教育的重點

（一）協助家庭成員共親職

「共親職」（co-parenting）指的是夫妻能共同分擔照顧、教養孩子的責任（許芳菊，2009）。過去經常把照顧幼兒的工作交給女性，母親為幼兒的主要照顧者，若家庭中母親無法照顧時，照顧工作成為女性長輩（奶奶或外婆）的工作。在幼兒照顧歷程中，男性或父親經常因為忙於工作的理由而缺位。幼兒父親不應是「協助者」、「幫手」，而是和母親形成一個親職同盟。夫妻能夠成為一個團隊，各自發揮爸爸媽媽的優勢教養孩子，給孩子最好的影響。要建立愉快的親職同盟，做好共親職，首先父親要去除「照顧工作是女人的事情」的錯誤觀念。夫妻兩人要能互相支持、溝通合作、彼此尊重（許芳菊，2009）。

家庭和幼兒園應該成為幼兒發展和學習的合夥人。從幼兒發展的觀點視之，強調童年早期的依附關係建立與幼兒後期的社會情緒發展有極大的關聯性；不僅如此，親子之間的互動，家長豐富的語彙互動、引導式的擴增語句內容，都會有助於幼兒的語言和認知發展。親職並非女性、母親的工作，不論家庭型態為何，教保人員都應該鼓勵家庭成員共享親職。

（二）理解幼兒適應家庭變動過程中的情緒和行為問題

兒童面臨重大生命事件時，如：父母一方死亡、離婚等，通常會有較激烈的情緒反應，甚至某些兒童可能會出現「創傷後壓力症候群」（post-traumatic stress disorder，簡稱 PTSD）。PTSD 的兒童可能會有身體上的不適或對環境的緊張感，幼兒通常會有不同的臨床表現，包含如可能會出現頭痛、呼吸困難、胸痛；有些幼兒則容易以退化作用反應、嚴重的分離焦慮，或者攻擊行為等為表徵。有時候因為伴隨著環境轉換（例如：幼兒園新生入學）而誤以為是分離焦慮，或因為適應困難產生的懼學症（school phobias），忽略造成創傷症候群的真正原因。兒童面臨環境轉換時都會有適應上的問題，可能會出現退化作用的行為，例如開始學小baby兒語式的講話或尿床（Gray, 2012）。教保人員除了「處理」幼兒行為的結果，更需要成為家長的教養夥伴。因為幼兒無法解釋自己行為產生的原因，所以教保人員可以與家長分享幼兒在幼兒園的情形，並且試圖推測可能的原因，提供家長適合的處遇策略，或進一步的治療（Holland, Malmberg, & Peacock, 2017）。

（三）教保人員成為性別議題高度敏感者

幼兒園教保人員不一定要實施性別教育，或在教學活動中刻意與幼兒討論同婚議題，但是當幼兒提出「我有兩個爸爸（或媽媽）」時，教保人員應該要尊重幼兒，而非迴避或否認。建議教保人員應該保持對性別議題的高敏感度，例如，在教室裡盡量避免只用性別當成分組或排隊的分類，使用中性的「家長」字眼取代「父母」或「爸媽」，在語文區放置一些多元（或單親）家庭的繪本，尤其「開學了」的主題課程可能會談及認識自己、認識幼兒園、認識家庭等內容時，教保人員應該對於性別議題有高度敏感度和覺察，在引導幼兒討論和分享時，讓幼兒認識生活環境中的多元現象（課程目標社 1-6）、尊重與自己不同性別的人（學習指標社幼-3-3-3）。

（四）協助家長連結親職教養資源

現在教養的資訊來源非常廣泛，包含網路上各種親子網、家長群組等，照顧者可以彼此分享照顧的訊息，遇到親職教養問題時也會透過網路搜尋相關訊息。不過網路的訊息不易判斷正確性，也有可能誤導家長，教保人員對育兒家庭的親職需求具有專業知識，可以適時地建議家長如何蒐集正確的教養資訊，例如，家庭教育中心、政府部門網站等提供的教養訊息，相對上比坊間個人部落格、網紅等純屬個人經驗分享的訊息正確性要高。過去幼兒園習慣將網路蒐集的短文影印貼在親子聯絡本供家長參考，但實用性不高，主要原因為選錄的短文並非所有家長都需要，且家長遭遇問題時，主動上網搜尋訊息的機會較大。建議教保人員可以將相關的資源做盤點整理，包含家長可使用的家庭教育中心、托育資源中心等網址或相關活動、宣導等訊息提供給家長參考。對於搜尋能力較弱的家長，建議教保人員可以主動依照個別家庭的需求，提供適合的教養資源連結。

教保人員可以推薦一些適合的繪本，透過繪本故事鼓勵家長與幼兒分享，引導幼兒對於家庭議題的瞭解。有關「收養」的繪本，例如：《你來了，我們就變成一家人》（阿涅特・希爾德布蘭特原著，王豪傑譯，2005），透過繪本讓幼兒瞭解收養關係是什麼，並且給予幼兒失落情緒的支持。另外，《誰知道我的長耳朵在哪裡？》（陳立容，2007）則是一本介紹身世告知的繪本，小老鼠觀察自己和父母的外表長得不一樣，想讓自己的耳朵變長，跟自己的爸爸媽媽一樣，雖然小老鼠最後還是沒有找到長耳朵，但是卻發現自己永遠是爸爸媽媽最愛的寶貝。另外有關單親的繪本相當多，例如：《兩個快樂的家》（王秀園，2000）、《爸爸媽媽不住一起了》（Stinson 原著，林真美譯，1999）、《我有兩個家》（Marian De Smet 原著，鄭如瑤譯，2016）、《我爸爸愛上你媽媽》（Ilona Lammertink 原著，劉孟穎譯，2016）等。教保人員可以提供相關資源。

第三節　多元族群型態的幼兒家庭

一、多元族群型態

「族群」（ethnic group）指的是同出一種血緣，外表的身體容貌和膚色特徵相近、語言文化和生活習慣相同，而且經歷相同的歷史過程；族群與「種族」（race）不同，族群分辨的依據是血緣、膚色、體型，如：黃種人、黑人、白人，相同的種族之下，依照使用的語言和文化的分布，還可以再區分不同的族群（曾華源、李仰慈，2000）。臺灣的族群大致上被分為四類：原住民、臺灣客家人、臺灣閩南人、外省人，上述族群中，客家人、閩南人和外省人的血緣和文化較為相近，可以視為漢人民族（許木柱，1994）。至於原住民，行政院核定的原住民族共有 16 族，至 2018 年，原住民族的總數約為 56 萬人，因為經濟因素，年輕的原住民族勞動人口移入都市，但是相較於臺灣一般民眾，原住民族仍相對處於劣勢，且原漢之間的社會結構落差，導致都會原住民有被邊緣化的現象（原住民族委員會，2018）。近年來臺灣民眾與東南亞國家和大陸配偶結婚，而產生「新住民」族群。依據內政部移民署的定義，「新住民」指的是從國外來到臺灣結婚、移民而定居的人士。新住民以中國大陸地區的人數最多，其次為越南、印尼、港澳和菲律賓（移民署，2018）。

二、多元族群型態家庭面臨的問題

（一）經濟壓力與教養的兩難

原住民或新住民家庭，兩者都面臨離開原鄉或原來國家，到都市或其他國家重新生活，他們的教育技能決定他們可以獲得的經濟條件，相較於其他家庭，原住民與新住民家長面對更多因為家庭經濟帶來的挑戰，包含居住、就醫、子女就托，甚至是婚姻關係不穩定、自己的語言文化和外在環境產生的劇烈衝擊。原住民與新住民家長因為自己過去學習的不愉快經驗，或者本身的教育學歷和知識程度不高，他們的工作繁忙，也無暇管教和照顧子女（簡宏哲、蕭至邦、陳竹上，2012），原住民與新住民家長對於主流社會的教育體制和學習內容可能較不熟悉，但是在課程主題上，教保人員如果可以擺脫優勢文化的觀點，將多元文化的意涵落實在教室情境中，選擇原住民或新住民家長熟悉的文化議題，他們仍然有機會可以參與子女的教育和學習。

（二）對子女教育期望與現實情境的落差

李鴻章（2006）研究指出，原住民家長和學校教師對於學童的教育期望是影響原住民學童教育抱負的主要因素，原住民父母對於子女未來發展的期望並不會因為他們在主流社會是弱勢族群而減弱。葉郁菁（2010）探討嘉義縣學齡前幼兒的新住民母親親職能力，研究結果指出，新住民母親非常在意幼兒的學習表現，他們擔心自己的家庭資源不足，無法讓子女有較好的教育成就，同時也擔心因為自己新住民的背景讓子女遭到歧視。原住民或新住民家庭，可能給子女的教育資源和環境相對較少，其親子關係較為薄弱、親職教養的知能較為不足，但是原住民和新住民家長對於子女教育成就的期望，與其他一般家長並無明顯差異。

（三）主動運用和連結資源的能力較弱

政府為了提供原住民與新住民家庭的教養資源，各縣市設置有新住民家庭福利服務中心，提供家庭支持服務，包含親子活動、家庭聯誼活動等，透過各項活動方案，增進新住民的子女與其他同儕的互動，讓新住民家庭有外出喘息的機會及促進家庭之間之連結。原住民與新住民家庭受限於語言、資訊科技搜尋能力、對社會福利資源的瞭解較有限，或者他們自覺不需要這些服務，不見得會積極搜尋、主動申請這些資源。因此，透過村里長和與家庭直接接觸的幼兒園，可以主動將育兒資訊和社會福利資源轉介給家庭。

三、多元族群家庭需要的資源和支持系統

（一）因應多元族群需求設置的互助教保服務中心

依據《幼兒教育及照顧法》第 10 條，原住民族幼兒基於學習其族語、歷史及文化機會與發揮部落照顧精神，得採社區互助式或部落互助式方式對幼兒提供教保服務。《社區互助式及部落互助式教保服務實施辦法》第 3 條，規範離島或偏鄉地區可以設置社區互助教保服務中心的條件，包含：

1. 村（里）內未設有公、私立幼兒園，且因地理條件限制，難以覓得符合幼兒園設立要件之場地及教保服務人員。
2. 村（里）內已設有公、私立幼兒園者，因地理條件限制，幼兒難以至該幼兒園接受教保服務。

為提供原住民族幼兒學習其族語、歷史、文化機會及發揮部落照顧精神，得設部落互助教保服務中心，提供幼兒教保服務；其招收具原住

民身分之幼兒及二親等內任一直系血親具原住民身分之幼兒，合計應達招收幼兒總人數 80%以上。

《社區互助式及部落互助式教保服務實施辦法》第 21 條規範互助教保服務中心之服務人員，除主任得由專任之幼兒園教師、教保員、助理教保員兼任外，應置專任之教師、教保員、助理教保員。但如果因地理條件限制有進用困難者，可以在進用足額前，經直轄市、縣（市）主管機關核准，得以具保母人員技術士證者替代。其次，若互助教保服務中心招收具原住民身分之幼兒，並且依《原住民族教育法》提供學習族語、歷史及文化，經報直轄市、縣（市）教育及原住民族主管機關會同核准後，教保人員可以經由原住民族族語認證且具高級中等學校以上學歷者替代之。但不得全數替代：

1. 招收具原住民身分之幼兒達 50%者，替代一人。
2. 招收具原住民身分之幼兒達 90%者，替代二人。

（二）教育部親子共學母語計畫

為了保障臺灣各族群自然語言的傳承、復振與發展，行政院頒訂《國家語言發展法》，其中第 18 條規定國民與學前教育署從 111 學年度開始，國民教育各階段將國家語言列為部定課程，學生可以依照自己意願選擇一種國家語言學習，保障學生的母語學習權（民報，2018）。教育部將 12 年國民基本教育課程綱要的語文領域包含國語文以及本土語文，「本土語文」包含閩南語文、客家語文、原住民語文和新住民語文四大類（教育部，2018）。

家庭共學母語包含閩南語、客家語、原住民族語及新住民語四大類，其中新住民語包含越南語、印尼語、泰語、緬甸語、柬埔寨語、菲律賓語、馬來西亞語等。家庭母語共學方案主要為讓孩童在家庭中可以充分使用母語溝通，藉以增進孩童與家族長輩的情感交流，增進家庭之凝聚力與家族認同，推展永續傳承，達到自我認同提升，發揮學習成效。進行的方式包含研習、課程、培訓、研討會、講座、讀書會、親子活動、故事繪本等多元型態。

（三）原住民族家庭服務中心

原住民族委員會自 1998 年開始於交通不便的原鄉設置「原住民社區家庭服務中心」，2015 年更名為「原住民族家庭服務中心」。中心的核心任務為：發現需要關懷的弱勢原住民家庭，整合福利服務、串連部落互助的力量，結合政府部門的資源，提供家庭多元化的支持服務（原住民族委員會，2018）。

「原住民族家庭服務中心實施計畫」的主要目標包含（原住民族委員會，2018）：

1. 建立原住民族家庭在地化支持的福利整合服務：其中與兒童有關的部分包含提升親職知能，如推廣正向的親職教育，轉介脆弱家庭的育兒指導方案等，以協助家庭自助和自立，維繫家庭的基本功能。
2. 連結與整合服務體系，建構具有文化脈絡的原住民族社會安全網絡：透過與在地資源和民間非營利組織的力量，鼓勵原住民團體投入公共事務，並且招募當地的志願服務人力，讓部落成為支持家庭的後盾。
3. 強化都市原住民與原鄉的支持網絡，增進都市原住民族的社會資本：聘僱具有原住民身分的專業工作者，以族人服務族人，發揮部落互助的精神，設置都會型原家中心，提供預防性和發展性的福利服務。

（四）新住民家庭服務中心

新住民發展基金補助全國設置新住民家庭服務中心，以新住民及其家庭為主要的服務對象，提供包含（新住民培力發展資訊網，2018）：

1. 個案管理：如證件諮詢、婚姻關係諮詢、家庭關係重整和協助、社會救助、就業輔導、親子教養服務、福利諮詢、心理諮商轉介等。
2. 支持性成長團體：透過專業團體諮商師的帶領，協助新住民學習團體主題的相關知能，建立良好社會支持網絡並有效促進家庭之溝通。
3. 家庭支持服務：透過親子活動、家庭聯誼活動等，增進新住民子女的身心發展，強化新住民家庭與子女的互動關係與家庭教育功能。
4. 新住民的學習課程：如生活適應或法令講座、支持性團體、語言學習課程等，增加新住民的生活知能。

5. 社區宣導：辦理社區和多元文化的巡迴講座，讓一般民眾建立正確的多元文化觀念。

四、教保人員親職教育的重點

（一）與家長建立互信基礎

研究指出，原住民地區的教保人員認為，原住民家長不懂得如何表達自己的意見，對於幼兒園的參與程度較低（張雅卿，2009）。教保人員應該先與原住民或新住民家庭建立彼此信任的關係和溝通管道，才能有助於日後親師溝通。即使是原住民部落，仍有不少幼兒園教保人員是漢人，僅以親子聯絡本與原住民家庭的文字溝通仍有困難，因此透過口語表達的溝通模式較容易被接受。不論是原住民或新住民家長，普遍都對自己子女有學習表現不佳的擔憂，因此先以正向語言肯定家長和幼兒、先建立家長對親職的「我能感」，才能提升家長的參與。

（二）選擇適合的活動方式

幼兒園辦理親職講座時，通常不容易吸引原住民或新住民家長，主要原因為平日家長忙於工作，很難請假到學校；其次，兩個小時的講座枯燥乏味，新住民或原住民家長認為自己「聽不懂」，自然參與度就不高。因此，搭配文化或部落的重要節慶，以活動方式吸引家長參與，多以實用性活動或搭配部落聚會活動，避免聽講式的課程，較能吸引上述家長參與。

原住民部落的親職活動辦理，教保人員可以運用一些策略，成功融入部落社群，並與當地家長建立友善關係：

1. 透過在地「嚮導」引介

原住民部落通常設置國小附設的國幼班，若園內有族語教保員，可以透過族語教保員和家長溝通，同時也瞭解當地家長較想瞭解的親職議題。在原住民部落服務的托育資源中心館長提到，尋找里長或懂族語的在地嚮導協助邀請

（引自游雅晴，2020）：

我們會去找衛生所跟圖書館，是鄉里的區公所跟他們合作，或是請里長幫我們廣播，有些原住民部落他們習慣講族語，我們不會講就會請里長幫我們廣播，那老人家聽到廣播，就知道我們什麼時候辦活動。

如果要到這個部落，我會先去找這個部落的負責人，會去問他們這個部落比較缺什麼、想要什麼，朝這方面去找講師。

2. 提供親職活動參加誘因

偏鄉和原住民部落，推展親職講座或親子活動時，除了結合在地家長喜歡的活動，也可以透過贈送小禮物，提高家長的參與意願（引自游雅晴，2020）：

我們要跟他們（家長）建立關係就是積極地拉他們參與，我們也會用手作 DIY 或送小禮物。

3. 善用節慶的凝聚感

葉郁菁、黃秋華（2019）訪談臺東部落原鄉的托育資源中心，社工人員分享他們善用部落的節慶和習慣的活動方式，強調文化特質，更能吸引部落家長認同和參與：

在臺東的部落，隔代教養占八成，如果是演講式的課程不太能吸引家長，他們比較喜歡席地圍圈圈坐，每個人都可以參與。發展篩檢會跟原住民家庭中心合作，配合早療和轉介。遊戲空間，安排有特色玩具，我們重視環境教育，我們會做一些文化的布置，結合在地語言，請各語系家長說故事。

（三）教保人員掌握社區內的關鍵人物

參加教會禮拜或是部落文化祭典是原住民社區的重要活動，牧師或部落的長老對於原住民家庭有一定的影響力。新住民配偶同樣也有群聚的效應，他們習慣與來自相同文化和語言的夥伴共處，不僅語言上較無隔閡、飲食和生活習慣也都較為一致，新住民配偶群體中，可能會有較為積極熱心的新住民或者協會的重要關鍵者，成為團體中的意見領袖，幼兒園教保人員瞭解辦理活動時，需要先聯繫社區內的關鍵人物，通常邀請他們參與活動，其他家長也會較有意願。此外，搭配新住民團體辦理幼兒園活動，或者與原住民家庭服務中心、社區的教會合作，都可以達到事半功倍的效果。

以下為跨國婚姻家庭的多元文化案例（Yeh & Ho, 2016）：

賈莫先生是印度人，因擔任教會工作而與臺灣的太太相識結婚，婚後兩人一同決定回到臺南定居，且育有一個兒子小君。賈莫先生和太太都忙於工作，因此他們決定把四歲的小君送到幼兒園讀書。前幾天，小君還高興地到幼兒園，但是後來小君就以各種理由拒絕上學，甚至哭鬧不肯去。幼兒園老師告訴賈莫太太，這只是幼兒初次上學的「分離焦慮」，要賈莫太太別擔心，過幾天就會好了。結果，小君的狀況越來越嚴重，每天早上小君就肚子疼，疼到臉色發白，直冒冷汗。賈莫太太只好帶小君去看心理師，心理師認為，這是一種「懼學症」的結果。賈莫太太說：

> 我記得有一次，小君告訴我，他在幼兒園吃午餐的時候，善意提醒隔壁的小朋友不要浪費食物。結果小君的同學嘲笑他說：「那你可以撿起來，帶回去給你的印度朋友吃啊！」小君覺得他很受傷害。

上述個案，幼兒園教保人員需要處理的議題包含：引導班級幼兒尊重不同種族與膚色的人、協助小君調適幼兒園生活、與家長的親職溝通。小君的懼學症來自於班上其他幼兒對他的排擠，教保人員必須改變教室中幼兒對於膚色和文化議題的刻板印象。透過分享 NBA 球星 Kobe Bean Bryant、美國總統歐巴馬的故事，一個有成就的人與他的膚色、語言並沒有關係。其次，給予小君心理支持和關懷，安撫小君，鼓勵他參與教室內的活動。第三，與小君的家長溝通，瞭解小君在家的情緒反應，每天為小君設計一項優勢工作，例如，完成語文區的故事接龍，與家長分享小君在幼兒園的學習情形，允許小君帶一個陪伴物到幼兒園陪他一起上課，以協助小君調適新環境。

第四節　具有多元文化觀的教保人員

當教師具備多元文化素養時，才能培育具備多元文化視角的未來公民。同時，教師的工作不僅是引導幼兒學習和探索知識，同時也要學習轉換角色，接受並適應幼兒家庭中的既有文化，理解他們家庭文化與價值。在課程中邀請東南亞外籍家長到幼兒園來教唱東南亞兒歌，教幼兒做異國料理，只是辦理多元文化活動，並不必然具備多元文化觀。物質文化的學習和模仿容易，但是理解與尊重不同文化，卻是需要長期的浸潤。如果幼兒園可以接受幼兒因為家庭宗教的理由吃素，也應該能接納穆斯林家庭因為宗教理由不吃豬肉，或者接納他們保留自己信仰的儀式和穿著。教保人員自認為具備性別平等觀點，但是卻常常忽略了在聯絡本一開始提到的就是：「親愛的媽媽，您好！」似乎已經認定幼兒的照顧與教育工作在媽媽身上。同樣地，幼兒園經常在母親節辦理活動，教保人員希望幼兒畫一張卡片送給媽媽。對辛勞的媽媽表達愛意並沒有不對，但是班上單親家庭的幼兒卻可能告訴老師：「我不知道怎麼畫媽媽。」甚至這樣的「表達愛意和感謝」對某些單親家庭的幼兒來說反而是一種傷害。教保人員若沒有敏感度，很容易因為自己無心造成幼兒和家庭的傷害。

一、教保人員應具備的文化能力

幼兒園教師面臨的是多元的世代，教保人員必須具備多元文化觀，才能以更開闊的心胸接納各種不同背景的幼兒，幫助多元文化家庭的幼兒學習、使他們發揮學習的潛能，促使幼兒具備多元文化視角，學習包容與尊重。因此教師必須提升自己對多元文化教育的關注力、協助不同家庭背景幼兒學習的專業力，以及對不同家庭背景幼兒的包容力。在職前教育階段，師資培育大學必須在課程中涵納教保人員對於多元文化教育的基本素養，提供不同場域的實習經驗，讓職前教師有機會接觸不同族群、不同背景的幼兒，瞭解多元家庭的個別需求，不同族群的文化價值觀。例如，澳洲的師資培育課程，採取「實踐中的課程」，透過實踐中建構課程，整合師資生、教師、與社區的文化知識並建立關係（陳美如，2010）。例如，提供職前教師多元文化的田野經驗，使其多接觸多元文化，並與社區中的幼兒和成人接觸，透過不同文化現場的接觸經驗，幫助他們獲取更多文化訊息，減少刻板印象。美國衛生與公共服務部（Department of Health and Human Services, HHS）的少數族群衛生局發行《文化語言服務的全國標準》，其中指出「文化能力」包含：文化關懷能力、語言管道服務，以及文化能力的組織支持三項（王雅玄，2007）。

（一）文化關懷能力

文化關懷能力指的是教師需有關懷不同文化群體的能力；幼兒園或學校中需招募來自不同族群的服務人員；組織人員需接受文化關懷的訓練。例如，互助教保服務中心招收經過原住民族族語認證，且具高級中等學校以上學歷者擔任教保服務人員。

（二）語言服務管道

提供語言輔助，如雙語服務或翻譯；組織的文字和用語提供各種語言，以少數族群語言出版易懂的相關資料。例如，提供越南語、印尼語的幼兒家長注意事項，提供家長瞭解幼兒園的相關事宜。目前國內幾乎很少幼兒園或學校可以提供這些語言服務管道。隨著科技與 3C 用品的便利性，許多新住民家長習慣使用通訊軟體，幼教老師可以透過通訊軟體傳送語音訊息，方便無法閱讀的新住民家長瞭解幼兒園的事務。

（三）文化能力的組織支持

幼兒園提出增強教保人員文化能力的訓練計畫，幼兒園持續對文化支持做自我評估，保存社區的文化人口檔案，記錄並定期更新幼兒園家長常使用的族群語言，增進跨文化理解、定期公布語言能力實施績效。

周梅雀（2010）研究國內幼兒教保相關科系之課程架構，發現多數幼教師資培育系所主要開設「多元文化教育」、「幼兒性別」或「幼兒性教育」，少數科系有規劃「幼兒客家文化教育」、「弱勢幼兒家庭教育」等課程；僅有東華大學幼教系將「新住民家庭輔導」列入其課程架構的選修課程。不過許多師資培育大學將上述課程列為選修，實際上並未開課。

二、具備多元文化觀的教保人員

王雅玄（2007）建議老師可以從多元文化認知、多元文化情意、多元文化技能、族群意識、語言意識、多元文化環境與多元文化關係，檢視自己是否為具備多元文化觀的教師。

（一）多元文化認知

幼教師要具備對不同族群的「文化知識」和「文化理解」的能力。瞭解新住民、原住民、弱勢家庭幼兒、身心障礙幼兒應該接受與其他幼兒一樣的對待。教保服務人員對於多元文化的理解，不能僅只有認為河粉、春捲就是越南文化，潑水節就是泰國文化，而是具備不同族群和文化的生活經驗、生活方式、文化價值的理解。教師也必須具備「文化批判」的能力，可以評估不同文化背景家長的需求，提供有效且可靠的資源給不同文化背景的家長。

（二）多元文化情意

教師必須具有文化接受度、文化同理與文化寬容。尊重不同文化背景的家長，他們的宗教信仰和信念，不因家長的語言或膚色而歧視他們，願意花時間瞭解不同家庭的文化背景，比較多元家庭的觀點與自己的差異，以同理心瞭解家長親職教養的困境，並尊重家庭隱私權。此外，老師必須具備文化覺察的能力，反思自己的教學或言語是否可能造成幼兒對某些族群的刻板印象，反思自己文化和訓練背景可能對於某些族群的偏誤。教師必須具備樂於文化體驗的

「文化愉悅」能力，例如，提供機會給幼兒學習新住民家長的母國文化，並讓幼兒以新住民家長的母國文化為傲。

（三）多元文化技能

多元文化技能指的是文化溝通的能力（王雅玄，2007），教師理解屬於該族群的特殊文化和家庭教養觀，並且可以採取適合該族群文化的方式對待族群的學生，或者協助族群家長瞭解幼兒的發展和教養的問題，以及最佳教養方式。同時教師採取多元文化的觀點，設計適合幼兒的課程和教學活動，並以文化適配的方式進行學習評量。例如，採取原住民族的數學觀進行主題探索；幼兒的語言發展應該具有多樣性，幼兒和家庭經常使用的原住民或新住民語，都可放入幼兒語言發展的評估。

（四）族群與性別意識

教師應該具備族群與性別意識，意即能辨識族群與性別的差異、具備挑戰族群與性別偏見的能力。教師樂於瞭解和親近不同的族群，並且覺察語彙中可能對於某些族群或性別造成的文化偏見和歧視。教師本身能意識到自己對於族群或性別的看法、自己對不同族群或性別的幼兒及其家庭的感覺和態度，謹慎自己可能導致對族群或性別誤解的言語和行為，引導幼兒與其家庭能以客觀公正的立場，處理族群和性別歧視的問題。

（五）語言意識

具有雙語能力的教師有助於和家長的溝通，不過多數教保人員未必正式學習過東南亞語言或族語。教育部國教署推動族語教保員，協助社區互助式或部落互助式幼兒園進行族語教學，熟悉族語的教保員也可以族語與幼兒家長溝通。幼教師雖然未必都能嫻熟不同族群的語言，不過學習簡單的日常用語，也可以拉近與家長的距離。

（六）多元文化環境

幼兒園的情境可以呈現幼兒園對多元文化環境的重視。例如，進入幼兒園環境或教室之後，可以感受環境的布置、學習區的設計、圖書室的書籍等，充分反應幼兒園的族群文化特色。從情境浸潤中，幼兒與教師可以自然而然習得對族群文化的重視。

（七）多元文化關係

具有多元文化關係素養的教師具有「文化親和」與「文化信任」的能力（王雅玄，2007）。當幼兒與家長和教師接觸時，因為彼此對於文化的瞭解和想法，家長可以很自在地與教師談話，家長對幼兒園也更有信任感。教師可以透過多元文化關係的自我檢視，瞭解家長對課程和教養議題是否有認知的落差，檢視自己是否對少數族群學生有特殊待遇或過度補償的問題。

三、實踐聯合國《兒童權利公約》的精神，保障幼兒權益

聯合國大會 1989 年通過《兒童權利公約》（The Convention on the Rights of Children，簡稱 CRC），我國於 2014 年通過《兒童權利公約施行法》，主張兒童應為權利主體，並給予特別的保護。CRC 主張兒童應受到保護，免於暴力、歧視，並鼓勵兒童參與與自主權益相關的決定，成人應提供兒童完善的成長環境，符合兒童的發展和學習的需求，不論兒童的種族、性別、身心狀況，每一位兒童皆有機會發展潛能，以為將來的成年生活預做準備（UNICEF，2019）。

教保人員如何實踐《兒童權利公約》的精神、維護幼兒權益？葉郁菁（2020）提出下列方式：

（一）教保人員對《兒童權利公約》的推廣與運用

1. 以兒少最佳利益為優先考量

幼兒園處理兒少相關事務時，應以兒少最佳利益為優先考量。幼兒園應善

盡職責，確保教保人員無不當對待幼兒，並以保護幼兒身心健康為第一優先。

2. 社區與家長宣導

教保人員應宣導幼兒身體權利與保護議題，當幼兒遭受他人（家長或其他教保人員）不當對待、霸凌時，應有正義感，勇於站出來揭發事件。家長來園接送幼兒時，是教保人員瞭解家庭狀況的最佳時機，教保人員可以多關心家長，從家長座談和親師聯絡本，瞭解幼兒在家庭中被照顧的情形，傾聽和與家長討論教養幼兒的方式。當家長動不動怒吼、責罵或捧打幼兒時，教保人員應及時介入。

（二）教保人員在培育養成過程中，應瞭解《兒童權利公約》的內涵

1. 瞭解教育發展的理念與實務：在「教育社會學」、「幼兒多元文化教育」、「幼兒園、家庭與社區」等課程中，討論保障不同族群、不同性別幼兒有合理公平的受教權益，家庭與社區如何共同保障幼兒最佳利益和幼兒生存權、發展權。幼兒園、家庭和社區有共同責任提供安全的照顧環境，使幼兒不致遭受不當照顧，或者不適任之人在言語和身體的騷擾與侵害。
2. 瞭解並尊重學習者的發展與學習需求：幼兒健康促進、安全與保護、常見健康問題及照護方法；多元文化差異及其在幼兒教育的實踐；遊戲相關理論與幼兒遊戲發展；特殊需求幼兒身心特質、教學及輔導；幼兒園融合教育理論與實施；特殊教育幼兒的個別化教育計畫（IEP）。
3. 規劃適切的課程、教學及多元評量：教保人員透過課程設計，引導幼兒學習探索不同性別、族群、文化、語言的特質。教保人員可以將兒童權利公約相關的議題，如：家庭關係、社會關係發展、性別議題、生命教育等融入課程中。
4. 建立正向學習環境、適性輔導：在「幼兒園課室經營」、「幼兒園、家庭與社區」、「幼兒輔導」等課程中，教保人員理解不同族群或家

庭特質的家長如何影響幼兒的學習與發展，教保人員應時時反思自己的班級經營理念，營造幼兒在零霸凌、不受歧視的環境中自由學習的班級氣氛。

5. 認同並實踐教師專業倫理：培育教保人員成為可以隨時自我省思、自我覺察幼兒權利的專業者。教保人員有保障幼兒生命、生存與發展權的責任，也不應以各種理由違反兒少隱私權。

參考文獻

中文部分

王雅玄（2007）。多元文化素養評量工具及其應用：現況與展望。**教育研究與發展期刊，3**（4），149-180。

民報（2018）。**保障母語教育權，國家語言列12年國教部定課程**（2018年12月25日）。取自https://www.peoplenews.tw/news/2217bc55-7ead-4183-80a2-aaa80484e4f2

李鴻章（2006）。原住民族群背景、師長教育期望與學童自我教育抱負的關聯性。**東大教育學報，17**（2），33-58。

周梅雀（2010）。幼兒師資培育機構之「多元文化教育課程」探究。**崑山科技大學學報，7**，77-97。

林君黛、邱盈綺、徐宙玫、黃昱瞳（2013）。影響家庭照顧者使用機構喘息服務因素之探討。**澄清醫護管理雜誌，9**（3），7-14。

林秀娟（2018）。發展整合式兒少醫療服務系統。載於衛生福利部社會及家庭署舉辦之**「107年度建構友善育兒家庭的社會環境與福利政策研討會」手冊**。臺北。

法務部（2019）。**民法**。取自https://law.moj.gov.tw/LawClass/LawAll.aspx?pcode=B0000001

社會及家庭署（2019a）。**發展遲緩兒童社區療育服務實施計畫**。取自https://kidedu.ntpc.edu.tw/ezfiles/0/1000/attach/0/pta_15023_3343535_50157.pdf

社會及家庭署（2019b）。**發展遲緩兒童早期療育服務實施方案**。取自https://www.sfaa.gov.tw/SFAA/Pages/Detail.aspx?nodeid=270&pid=4677

原住民族委員會（2018）。**108年度補助直轄市及縣（市）政府推動原住民族家庭服務中心實施計畫**。取自https://www.apc.gov.tw/portal/docDetail.html?CID=040333666A332EB6&DID=2D9680BFECBE80B61C0A9FD6AE 9AC-

DFA

唐先梅（2002）。雙薪家庭夫妻公務公平觀差異之研究。**中華家政學報，32，**59-73。

財團法人罕見疾病基金會（2019）。**罕病知多少**。取自 http://www.tfrd.org.tw/tfrd/rare_a

張雅卿（2009）。**原住民地區幼兒園實施親職教育之研究：以中部地區麗美鄉二家幼兒園為例**（未出版之碩士論文）。臺中：國立臺中教育大學幼兒教育學系。

教育部（2006）。**白髮童顏祖孫情——隔代教養家長家庭教育手冊**。取自 https://moe.familyedu.moe.gov.tw/Pages/Detail.aspx?nodeid=352&pid=4554

教育部（2018）。**十二年國民基本教育課程綱要國民中小學語文領域**。取自 https://www.naer.edu.tw/ezfiles/0/1000/attach/16/pta_16457_3939785_48785.pdf

教育部（2020）。**高級中等以下學校特殊教育班班級及專責單位設置與人員進用辦法**。取自 https://law.moj.gov.tw/LawClass/LawAll.aspx?PCode=H0060041

移民署（2018）。**新住民打造多元文化社會**。取自 https://www.immigration.gov.tw/5385/7344/70395/143257/

許木柱（1994）。臺灣原住民的族群認同運動：心理文化研究途徑的初步探討。載於徐正光、宋文里（編），**臺灣新興社會運動**（頁 127-156）。臺北：巨流。

許芳菊（2009）。**夫妻同盟共親職**。取自 https://www.parenting.com.tw/article/5045380-/

陳政隆（2016）。**「成／作為家長」大不易：男女同志之親職實踐**（未出版之碩士論文）。嘉義：國立中正大學社會福利學系。

陳美如（2010）。多元文化取向的職前教師培育——從大學課堂到部落教學實踐的學習成長。**教育資料與研究，97，**63-82。

陳梅影（2006）。**罕見疾病兒童家庭壓力之研究**（未出版之碩士論文）。臺北：中國文化大學生活應用科學研究所。

曾華源、李仰慈（2000）。族群和諧與社會發展。**社區發展季刊，130**，17-33。

游雅晴（2020）。**偏鄉地區托育資源中心服務困境與解決策略之探討**（未出版之碩士論文）。嘉義：國立嘉義大學幼兒教育學系。

新住民培力發展資訊網（2018）。**全國新住民家庭服務中心**。取自https://ifi.immigration.gov.tw/ct.asp?xItem=158&ctNode=36488&mp=ifi_zh

葉郁菁（2010）。育有學前幼兒之新移民女性親職能力之研究——以嘉義縣為例。**教育研究月刊，195**，74-87。

葉郁菁（2020）。聯合國《兒童權利公約》於幼教師專業發展的實踐與展望。**教育研究月刊，311**，4-17。

葉郁菁、黃秋華（2019）。**107年度「托育資源中心服務品質管理計畫」成果報告**（A107038）。臺北：衛生福利部社會及家庭署。

衛生福利部中央健康保險署（2019）。**重大傷病專區**。取自https://www.nhi.gov.tw/Content_List.aspx?n=3AE7F036072F88AF&topn=D39E2B72B0BDFA15

衛生福利部社會及家庭署（2016）。**家庭福利服務中心工作指引手冊**。臺北：衛生福利部。

衛生福利部統計處（2018）。**重大傷病門診醫療費用申報狀況——按年齡及性別分**。取自 https://dep.mohw.gov.tw/DOS/cp-4200-44677-113.html

衛生福利部統計處（2020a）。**發展遲緩兒童早期療育服務個案通報概況**。取自 https://dep.mohw.gov.tw/DOS/cp-2978-13976-113.html

衛生福利部統計處（2020b）。**身心障礙人數按類別及年齡分**。取自https://dep.mohw.gov.tw/DOS/cp-2976-13825-113.html

蕭巧梅（2015）。**同志家庭之成家育兒歷程與親職經驗之個案研究**（未出版之碩士論文）。臺北：國立臺灣師範大學人類發展與家庭學系。

簡宏哲、蕭至邦、陳竹上（2012）。都市原住民部落兒童的學習陪伴——社會工作結合大學資源與社區工作的啟發。**社區發展季刊，139**，325-340。

英文部分

Gray, D. D. (2012). *Nurturing adoptions: Creating resilience after neglect and trauma*. London and Philadelpia: Jessica Kingsley.

Holland, M. L., Malmberg, J., & Peacock, G. G. (2017). *Emotional and behavioral problems of young children*. New York and London: Guilford Press.

UNICEF (2019a). *The right to an education is one of the most important principles in becoming a rights respecting school*. Retrieved from: https://www.unicef.org.uk/rights-respecting-schools/the-right-to-education/

Yeh, Y. C., & Ho, H. J. (2016). How the children of cross-national marriage families become bilingual: An ecological systems perspective (pp. 299-316). In P. R. Schmidt & A. M. Lazer (Eds.), *Reconceptualizing literacy in the new age of multiculturalisam and pluralism*. NC: Information Age Publishing.

繪本資源

王秀園（2000）。**兩個快樂的家**。臺北：狗狗。

王豪傑（譯）（2005）。**你來了，我們就變成一家人**（原作者：阿涅特・希爾德布蘭特）。臺北：大穎文化。

林真美（譯）（1999）。**爸爸媽媽不住一起了**（原作者：Stinson）。臺北：遠流。

陳立容（2007）。**誰知道我的長耳朵在哪裡？**臺北：財團法人中華民國兒童福利聯盟文教基金會。

劉孟穎（譯）（2016）。**我爸爸愛上你媽媽**（原作者：Ilona Lammertink）。臺北：韋伯。

鄭如瑤（譯）（2016）。**我有兩個家**（原作者：Marian De Smet）。臺北：小魯。

第七章

社會工作取向的親職方案與教師專業倫理

幼兒園和托嬰中心執行親職方案時，通常以親職講座方式辦理，但家長對於親職教養資訊，多半透過網路搜尋取得。實體的親職講座課程和演講，對多數年輕家長受益有限。親職教育和育兒諮詢是教保人員和托育人員的專業服務內容之一，規劃親職方案時，除了辦理園內活動外，應該瞭解相關的福利資源與規定，才能提供幼兒及其家庭最適切的方案。

第一節　親職方案規劃與評估

依據教育部《幼兒教育及照顧法》第 12 條規定，教保人員提供的教保服務內容包含「記錄生活與成長及發展與學習活動過程」、「舉辦促進親子關係之活動」等促進正向親職的服務（教育部，2018）。對於照顧二歲以下的托育人員，育兒諮詢、親職教育也都涵蓋在照顧者的服務項目中。《居家式托育服務提供者登記及管理辦法》第 3 條即指出，居家托育人員應該提供育兒諮詢及相關資訊（社會及家庭署，2020a）。托嬰中心適用《兒童及少年福利機構設置標準》，其第 5 條也指出，托嬰中心應該提供的服務包含親職教育及支持家庭功能（社會及家庭署，2020b）。對於六歲以下嬰幼兒的托育與照顧，親職教育都是必要涵蓋的專業服務。

一、親職教育的目的

親職教育主要提供給幼兒家長有關幼兒發展、照顧、幼兒教育、親子溝通、幼兒行為教養等方面的專業知識，主要目的為希望幼兒可以健全發展，同時也強化父母的職能，以扮演適切的父母角色。《幼兒教育及照顧法》第 36 條即說明：父母或監護人應履行下列義務（教育部，2018）：

1. 依教保服務契約規定繳費。
2. 參加教保服務機構因其幼兒特殊需要所舉辦之個案研討會或相關活動。
3. 參加教保服務機構所舉辦之親職活動。
4. 告知幼兒特殊身心健康狀況，必要時並提供相關健康狀況資料，並與教保服務機構協力改善幼兒之身心健康。

親職教育是成人教育的一種，希望幫助父母成為稱職的家長，因此親職教育融合了教育學、幼兒發展、心理學、輔導等專業。幼兒園教保人員在師資培育階段接受幼兒發展、幼兒心理、教育等專業訓練，因此幼兒園教保人員為提供親職教育的適當人選。

二、親職教育的功能

親職教育具有以下功能：

（一）提供家長有關幼兒發展的基本知識

幼兒園常見家長期待教保人員進行注音符號教學，要有抄寫的回家功課。幼兒園教保人員可以從幼兒小肌肉生理發展的理論觀點，以及幼兒認知發展的角度，和家長溝通為何在幼兒園階段不會強調紙筆抄寫的作業練習。另外，也有一些幼兒家長喜歡給幼兒著色本塗顏色，著色本並非禁止使用，而是有使用的適當時機，例如對四歲幼兒，著色本可以被拿來訓練幼兒的手部穩定度和手眼協調，但是著色畫對於手部已經穩定的五歲或六歲大班幼兒卻是不利其想像力發展。如果教保人員可以從幼兒發展的專業知識向家長說明，有助於家長對幼兒的瞭解。

（二）當家長遭遇教養困擾時可以提供正確建議

家長經常詢問教保人員：為什麼在學校，小朋友會乖乖聽老師的話，但是回到家卻常常講不聽？第一次入園的小班幼兒經常面臨分離焦慮的問題，當家長看到幼兒哭泣找媽媽時都會不忍心，家長焦慮捨不得的表情反而強化了幼兒的分離焦慮。通常長子女進入幼兒園的時機常因為家中有新生兒，家長忙於照顧新生兒之餘，常常忽略長子女的需求。類似這些問題經常在幼兒園發生，幼兒園教保人員敏覺家庭現況、瞭解家長的問題後，應該適時提出建議，協助家長解決教養的困擾。尤其幼兒剛入園時，需要幼兒園教保人員多與家長聯繫，也讓家長瞭解幼兒在園內的適應情況。因為每個幼兒的發展情況和家庭教養方式各有不同，幼兒園教保人員須瞭解家庭動力，才能視個別情況調整策略。

（三）傳達適當的親子溝通方式

幼兒園教保人員應該要提供家長適宜的親子溝通模式。De Wolff 與 van IJzendoorn（1997）研究顯示，照顧者若對幼兒的需求具高敏感度，而且以正向和支持的態度面對嬰幼兒，則可以建立嬰幼兒早期的安全依附感（林淑玲、李明芝譯，2014）。Ainsworth 也認為，嚴苛和自我中心的媽媽，常常對嬰幼兒喋喋不休，嬰幼兒學會採取逃避的方式面對親子關係；對嬰幼兒缺乏耐性的媽媽，對嬰幼兒需求的訊號缺乏反應，甚至對嬰幼兒的需求呈現不耐煩和負面感受（林淑玲、李明芝譯，2014）。安全依附影響兒童後期的情緒和社會發展，具有安全依附感的幼兒，通常可以在穩定的情緒和環境中成長；但缺乏安全依附的兒童，將可能導致退縮、社交障礙。因為親子溝通和互動對於幼兒安全依附感的建立如此重要，幼兒園教保人員應該要協助家長與幼兒建立良善和正向的互動關係。

幼兒採取各種行為以吸引照顧者的關注，例如，幼兒會拿著故事書請家長講，或者是家長要出門時表現出沮喪難過的表情。當家長對幼兒的依附需求保持高度敏覺並給予回應時，通常幼兒也會發展正向的安全依附感。De Wolff與 van IJzendoorn（1997）建議，建立嬰幼兒安全依附的親子溝通應該包含：(1)敏感，對幼兒的訊號即時回應；(2)正向態度，對幼兒表達正向的影響和情感；

(3)相互關係，照顧者和幼兒對於相同的事物表達相同的關注並產生互動；(4)支持，對幼兒的活動密切注意並提供情緒的支持；(5)刺激，時常參與幼兒的活動。

（四）家長引導幼兒建立良好行為和規範

家長是幼兒建立良好行為和規範的重要他人，家長的言行舉止對幼兒影響甚深。幼兒園教保人員應該鼓勵家長成為良善的學習模範。

三、親職方案的類型

親職方案可以包含個別諮詢、心理諮商、演講課程和家長成長團體四類：

1. 個別諮詢：諮詢為提供一般性親子議題的討論。幼兒園教保人員瞭解班級家長的親職教育需求，可以搜尋專業的文章與家長分享，或者與家長進行會談，以達到初級預防的效果。
2. 心理諮商：諮商則有特定的親子關係衝突或議題，必須透過專業諮商的方式解決。親子諮商通常用於家長與子女的溝通出現障礙和問題，造成親子之間互動關係緊張，因此必須透過諮商方式瞭解親子互動產生問題的原因，透過專業的解析，瞭解幼兒或家長問題可能產生的原因，並由諮商師引導親子進行良性的溝通。
3. 演講課程：用於提供一般性親職教育講座或課程，可以同時間提供較多家長參與。促進親子互動關係的課程，例如：「壓力紓解與情緒管理」、「家庭及親子溝通」、「衝突管理與提升父母效能」、「父母婚姻關係調適及對子女的影響」。其他課程又如：「嬰幼兒照顧與發展」、「親子共讀」。
4. 家長成長團體：家長成長團體則是針對有共同特殊議題的一群家長，進行次數較多的小團體活動。團體帶領者必須具備社會工作或心理諮商背景，同時針對團體介入的效果進行評估。透過家長（或照顧者）成長團體，可以鼓勵團體內的成員相互討論，彼此經驗分享和實際演練，比起上述演講式的親職課程，成長團體的成員有較多機會可以產生互動，團體成員可以透過彼此的親職經驗分享、個人經過議題討論的自省覺察，達到自我成長和學習的目的，增進親職能力，並且使家長可以達到共同學習和相互支持的目的。

5. 親子活動：幼兒園或托嬰中心設計親子手作或親子共玩的活動，主要目的為透過「遊戲」的過程，讓家長瞭解幼兒的情感、需求和行為，增加家長和幼兒的互動（社會及家庭署，2019a）。例如，幼兒園辦理假日親子健康接力賽，邀請家長瞭解幼兒的肢體動作發展，分享在家就能執行的親子遊戲活動設計，同時讓幼兒和家長一起參與接力賽跑。

四、親職方案的規劃

親職教育的規劃大致可以分為三種層次，未必完全需要幼兒園獨自規劃執行，但教保人員可以連結相關的社會福利資源。下列為親職方案規劃的原則（郭靜晃，1996）：

1. 初級預防（primary prevention）：親子問題與衝突尚未形成之前，事先做好預防工作。親職方案的內容主要為培養家長對於幼兒發展的專業知識和能力，家長親職壓力調適，婚姻生活的經營等，均為適合的內容。
2. 次級預防（secondary prevention）：當教保人員發現家庭可能存在的關係衝突或問題，早期發現並協助解決，以避免造成幼兒傷害。教保人員可以協助連結社區相關心理諮商資源，包含托育資源中心、家庭教育中心、家庭福利服務中心等，均可以提供專業的親子諮商和諮詢服務。社工人員瞭解家庭問題產生的壓力源，可以協助連結社會救助、心理諮商等社會福利資源。透過家長心理健康的專業諮詢，讓家長覺察自己的壓力來源，使用適當的管教方式，並且讓另一位家長成為衝突和壓力高張時的緩衝者，保護幼兒免於傷害。
3. 三級預防（tertiary prevention）：當家庭已經有嚴重的親子問題或偏差行為時，需要透過法律力量維護幼兒生存權與生命權。同時輔導與治療行為者，確保家庭功能的維繫，對父母執行強制親職教育。

「強制親職教育」主要依照《兒童及少年福利與權益保障法》第 102 條規定，父母、監護人或實際照顧兒童及少年之人，若有兒童虐待的情事，經主管機關查證調查後，得命施暴的家長，接受四小時以上、50 小時以下的親職教育輔導。通常被裁處親職教育輔導的對象，都有情緒管控能力不佳、管教過當或體罰，以及教養觀念薄弱等個人議題，親職的主要議題則以管教困難、溝通衝突、照顧知識不足、疏忽子女成長需求等居多；家庭議題則包含婚姻衝突、和親密伴侶的關係不佳、經濟困境和照顧壓力等（沈慶鴻、劉秀娟，2018）。因為此親職教育輔導是強制性介入的處遇措施，所以被裁處的家長或照顧者，通常也會成為「非自願性」案主，家長或照顧者若被強制接受輔導，常有憤怒和敵意情緒，以及抗拒和不合作的行為。縣市政府委託社會福利機構或心理諮商所執行強制親職教育，但若被處以強制親職教育的家長不願意接受或抗拒不完成時數者，縣市政府可以裁罰三千元以上、三萬元以下的罰鍰。

五、親職教育方案的評估

（一）方案評估的意義

方案評估（programme evaluation）使用於社會工作領域。方案評估的目的為運用科學的思考模式與方法，測量和分析方案執行後的效果，透過評估瞭解方案的效率與效益，以利維護社會工作服務的品質（黃源協，1999）。幼兒園可以運用社工方案評估的方式，分析幼兒園執行親職教育方案的成效。

（二）方案評估的類型

Kettner、Moroney 與 Martin（1999）認為，依據目的不同，方案評估可以分為四種類型，對方案的執行成果提供不同的資訊：

1. 效力評估（effort evaluation）：效力的評估是針對服務提供的過程狀況，對服務類型與服務量進行評估。目的為獲得基本的服務活動資訊，藉以增強或改善方案品質的管控。例如：幼兒園辦理的親職方案包含親師聯絡本、班刊、親子運動會、期末的教學分享會。幼兒園可以針對上述不同的親職方案加以評估：親師聯絡本每天撰寫，每學期累計的服務量最多；班刊一週一次，服務量次之。親子運動會和期末的教學分享會，則一學期只有辦理一次，服務量最少。

2. 成果評估（outcome evaluation）：成果評估的重點是檢視案主所達成的結果，確認方案成果目標達成之程度為何，是否有達成當初所設立之目標。再以上述例子說明：幼兒園規劃不同的親職方案時，所有的策略和方案的型態均有其目標。例如：親師聯絡本主要功能是作為幼兒當天生活狀況的溝通、幼兒園訊息的傳遞（如發下繳費袋、帶一套乾淨衣物等），但班刊的目的為課程的溝通，以及幼兒園進行主題活動的歷程紀錄。期末的教學分享會，則是展現幼兒經過一學期的課程活動，幼兒習得的能力，同時也藉由此機會，統整本學期的課程活動。親子運動會，則是搭配校慶活動，邀請家長到園、親子同歡。因為活動的目的不同，因此檢核成果的指標和工具也不一樣。例如，班刊發下給家長後，如何得知家長可以透過班刊瞭解幼兒園進行的課程活動？評估的依據可能來自家長在班刊的意見回應。
3. 適切性評估（adequacy of performance evaluation）：檢視方案整體是否有達到其適切性，也被稱為影響效應評估。主要的關注重點在於，檢視方案服務是否滿足計畫過程所認定之需求。例如，幼兒園的親子活動，需要考慮場地和活動型態的適切性。辦理親子運動會，若幼兒園的空間太小，無法容納跑步、滾球等活動，容易受限，就要另覓幼兒園附近的國小操場較為適宜。另外，幼兒的體能較差，親子運動會要準備讓幼兒和家長休息的蔭涼區域、茶水等。
4. 成本效率評估（cost-efficiency evaluation）或成本功效評估（cost-effectiveness evaluation）：成本效率評估重點在於所提供服務之單位成本；成本功效評估偏重於達成某結果之總成。具體言之，成本效率評估檢視時間、事件、物料、輸出等各種不同的單位成本；成本功效評估則考核成功結果的支出成本。幼兒園經費和人力都有限，辦理各項親職活動時，經費、活動的型態等攸關成本效益評估。通常幼兒園較容易掌控經費和成本，不過許多活動主要經費支出在鼓勵家長參與的贈品或幼兒獎品，部分經費支用於活動餐點。

（三）方案評估的要素

親職教育方案評估的目的，是希望透過活動的檢討，作為下次辦理的依據。方案評估的要素包含：

1. 設計的親職教育方案目標和成果是否清楚？
2. 預先擬定親職教育方案評估的指標，並且進行系統性的資料蒐集。例如，參與親職教育方案的家長對於方案的滿意度。幼兒園辦理親職教育或親子活動時，固定參加活動的經常是同一群家長，幼兒園希望所有家長都能參與，即使是對幼兒園辦理的活動漠不關心的家長，也能積極參與，因此設定參與親職。幼兒園希望製造親職教育方案的新鮮感，所以設定每次方案的主軸不重複。以幼兒園或托嬰中心辦理的親職教育方案為例說明，設定的目標為「提供家庭親職教養支持」，幼兒園或托嬰中心可以參考下面指標，設定本次活動欲達到的評估指標：
   (1) 提高家庭對於親職教養訊息的瞭解。
   (2) 提高家庭對於幼兒發展的認知。
   (3) 家長運用正面積極的教養措施。
   (4) 參與親職教育方案的家長人數提升。
   (5) 提供家長需要的資源連結。
3. 親職教育方案實施後，是否能依據分析的結果加以修正調整。親職教育方案實施後，園務會議可以針對實施結果和蒐集的訊息加以分析檢討，並作為下次親職教育方案調整的依據。

（四）方案的評估系統

方案的評估系統應該兼具實用性（utility standards）、準確性（accuracy standards）、可行性（feasibility standards）和適當性（propriety standards）。教育評鑑標準聯合委員會（Joint Committee on Standards for Educational Evaluation, 1994）認為好的方案評鑑標準（The Program Evaluation Standards）需要逐項檢視上述四項標準。

1. 實用性：幼兒園確認提供親職教育講座的講師人選適切、親職教育的價值觀正確、提供給家長簡報或訊息的清晰度等。評估的結果可以提供與親職教育方案有關的訊息，並且呈現方案在操作期間可能產生的影響力度。
2. 準確性：準確的資訊建立在有效和公正的規範、可靠的程序和合理的解釋。例如親職教育方案的計畫書、活動照片、成果報告等相關文件紀錄。同時可以運用家長問卷、親子活動的觀察紀錄加以分析。幼兒園想要知道辦理完幼兒發展講座，家長對於幼兒發展的知能是否有提升，最簡單的方式即透過問卷測題，分析講座前後得分是否達到顯著差異。
3. 可行性：選擇評估的指標時，需要考量時間（多久時間內要看到成效）。例如：幼兒園設定透過親職教育方案，可以讓「家長運用正面積極的教養措施」。這項指標比起「提高家長對於幼兒發展的認知」，要花更多時間才能達到目標值。前者需要從家長訪談瞭解家長教養措施改變，家長運用正面積極的教養措施的目標，未必可以在短期間內達到成效。幼兒園需要定義何謂「正面積極的教養措施」，或者可以透過家長親師聯絡本的分享、問卷調查、訪談等方式，瞭解家長能否運用講座內容提到的教養措施。
4. 適當性：幼兒園尊重幼兒與家長參與親子活動或親職講座的權益，例如，幼兒園選擇辦理活動的時間為週間上午，雙薪家庭的家長參與度變低。偏鄉地區的親職活動，更需要考量若為農忙季節，辦理親子活動的參與率很低。若幼兒園使用活動照片作為廣告宣傳，需事先徵得幼兒園家長同意。

第二節　社工取向的親職方案

一、親職方案的督導

（一）督導的意義

督導（supervision）指的是助人工作中，對於服務品質的追求與承諾的體現。透過督導的機制，可以協助幼兒園教師檢視幼兒園親職方案服務的過程中所遭遇的困阻，並予以排除，同時也透過督導檢視個人的工作技巧。幼兒園的負責人、園長和主任、幼兒園輔導計畫的輔導人員、縣市政府幼教輔導團的專家學者，均可以成為適合的督導者。督導的核心過程，是由一個具備比較多知識與技術、經驗的專業者，引導一個比較缺乏這些狀況的人進行實務與專業發展。透過正向的督導關係，發揮行政、教育、支持的功能，讓受督導者完成機構之政策與程序，順利將服務輸送給服務對象，確保工作完成並維持組織管理與責信的過程（施麗紅，2017）。

（二）督導的功能

幼兒園中聘用的教保人員有時較為缺乏經驗，因此面對園內的危機事件時，需要有資深的督導協助教保人員，提供督導的支持功能、行政功能、教育功能、調解功能（施麗紅，2017）：

1. 支持功能：督導者可以對當事人給予情緒的支持，當教保人員面對家長投訴案件時，可能面臨壓力，產生心理的耗竭。督導者應該扮演心理調適員的角色給予支持。
2. 行政功能：行政的職責在於協助教保人員工作績效考核，並提升教保服務的品質，滿足當事人的期待。督導的職責在於妥適安排教保人員的工作地點、設施和人力資源。例如，教保人員依規定申請休假，督導者協助安排補充人力，避免因為照顧人力缺口而影響幼兒園運作。
3. 教育功能：透過指導、教學、訓練，使教保人員產生學習的意願和動機，在教導的過程，雖然督導者有較為豐富的經驗，但是在教育的過程中，督導應保持開放和理性的溝通，讓教保人員以及每一個團體中的個體都可以感受到被尊重。

4. 調解功能：督導者在園內的教保人員和家長之間應該扮演調解者，主動對兩者協調溝通，促進彼此的雙贏。

（三）督導案例分析

1. 案例說明（案例改編自新聞報導事件）

家長接孩子回家後發現就讀私立幼兒園的孩子頭皮受傷，向幼兒園調監視器後發現一名資深女教師疑似情緒失控，在課堂上扯住五歲幼兒的頭髮強拉走路，還出手用力掌摑幼兒的頭，家長提出傷害告訴。園長表示，已打電話詢問另名當場目睹的老師，告知若看到類似情況應立即把小孩帶開，讓同事不要在氣頭上做出不妥動作，該名老師說當時沒有注意到。對幼兒動手的女老師停職接受調查。若確認涉及兒虐，依《兒童及少年福利與權益保障法》最重將免除教保人員資格；幼兒園負責人督導不周，市府要求園方立即改善，若再有缺失，則依《幼兒教育及照顧法》開罰最高三萬元。

2. 督導

幼兒園負責人、園長、主任應時時關注幼兒園教保人員的工作情形，一旦發現教保人員的工作出現狀況，應事先預防，積極介入輔導。若確實無法改善，則應以維護幼兒權益為第一優先，勿姑息或縱容不當照顧事件。上述事件當事人已在幼兒園任職多年，照顧不當情形也非一日，幼兒園督導者未能及時處理，家長申告時才將教保人員解聘，幼兒園負責人、園長、主任，平日即應善盡督導管理職責。

面對不當照顧的申訴案件，幼兒園必須承擔責任、立即改善。督導應該詳列改善措施，並確實執行，以防範類似案件再次發生。督導者可以採取下列措施：

(1) 關懷事件當事人：包含遭到身心傷害的幼兒、幼兒家長，甚至是涉入的教保人員，都需要督導者提供支持。如園長所述，該位資深教師平日教學良好並無情緒失控狀況，但此時若一味向家長找理由解釋老師當天的行為，極易招致家長認為「幼兒園偏袒肇事者」。督導者要先同理三方當事者的情緒感受，先予以安撫。讓家長和幼兒感受園方對於不當照顧事件的解決誠意；同時也要讓教保人員瞭解園方的立場，督導者願意支持和協助教保人員面對申訴案件，而不會讓教保人員獨自面對家長。

(2) 協調安排適合教師：涉事的教保人員不宜繼續在原班級任職，建議需暫時停職，等候調查結果。這段期間，督導者須安排適合人選暫代原班級。

(3) 建立教保人員共識：督導者對於同班級但卻未積極介入的教保人員，應給予輔導。同時也透過園務會議，建立全園教保人員共識。幼兒園對於不當照顧零容忍，教保人員若發現同事不當照顧的行為，應善盡「吹哨人」勸導的義務。同時督導者也應主動關懷教保人員的工作壓力和情緒調適，調整工作內容、或給予半日的喘息時間，轉換環境和心情。

(4) 居中協調解決申訴案件：督導者需要面對雙方當事人，扮演居中協調的角色，提供相關事證，以使得申訴案件可以順利解決。同時事件經過披露，幼兒園也會面臨其他家長的質疑，向家長溝通說明，降低其他家長的疑慮，並且說明園方的改善措施。

二、個別化家庭服務計畫

（一）個別化家庭服務計畫的定義

「個別化家庭服務計畫」（individualized family service plan, IFSP）採取以「所有家庭成員而非個人」為服務的對象，IFSP採取優勢的觀點，強調「家庭參與」（family involvement）和「家庭支持」（family support），服務的內容由家庭成員共同決定，而非由專業者單方面擬定。IFSP 的服務提供者與其他專業以跨專業及合作性團隊為前提，提供幼兒及其家庭服務（張秀玉，2011）。IFSP 的核心從兒童轉變成家庭，服務的功能除了個別幼兒外，也擴及因為提供服務，家庭所需要的相關之支持性服務，以透過家庭、父母需求的滿足及功能的提升，進而讓幼兒有更好的發展環境與保育機會。

（二）個別化家庭服務計畫的目標和特性

IFSP 以提升家庭功能為主要目標，同時關注的重點不在家庭問題的處理，而是從家庭優勢的觀點，協助家庭發覺自身的優勢，建立自己的力量，以解決遭遇的問題。

IFSP 的特性包含：

1. 服務的單位是整個家庭。
2. 家庭成員和專業人員間的互敬與合作。
3. 家庭的選擇而非專業人員的選擇。
4. 家庭的長處而非家庭的缺點。
5. 家庭的需求而非僅個案的需求。
6. 個別化的服務而非統一性的服務。
7. 具敏感性的訊息分享而非權威性的指導教育。
8. 正常化。
9. 體貼使用者、消費者的友善（user-friendly）服務。

（三）個案管理服務流程

幼兒園需要建置每位幼生的基本資料。前述提到多數幼兒園都會要求教保人員每學期至少一次家庭訪視，在訪視的過程中，若有需要特別關懷的家庭個案，則可以透過個案管理服務流程（圖 7-1），提供資源和評估家庭狀況是否改善。幼兒園提供的家庭親職資源，包含初級的支持性的服務，例如：依據家長需求設定親子活動議題；也可能需要透過家庭會談，瞭解家長對於幼兒教養的期待。教保人員評估後，決定是否將個案列入密集關懷的對象，當家庭狀況較為複雜且幼兒園無法解決時，需要轉介家庭福利服務中心，提供社工的專業

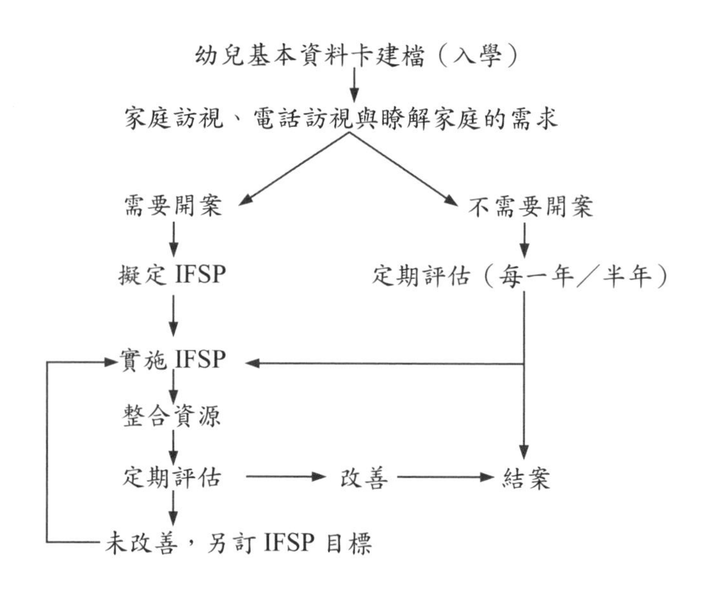

圖 7-1　個案管理服務流程

協助。

（四）個別化家庭服務紀錄內容

1. 家庭的基本資料：包含幼生和家長的基本資料、姓名、教育程度、職業、聯絡電話、地址、父母婚姻狀況、家庭其他成員等。
2. 幼兒發展現況與評估，運用電訪、家訪、家長問卷等方式，瞭解：
   (1) 幼兒喜歡什麼或不喜歡什麼。
   (2) 幼兒通常會因為什麼狀況感到情緒困擾。
   (3) 幼兒基本能力評估：生活自理能力（洗澡、吃飯、穿衣服、上廁所）、認知技巧（與該年齡有關的認知發展情形，例如是否可以從一數到十）、生理發展（身體動作、聽力、視力、牙齒保健）、社會發展（陌生人焦慮、適應力、社交情形）、情緒發展（理解他人、覺察他人情緒、溝通與表達情緒、調節情緒的能力）。
3. 家庭現況、優勢與評估，運用電訪、家訪、家長問卷等方式，瞭解：

(1) 平日從事的家庭活動與幼兒最喜歡的家庭活動
(2) 對家庭有幫助的人或機構
(3) 家庭有哪些優點可以協助幼兒學習與發展
(4) 家長希望獲得哪些訊息或協助，使自己的孩子成長得更好
(5) 平日與幼兒關係最密切的人？
(6) 父母在家如何教養孩子？

4. 依據上述評估結果，列出幼兒與家庭最需要的改善的情況、次需要改善的情況等。
5. 教保人員列定目標、選定策略，並且依據策略執行結果，評估原來需要改善的情況已經獲得改善。當家庭需要改善的項目均已改善，且沒有其他需要持續追蹤的事項，個案就可以結案。但若個案的問題是幼兒園無法處理的（例如：幼兒家庭中有家庭暴力的問題、幼兒的家長失業等），需要轉介資源（或者其他相關單位），使家庭可以獲得積極的資源協助。

（五）個別化家庭服務評量面向

擬定與規劃 IFSP 時，需要整合跨專業的團隊共同努力，例如社會福利機構、心理諮商師。同時，採取家庭優勢的觀點，肯認家庭復原的能力。執行者必須先瞭解並記錄家庭資源、家庭的想法和期望、家庭排定的優先順序。IFSP 包含下列評量的面向（張秀玉，2011）：

1. 家庭復原力：家庭信念系統（家庭有沒有宗教信仰，對於家庭的困境，想法是什麼？）、家庭組織型態、家庭溝通型態、家庭力。
2. 成員關係：幼兒家庭與外界資源互動的能力。家長與外界資源互動連結的能力越強，越能在必要時找到各種可以協助的社會資源。
3. 文化取向：尤其是不同族群的幼兒與家長，若有提問時，幼兒的家庭如何回應社會大眾與主流文化價值對家長的正向和負向看法。例如，社區民眾和鄰里如何看待新住民家庭，主流文化價值有沒有展現對於不同文化和族群的包容。

以 IFSP 執行親職方案時，使家庭充權賦能（empowerment），家庭成員感受自己對於幼兒發展和學習的重要性，並成為合作夥伴。IFSP 以家庭為中心的執行原則包含（唐紀絜、林宏熾、林金定、簡言軒，2007）：

1. 促進家庭與專業者（幼兒園教保人員、社工人員、特教人員等）的合作。
2. 以無偏見及支持的態度，分享有關幼兒的資訊。
3. 執行合理和完整的處遇計畫，包含對幼兒的直接服務，同時也關注其他家庭成員的需求。
4. 每個家庭成員皆具有個別性，包含親職能力和因應壓力的調適行為。
5. 鼓勵建立家庭成員之間的支持系統。
6. 具有彈性的處遇計畫，同時可以因應家庭成員的獨特需求而調整。
7. 確認及尊重不同的文化和語言背景。

第三節　教師是兒童保護的重要防線

一、幼兒園教師依法有通報之責

教育人員、保育人員、教保服務人員，都是《兒童及少年福利與權益保障法》（衛生福利部，2020）第 53 條規定之責任通報人員，若在家庭訪問或晤談的過程中發現幼童家庭遭遇經濟、教養、婚姻、醫療等問題，致使兒童可能遭受家庭暴力（包含身體暴力、嚴重疏忽、性侵害、精神虐待等）或有未適當照顧的疑慮，應通報直轄市、縣（市）主管機關。依照上述《兒童及少年福利與權益保障法》第 53 條規定，若責任通報人員知悉兒童施用毒品、非法施用管制藥品或其他有害身心健康之物質，或遭受第 49 條（遺棄、身心虐待等）、第 51 條（六歲以下兒童或需要特別看護之兒童及少年獨處或由不適當之人代為照顧），或兒童遭受其他傷害之情形，則必須於 24 小時之內通報。第 54 條也規範，教育人員、保育人員、教保服務人員於執行業務時，知悉六歲以下兒童未依照規定辦理出生登記、預防接種或兒童及少年家庭遭遇經濟、教養、婚姻、醫療或其他不利處境，導致兒童及少年未獲得適當照顧者，也應立即通報縣市政府的主管機關。主管機關接獲通報後，即會針對家庭進行訪視評估，提供必要的協助。

依據《兒童及少年福利與權益保障法》第 49 條，任何人對於兒童及少年不得有下列行為（衛生福利部，2020）：

1. 遺棄。
2. 身心虐待。
3. 利用兒童及少年從事有害健康等危害性活動或欺騙之行為。
4. 利用身心障礙或特殊形體兒童及少年供人參觀。
5. 利用兒童及少年行乞。
6. 剝奪或妨礙兒童及少年接受國民教育之機會。
7. 強迫兒童及少年婚嫁。
8. 拐騙、綁架、買賣、質押兒童及少年。
9. 強迫、引誘、容留或媒介兒童及少年為猥褻行為或性交。
10. 供應兒童及少年刀械、槍砲、彈藥或其他危險物品。
11. 利用兒童及少年拍攝或錄製暴力、血腥、色情、猥褻、性交或其他有害兒童及少年身心健康之出版品、圖畫、錄影節目帶、影片、光碟、磁片、電子訊號、遊戲軟體、網際網路內容或其他物品。
12. 迫使或誘使兒童及少年處於對其生命、身體易發生立即危險或傷害之環境。
13. 帶領或誘使兒童及少年進入有礙其身心健康之場所。
14. 強迫、引誘、容留或媒介兒童及少年為自殺行為。
15. 其他對兒童及少年或利用兒童及少年犯罪或為不正當之行為。

二、兒童虐待的身心指標

兒童虐待包含身體虐待、性虐待、精神虐待和嚴重疏忽，其中又以身體虐待最為常見。幼兒在遊戲中或在幼兒園可能會造成身體外傷，而造成外傷的原因也許是幼兒自己不小心受傷，或班上其他幼兒導致，也有可能是教保人員對幼兒不當照顧或管教造成。幼兒的身體傷害包含瘀傷、灼傷／燒傷／燙傷、骨折或脫臼、割傷／裂傷／擦傷／刺傷、腹部或臟器傷害。若為虐待，教保人員可以從幼兒身上的傷口判斷，包含：新舊傷口都會有，傷痕形狀可能為器物所造成，如：衣架、繩索等，且經常發生在上課缺席或週末放假結束後。幼兒身體有外傷時，教保人員應詢問幼兒，並向幼兒家人探詢原由，必要時拍照留存並記錄（謝秀芬，2002）。

三、兒童虐待零容忍

依據衛生福利部（2018a）統計資料顯示，兒童及少年保護通報案件從 2013 年 31,102 件到 2017 年 59,912 件，而且平均每年有 22.6 名兒少因為父母或主要照顧者嚴重虐待或是殺子自殺事件波及而致死。其中受虐者為未滿六歲兒童，占總受虐人數之比率由 2013 年 21.43%上升至 2017 年 31.87%，不到五年劇增 10%，新聞媒體隨時有兒童受虐致死案件不斷曝光。衛生福利部針對 2016 年兒少保護案件分析施虐因素，以施虐者缺乏親職知能（35%）、父母有負面人格特質（23%）最多，藥酒癮（12%）、親密關係失調（8%）等次之。

幼兒哭鬧不止，照顧者情緒高漲，為了要快速安撫哭鬧的幼兒，教保人員或照顧者可能在情緒壓力下施力不當，造成幼兒傷害。有時兒虐事件並非故意為之，而是因為照顧者的無知。家長或托育人員將嬰兒抱著旋轉，或放在腿上雙腳抖動「騎馬」、拋高「飛高高」等動作，雖看似平常，但卻可能造成嚴重甚至是致命的結果。楊季儒與李旺祚（2012）指出，嬰兒搖晃症候群（shaken baby syndrome）造成的原因是劇烈的來回前後搖晃嬰兒，導致嬰兒的頸部在短時間內發生急促震動，嬰兒的腦組織在堅硬的頭骨內隨之晃動，造成頭骨下方的靜脈破裂，引發硬腦膜下血腫或蜘蛛膜下腔出血，就像搗碎的豆腐腦一樣，眼球玻璃體也會因為急促地晃動引起視網膜出血。即使搶救回來的嬰兒，可能也會導致發展遲緩，甚至失明、學習障礙、語言障礙、癲癇等後果。靖娟兒童安全文教基金會（2016）建議，對頸部尚未硬直的嬰兒，應該要支撐頸部，避免左右或上下搖晃，使用背帶或包巾時，要包覆嬰兒的頭部，避免使用後背式，以隨時注意嬰幼兒狀況。幼兒搭乘汽車，務必乘坐嬰幼兒專用的安全座椅，五個月以下的嬰兒以「平躺式」、五個月以上嬰幼兒以「後向式」乘坐，才能減少因為緊急煞車導致嬰幼兒頭部劇烈搖晃。

2019 年 3 月三讀通過修正的《兒童及少年福利與權益保障法》部分條文，明定照顧未滿三歲幼兒的托嬰中心應裝設監視錄影設備；建立六歲以下兒少死因回溯分析；兒少機構不適任人員建檔。另外為了嚴懲對兒少不當行為，修法後加重兒少不當行為的罰鍰上限，由現行五倍提高到十倍，包括供應酒、檳榔給兒少、對兒少為特定禁止行為，執行職務人員發現有兒保未立即通報，以及兒少機構對兒少施予不當行為，例如教保或托育人員照顧不當，最重可處 60 萬元罰鍰。

四、社會安全網與脆弱家庭

（一）社會安全網

衛生福利部公告和實施「強化社會安全網計畫」，依據行政院 2018 年核定強化社會安全網計畫內容，「脆弱家庭」係指：家庭因貧窮、犯罪、失業、物質濫用、未成年親職、有嚴重身心障礙兒童需照顧、家庭照顧功能不足等易受傷害的風險或多重問題，造成物質、生理、心理、環境的脆弱性，而需多重支持與服務介入的家庭（社會及家庭署，2019b）。社會安全網的概念，從治安、教育、心理健康和社會工作等各面向，讓臺灣的兒童與少年可以在安全、沒有暴力威脅的環境中成長。家庭與社區生活的安全（safety）和保障（protection），不僅從日常生活場域著手，以確保個人、家庭和社區生活不受暴力威脅，更進一步構築社區鄰里間的互助和互信，強化社會網絡，形成一張綿密的安全網（衛生福利部，2018）。

依據《兒童及少年福利權益保障法》第 53 條，執行兒童及少年業務相關人員，包含幼兒園教保服務人員、幼教老師，如發現兒童保護事件，均應向直轄縣市主管機關通報。

（二）辨識脆弱家庭

教保人員可以參考下列面向辨識脆弱（高風險）家庭（社會及家庭署，2019）：

1. 餐食

(1) 家長常常未給幼兒早餐，或者給幼兒不恰當的早餐（一顆糖果），就讓幼兒到園。
(2) 幼兒在園的時候經常狼吞虎嚥或者午餐時間眼神呆滯、沒有胃口。
(3) 幼兒表示在家沒有吃晚餐（或早餐）。
(4) 家長給予幼兒的食物不新鮮（隔夜、剩菜）。
(5) 幼兒在家未穩定進食，或者經常很晚才吃晚餐。
(6) 幼兒身高較矮、體重輕，體位明顯偏低。

2. 外觀整潔

(1) 幼兒頭髮、衣物或身上有異味。
(2) 教保人員告知家長要準備乾淨衣服，但家長經常忘記或者帶來的衣服有異味。
(3) 齲齒嚴重未處理、頭髮有油垢味、指甲藏汙垢或很長未剪、脖子未清潔有體垢。
(4) 幼兒到園時未梳頭髮，一頭亂髮。
(5) 幼兒園每兩週固定清洗一次棉被，但棉被帶回家後，家長經常未清洗，下星期依舊帶回來。
(6) 幼兒穿不合大小的衣服、鞋子，衣服的鈕扣掉了或拉鍊壞了未修補。幼兒未依節令穿著適宜的衣物。

3. 醫療

(1) 幼兒明顯體重不足。
(2) 幼兒有經常性的新舊不一的外傷。
(3) 幼兒有就醫的需求（例如：生病、發展遲緩、近視），但家長不願意讓幼兒就醫。

(4) 家長擔心被標籤而不願意配合就醫。

(5) 家長未依照醫囑按時給幼兒服藥，在未接受診斷下讓幼兒服用成藥、或者讓幼兒服用符水。

4. 家長管教

(1) 家長管教強度和策略超過幼兒的年齡、特質和身心狀況。

(2) 家長對幼兒有超乎身心狀況的期待。

(3) 家長早早就把幼兒送到幼兒園，或者經常很晚才來接幼兒。教保人員聯繫家長時，經常找不到人。

(4) 教保人員觀察幼兒與家長的互動，幼兒與家長少有親密互動。家長催促幼兒，大聲斥責。

五、兒童虐待的通報流程

依據教育部「各級學校及幼兒園通報兒童少年保護與家庭暴力及性侵害事件注意事項及處理流程」（教育部，2013），學校、幼兒園及相關人員若發現幼兒有上述《兒童及少年福利與權益保障法》第 49 條情形時，應該立即向直轄市、縣（市）主管機關通報，且至遲不得超過 24 小時。幼兒園教保人員、幼教師或知悉幼兒家庭遭遇經濟、教養、婚姻、醫療等問題，致兒童及少年有未獲適當照顧之虞，也應向直轄市、縣（市）主管機關通報。此外，依照《家庭暴力防治法》第 50 條第 1 項規定，教育人員或家庭暴力防治相關人員，知悉有家庭暴力、性侵害犯罪等情事者，應於 24 小時通報當地主管機關。學校、幼兒園等相關人員依規定通報時，應以密件處理，並注意維護被害人之秘密及隱私。幼兒園對於通報人或報告人之身分資料應依法予以保密，以維護學生個人及相關人員隱私。

當幼兒園啟動危機事件處理機制時，依照圖 7-2 的流程進行責任通報，並且應有應對媒體的發言人，負責與社工專業人員協調聯繫。兒童虐待案件通報後若開案，由直轄市、縣（市）的家庭暴力防治中心社工人員或縣市政府委託

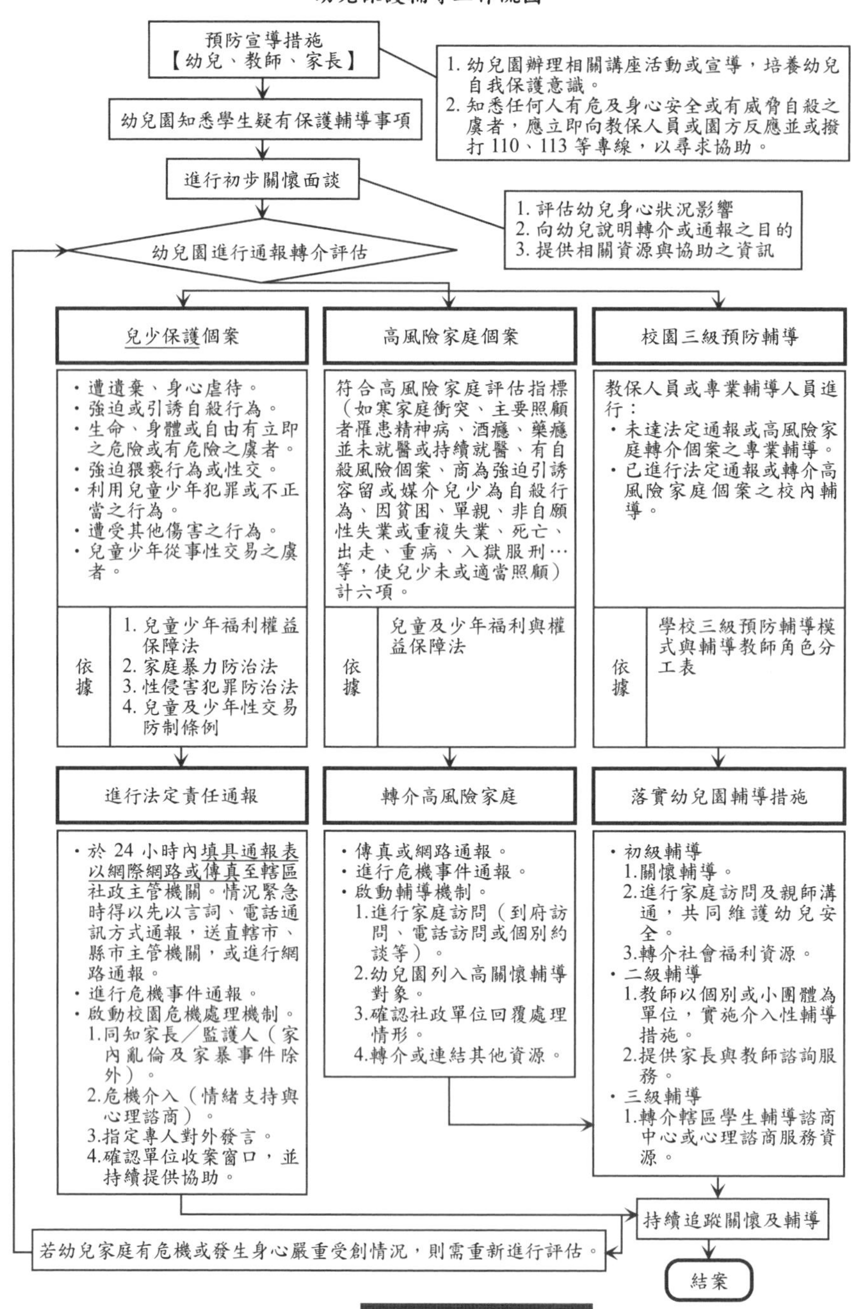

圖 7-2 通報流程圖

資料來源：教育部（2013）。

的機關或團體，對兒虐事件進行訪視、調查及處遇。幼兒園的園長、主任、教保人員應該配合並且提供相關資料，不得以幼兒隱私為由拒絕。兒童虐待事件的司法調查過程，幼兒園的教保人員應陪同幼兒給予心理支持，如果遇幼兒因家暴、性侵案件，不宜在原幼兒園就讀而需秘密轉學的事宜，則縣市政府的教育局（處）應該協調和聯繫，同時幼兒園也要協助幼兒轉進與轉出。除此之外，幼兒園應配合社工訂定的個案處遇計畫，協助幼兒生活與心理調適。

六、育兒指導方案

衛生福利部社會及家庭署配合行政院 2018 年 2 月 26 日核定之強化社會安全網計畫，自 2019 年起運用補助地方政府自行辦理或結合民間團體或大專院校，積極結合現有資源並培力及開發民間團體推動本服務，以提供育兒諮詢、到宅育兒指導、提升父母或主要照顧者之親職及技巧等為主要服務內容，同時積極培力育兒指導員，以能擴充服務量能。而各縣市通常以自行辦理、委託民間團體或結合托育資源等三種方式辦理育兒指導服務。育兒指導服務主要透過是預防性的工作，以支持與陪伴育兒家庭，提升父母或主要照顧者的親職及處理家務能力，並以提升兒童受照顧品質為目標（衛生福利部，2021）。

1. 提供家庭育兒照顧的支持，提升家庭教養和親職的知能，以確保幼兒的身心健全發展。
2. 對於脆弱家庭幼兒提供即時性的保護服務，期能從育兒指導過程中，發掘兒童保護個案，可以即時轉介通報。

其中對於「脆弱家庭」的型態，包含：低收入戶家庭、中低收入戶家庭、兒少高風險家庭、特殊境遇家庭、未成年父（母）、父母雙方或一方為中度以上之身心障礙者、兒童為身心障礙或發展遲緩者、領有弱勢家庭兒少緊急生活扶助者、雙（多）胞胎家庭、新手父母家庭、其他經社工評估有需求之家庭。並非上述對象都有育兒照顧的疑慮，仍需要經過社工評估確認之後，才會建議提供育兒指導的資源。脆弱家庭育兒指導方案由地方政府主辦，通常運用地方政府的公務預算或者申請公彩盈餘的費用執行。縣市政府必須評估轄內的整體需求，並做資源盤點，將申請的補助款分配給承辦單位（通常為社會福利團體、機構、基金會或大專校院），並督導計畫的執行。承辦單位若從育兒指導的家庭訪視中發現需要政府介入的脆弱家庭、兒少高風險或保護性案件，即應轉介給縣市政府的家庭通報系統。

育兒指導方案的訪視輔導由護理、幼教、家政、社工或具有保母人員技術士證照者擔任親職指導人員，服務的內容包含：到宅提供親職示範、嬰幼兒的餐點製備、家務指導或提供親職諮詢等服務。另外承辦的機構也可以規劃辦理提升家長知能的方案，例如親職主題的課程、成長團體、工作坊或讀書會等。

第四節　教保人員倫理

教保人員的工作是照顧與教育幼兒，提供他們有益於身心發展的學習環境，運用親職教育的方式，使幼兒的家長成為良善、稱職的父母。《幼兒教育及照顧法》第 11 條即提到：教保服務的實施，應與家庭及社區密切配合。教保服務實施的第一個目的，即在維護幼兒的身心健康（教育部，2018）。

一、　教保人員的專業倫理

教育部《幼兒園教保服務人員工作倫理守則參考資料》（教育部，無日期）依據服務倫理、組織倫理及社會倫理，提出幼兒園教保工作人員工作倫理的四個核心價值。分別為：

（一）尊重接納

尊重個人權利及個別差異，接納個人在個性、觀點、經驗、文化及需求的不同。教保人員尊重並且接納幼兒和其家庭的獨特性，依照其背景、族群、生活經驗，調整與其互動的方式。同時教保人員也要尊重所有幼兒和家庭的隱私，除了上述的法令另有規定以外，如果沒有經過家長同意，不應該以不同形式（包含口頭、書面、照片或影片、電子資料）等，公開幼兒與其家庭的任何資訊。例如，將幼兒和家長照片公布於網路社群。

（二）公平正義

在幼兒的最佳利益原則下，秉持公正客觀的態度，維護個人的權益，一視同仁，提供每個人品質均等的機會，不歧視、不偏心。教保人員應該以公平的態度對待每一個幼兒及其家庭，不因其族群、語言、文化、宗教信仰、經濟或社會背景等而對他們有所歧視或不平等對待。當幼兒園提供同一式的書面通知時，應考慮隔代教養家庭的祖父母或新住民家長可能無法充分瞭解書面通知的訊息，而應採取合適的溝通方式。

（三）負責誠信

誠信正直，自尊互敬，篤實負責，力求專業精進。幼兒園與教保人員應對幼兒及其家庭善盡負責與誠信的義務，並且維護幼兒安全和健康的環境，對於家長以誠實態度面對，不欺瞞、敷衍，更不要做出可能傷害幼兒或家庭的行為。

（四）關懷合作

關懷他人，包容合作，和諧互助，共同促進融合及發展。教保人員應主動關懷和敏覺兒童的身心狀況，與家庭建立合作夥伴關係，善盡與家長溝通互動的職責。教保人員常因工作繁忙，以全班一致的通知單方式貼上親職溝通內容，這些作法常常讓家長與幼兒園有距離感。幼兒園教保人員願意花時間填寫親子聯絡本，並且與家長分享幼兒當天的學習和活動內容，讓家長更清楚知道幼兒在幼兒園的學習活動內容，無形中增加許多正向的親師互動。

二、教保與托育人員不做施虐者

依據《教師法》第 14 條規定（教育部，2019），國小附設幼兒園或公立幼兒園幼教師，違反《兒童及少年福利與權益保障法》第 97 條規定，對兒童有身心虐待情事者，經學校教師評審委員會確認，除處罰六萬元以上、60 萬元以下罰鍰，並得公布姓名或名稱。

《幼兒教育及照顧法》第 25 條（教育部，2018）規定教保人員不得對幼兒有體罰、不當管教或性騷擾之行為，若有違反者，依《幼兒教育及照顧法》第 46 條，體罰者處新臺幣六萬元以上 50 萬元以下罰鍰，性騷擾者處新臺幣六萬元以上 30 萬元以下罰鍰，不當管教者處新臺幣六千元以上三萬元以下罰鍰，並公布行為人之姓名及機構名稱。

《居家式托育服務提供者登記及管理辦法》第5條即指出，托育人員不得有虐待、疏忽或其他違反相關保護兒童規定之行為，也不可以規避、妨礙或拒絕縣市政府主管機關檢查、訪視、輔導及監督（社會及家庭署，2020a）。《兒童及少年福利與權益保障法》第26-1條規範居家托育人員，若有行為違法或不當，情節影響收托兒童權益重大，經主管機關查證屬實，或者有客觀事實有傷害兒童之虞，經縣市政府主管機關認定無法執行業務，就無法擔任居家托育人員。《兒童及少年福利與權益保障法》第81條則規範在托嬰中心工作的托育人員，如果有第49條虐待兒童的情事，或者有客觀事實認定有傷害幼兒之虞，則無法擔任托嬰中心托育人員（衛生福利部，2019）。

衛生福利部社會及家庭署依據《兒童及少年福利與權益保障法》第49條，建立「各縣市違反兒童及少年福利與權益保障法公告專區」（網址：https://www.sfaa.gov.tw/SFAA/Pages/List.aspx?nodeid=1126），開放民眾查詢。居家托育人員或托嬰中心，若有不當照顧兒童或施虐的情形，列管不適任的托育人員，除罰鍰之外，還會解除托育人員登記，被列管和註記為不適任托育人員者，不得擔任兒少福利機構或居家托育人員，除非「有客觀事實認有傷害兒童少年之虞」的原因消失，才能繼續擔任托育機構的工作人員。同時教育部與衛生福利部的系統勾稽，同時具有托育人員與教保人員身分者，一旦在系統內被註記為不適任托育人員，未來也無法至幼兒園任教；在幼兒園被裁處為對兒童施虐的教保人員，經教育部與衛福部的系統勾稽，除無法擔任六歲以下幼兒的教保工作，也無法轉職擔任托育人員。

三、教保人員的情緒與壓力管理

情緒智商（EQ）指的是管理情緒的能力，代表一個人是否可以適當地處理自己的情緒。擁有高情緒智商的人，不會因為小事而有情緒的劇烈波動，對事情產生情緒反應時，可以表現出合宜的行為，對事與對人都有合理的想法。情緒管理的方法包含：

1. 覺察自己的情緒：當自己有情緒反應時，除了關注引起情緒反應的事件，還必須注意自己內在的情緒狀態。

2. 管理自己的情緒：覺察自己正處於情緒風暴的當口，思考事件導致自己生氣、難過的原因，有沒有其他替代的想法，或者可以反向思考，找出轉機。
3. 同理心：瞭解並接納他人的情緒。例如幼兒哭鬧，可能是因為身體不舒服、累了想睡覺等，同理幼兒的情緒反應，就可以順應幼兒的需求達到撫慰幼兒的目的。但是跟著幼兒高漲的情緒起舞，拉高聲音，並無法解決當下的情緒問題。
4. 社交技巧的培養：真誠表達自己的感受，指責對方並不會讓對方欣然接受。與幼兒及其家庭互動時，尤其需要正向的溝通技巧。當家長指責教保人員沒有幫幼兒穿外套結果讓幼兒生病時，若教保人員當下回應：「我又不是你家傭人，穿外套是自己的事情，連這種小事都要老師做嗎？」這樣的回應技巧不是有效的溝通，反而導致家長認為教保人員推卸責任。運用同理心、正向溝通技巧，才能達到有效的親師溝通。教保人員可以說：「小明生病我也很捨不得，您要照顧小明也很辛苦，希望他快點好起來，下次我一定會特別提醒他要把外套穿著。」

幼兒照顧是高壓力的工作，托育人員在狹小空間裡，面對嬰幼兒此起彼落的哭聲，換尿布、餵食等照顧工作，每天長時間工作。幼兒園教保人員要面對30 個幼兒，應付教室中的突發狀況，每天例行性的教保活動，幼兒午睡時還要撰寫聯絡本、整理教保活動紀錄、開會等，常常讓教保人員產生壓力感。每個人對於壓力的感受不同，有些人認為事情來了就一件一件處理、處之泰然，但是對於自我要求完美或過度追求效率者，時間和工作壓力經常讓教保人員感受負向情緒。

面對壓力，「能做的下手，不能做的放手」，有壓力不必然是件糟糕的事，端看自己如何處理和看待壓力，懂得壓力管理，通常是成為獨特領導人重要優勢。以下為壓力管理的策略（天下雜誌，2012）：

1. 釐清壓力源：讓自己緊張和擔憂的壓力源是什麼。
2. 挑能做的下手，不能做的放手：對於自己可以掌控的部分做調整，至於無法掌控的部分，無須過於堅持。

3. 轉化壓力：危機就是轉機，當壓力出現時，也是導向成功的機會。以正向態度思考危機事件，學習面對問題。
4. 減法思考：若整日被煩惱和壓力困擾，常常不安的情緒會擾亂我們的思緒。若心想：一件事情、一件事情解決，今天做一點，明天再做一點，事情就會慢慢解決。
5. 建立支持系統：願意傾聽的好友、家人、同事，為自己的情緒找抒發的管道，也從他人的建議中獲得解決問題的建議。
6. 規劃放空時段：長期處於緊繃的狀態之下，對自己身心並不健康，累積的壓力可能會造成失眠、焦慮等反應，學習放鬆、減壓，轉換壓力情境，找到適合自己的紓壓方式，就可以減少壓力造成的負面影響。

教保人員也需要學習自我照顧。下班之後，學習放鬆自己，安排休閒活動，適度的休息與睡眠，做一些讓自己愉快的事情。有些幼兒園老師，下班之後學習陶藝、彩畫、園藝，從這些活動中學習放鬆，轉換不同的心境。教保人員也要學習情緒照顧，花時間與自己生活中重要的人（配偶、子女、父母、好友）相處。精神心靈的照顧（spiritual self-care），讓自己活在當下，以滿足、感恩的心情，看待自己的工作。每天與幼兒共同生活，看到他們學習和成長，看到他們對老師表達孺慕之情，都是幼兒園教保人員自我認同和成就感的來源。

參考文獻

中文部分

天下雜誌（2012）。**壓力管理 6 心法：能做的下手，不能做的放手**。取自 https://www.cw.com.tw/article/article.action?id=5031713

沈慶鴻、劉秀娟（2018）。兒少保護強制性親職教育之執行概況與困境檢視。**社區發展季刊，161**，304-323。

林淑玲、李明芝（譯）（2014）。**發展心理學**（原作者：D. R. Shaffer & K. Kipp）。臺北：學富。

社會及家庭署（2019a）。**托育資源中心工作操作手冊**。臺北：社會及家庭署。

社會及家庭署（2019b）。**社會安全網**。取自 https://topics.mohw.gov.tw/SS/cp-4531-50117-204.html

社會及家庭署（2020a）。**居家式托育服務提供者登記及管理辦法**。取自 https://law.moj.gov.tw/LawClass/LawAll.aspx?pcode=D0050195

社會及家庭署（2020b）。**兒童及少年福利機構設置標準**。取自 https://law.moj.gov.tw/LawClass/LawAll.aspx?PCode=D0050015

施麗紅（2017）。社會工作督導關係探討。**社區發展季刊，159**，369-384。

唐紀絜、林宏熾、林金定、簡言軒（2007）。特殊需求幼兒成功入學轉銜之新契機——家庭賦能與賦權。**屏師特殊教育，15**，62-69。

高迪理（譯）（1999）。**服務方案之設計與管理**（原作者：P. M. Kettner, R. M. Moroney, L. L. Martin）。臺北：揚智。

張秀玉（2011）。以家庭優勢為焦點的個別化家庭服務計畫——任務性團體過程與成果。**特殊教育研究學刊，36**（1），1-26。

教育部（2013）。**各級學校及幼兒園通報兒童少年保護與家庭暴力及性侵害事件注意事項及處理流程**。取自 https://edu.law.moe.gov.tw/LawContent.aspx?id=GL000547#lawmenu

教育部（2018）。**幼兒教育及照顧法**。取自https://law.moj.gov.tw/LawClass/LawAll.aspx?PCode=H0070031

教育部（2019）。**教師法**。取自https://law.moj.gov.tw/LawClass/LawAll.aspx?pcode=H0020040

教育部（無日期）。**幼兒園教保服務人員工作倫理守則參考資料**。取自https://www.ece.moe.edu.tw/wp-content/uploads/2014/06/%E5%B9%BC%E5%85%92%E5%9C%92%E6%95%99%E4%BF%9D%E6%9C%8D%E5%8B%99%E4%BA%BA%E5%93%A1%E5%B7%A5%E4%BD%9C%E5%80%AB%E7%90%86%E5%AE%88%E5%89%87%E5%8F%83%E8%80%83%E8%B3%87%E6%96%99.pdf

郭靜晃（1996）。親職教育之內容分析與網絡建立。**社區發展季刊，115**，39-52。

黃協源（1999）。**社會工作管理**。臺北：揚智。

楊季儒、李旺祚（2012）。**嬰兒搖晃症候群（Shaken baby syndrome）簡介**。取自 https://epaper.ntuh.gov.tw/health/201210/project_3.html

靖娟兒童安全文教基金會（2016）。**談嬰兒搖晃症候群——預防與照顧**。取自https://www.safe.org.tw/service/bandaid_knowledge/431

衛生福利部（2018）。**社會安全網核訂本**。取自https://www.mohw.gov.tw/cp-3763-40093-1.html

衛生福利部（2020）。**兒童及少年福利與權益保障法**。取自https://law.moj.gov.tw/LawClass/LawAll.aspx?pcode=D0050001

衛生福利部（2021）。**育兒指導服務方案**。取自https://www.sfaa.gov.tw/SFAA/Pages/Detail.aspx?nodeid=1125&pid=8163

謝秀芬（2002）。**社會個案工作理論與技巧**。臺北：雙葉。

英文部分

De Wolff, M., & van IJzendoorn, M. (1997). Sensitivity and attachment: A Meta-analysis on parental antecedents of infant attachment. *Child Development*, *68*, 571-591.

Joint Committee on Standards for Educational Evaluations. (1994). *The program evaluation standards: How to assess evaluations of educational programs*. Newbury Park, CA: Sage.

第八章

社區資源

本章共包含四節，首先針對「社區」做定義，並描述社區的功能；第二節探討社區資源的定義和內涵；第三節描述幼兒園可連結的社區家庭服務資源；第四節依據幼兒園的教學、幼兒發展和親師合作的需求，提出社區資源盤點。

第一節　社區的定義和功能

一、社區的定義與功能

社區（community）指的是在某一個特定地區共同生活的人，它包含在這區域範圍內聚集的人口和社會機構，同時也包含社區內的人們擁有共同意識、相同的傳統和價值。

社區的一般功能包含（鄭熙彥，1994）：

1. 經濟功能：社區擁有生產、分配和消費的制度。例如，臺南市南化區的瑞峰國小，當地從日據時代就是臺灣黑糖的重要產地，因此當地居民皆以種甘蔗和製黑糖維生。
2. 政治功能：社區可以維護秩序、保障居民安全。包含的政治性組織如：警察局或派出所、衛生所、里民大會等。
3. 教育功能：社區內的學校，從幼兒園到中小學，提供社區兒童學習與教育。若社區內有圖書館、博物館、美術館等，也肩負社會教育的功能。

4. 衛生功能：社區內的醫院、衛生所、診所、藥局等，均可提供社區民眾醫療保健的服務。
5. 社會功能：社區中的公共集會場所可以提供社區民眾集會或社交之用，如：社區的活動中心。
6. 娛樂功能：社區中的電影院、公園、兒童遊戲場、籃球場，可以提供促進身心健康的娛樂活動。
7. 宗教功能：社區中的教堂或廟宇，經常是幼兒園主題課程的一部分。廟宇除了服務社區居民提供精神安慰，同時也是當地民眾信仰的中心。
8. 福利功能：社區中的家庭福利服務中心、社會福利團體、非營利組織等，或者某些教會辦理弱勢家庭兒童的課後照顧，提供社區民眾福利服務資源。托育資源中心，則可以提供育兒家庭許多親子活動和親職教養資源。

二、影響幼兒園發展的社會環境因素

社會環境的定義包含「規範環境」（normative environment）與「結構環境」（structural environment）。規範環境指的是社區組成分子的態度和價值觀。例如，許多幼兒園老師都會提到家長希望幼兒園教注音符號、國字、數與量，或者希望幼兒園教英文，這些外在社會規範環境因素可能會因此造成幼教老師的壓力，而影響幼兒園的教學。結構環境指的是實際的社會現象，例如當地社區的出生人口、就業機會、社區高齡化、跨國婚姻家庭聚集的社區等。

影響幼兒園發展的社會環境因素包含：

1. 社區的人口變化：當社區中的出生人口數下降，直接影響的是幼兒園的招生，也會影響幼兒園的營運。少子化的影響結果是獨生子女增加，幼教老師採取的輔導方式與家長的親職溝通也要隨之調整。
2. 社區的社會階級結構：幼兒園所處的社區社會階級結構，決定家長的組成樣態。例如，社區中的「明星小學」不僅新生招生時需要排隊抽籤，甚至願意擔任家長委員、副會長的人數也很多，學校辦學的家長會資源非常充沛。但是反觀某些鄰近工業區的新社區，流動人口多，家長可能需要輪值班，工作及照顧壓力較大，就必須仰賴幼兒園和學校提供課後的照顧。幼兒園和學校通常還是有學區的概念，少部分家長跨區就讀僅為了選擇特定幼兒園，其他多數家長仍會以住家鄰近的幼兒園為考量。因此社區中的社會階級往往從該學區的房價可以窺知。

3. 社區的勞動市場：社區勞動市場的結構，形成幼兒園的幼兒家庭特質與組成。以嘉義縣東石鄉塭港國小附幼為例，社區內的家長多半是蚵農，許多家長的工作也都與「蚵」有關：養蚵、剖蚵、經營餐廳等。
4. 幼教老師的角色衝突：學前教育不屬於義務教育的一部分，且臺灣私立幼兒園的比例占約七成，其結果就是幼兒教育市場化。市場化的結果讓教師的專業角色式微，幼教老師或教保人員更像是服務業從業者而非教育者。幼兒園教師長期處於低薪、不調薪、勞力密集和高工時的狀態，工作環境不佳，難以吸引優質人才。

第二節　社區資源的定義和內涵

一、社區資源的定義

幼兒園為了達到服務使命，透過各種管道途徑，向當地政府機關、企業、學校、醫療機構、民間團體、社區等，爭取他們的認同，並且提供設備、人力、物力、財力、自然環境、文史、產業等資源，以充實幼兒園的各種環境設備和教學設計，提升幼兒的學習績效，滿足幼兒園經營的各種需求。

二、社區資源的內涵

社區資源包含有形的資源與無形的資源。

（一）社區的有形資源

有形的資源包含：

1. 人力資源：可以提供幼兒園經營或教學協助的人物。例如，社區的志工、耆老。

2. 物力資源：空間場所或可以運用的工具、產品。例如，幼兒園帶小朋友到關子嶺戶外教學，溫泉旅社的老闆免費提供幼兒泡湯。
3. 財力資源：包含資金、經費等。例如：政府提供的低收入戶幼兒學費補助。
4. 組織資源：資源的來源為正式組織，通常需要透過正式的申請程序以獲得資源。例如：到社區的警察局或消防局參觀。
5. 環境資源：包含社區的高山、溪流、樹木森林、溫泉、動植物生態等。例如：幼兒園以學校對面的「臺南公園」為課程發展主軸，帶幼兒到臺南公園觀察動植物生態。
6. 文化資源：社區因群體生活或風俗習慣形成的有形的或無形的物質。例如：金門的閩式建築、風獅爺等、三峽老街、東港燒王船的習俗等。
7. 產業資源：社區人們從事的生產與經濟活動，即社區生活的特色。例如：白河的蓮花是當地的重要產業；東石塭港國小附幼進行「蚵」學主題。

（二）社區的無形資源

社區的無形資源則包含社區民眾的意識、居民對社區的歸屬感、責任心等。例如，社區民眾一聽到自己社區的人事物就非常熱情。

三、社區資源網絡的定義

社區資源網絡指的是上述這些眾多的社區資源，形成一個像蜘蛛網一樣的組織系統，彼此合作、相關，建立互動關係。透過網絡資源的連結，使幼兒園在資源的運用上有加成的效果。社區資源網絡可以彌補幼兒園中不足的部分，例如，社區的長老（耆老）對於當地社區的歷史文化有深厚的瞭解，耆老的建議可以協助幼兒園教師設計符合主題的教學活動。同時，幼兒園也會帶給社區資源相當的效益，彼此合作、資源共享。

資源連結與建構的概念，一是「走出去」、二是「帶進來」，通常幼兒園帶幼兒校外教學，參觀美術館或博物館，這是第一種做法，直接使用當地的資源；第二種則例如社區志工進駐幼兒園協助，或者邀請社區耆老到班級分享。

四、社區資源的建構

幼兒園雖屬教育體系，但不論是親師關係經營、課程發展，需要與其他機構和單位合作，建立友善關係，才能擴增自己的社會資源網絡。幼兒園可以採取下列步驟：

（一）盤點自己擁有的資源

幼兒園所在的社區有哪些資源可以運用於教學？是否容易取得？某些工廠因為涉及公共安全的問題，不適宜幼兒參訪。幼兒園教師必須計畫社區資源可運用於教學的哪個部分？例如，邀請傳統市場的攤販家長到幼兒園示範如何製作粿，或者直接帶幼兒到傳統市場參觀？幼兒園需要盤點自己可以運用的有效資源，才能發展具有特色的主題課程。例如，信誼基金會的特色即為閱讀，因此信誼基金會附設幼兒園發展閱讀主題課程可以發揮資源的優勢。資源必須具有可近性，才能發揮在地特色。某國小附幼進行食農的主題，但因為附幼位於市中心，發展的食農只能在國小校園裡闢一塊地種植，幼兒園選擇「食農教育」但卻無相對應的資源可以協助課程發展。

（二）創造具有特色的幼兒園團隊

坊間的主題課程教材，選取的主題題材多半是普遍性、適合多數幼兒園可以共同使用，但卻無法客製化為單一幼兒園設計具有社區特色的主題課程。後者需要幼兒園教師逐步建構資源，並且將社區資源融入教學活動之中，尋找幼兒園所在社區的特色，如此才能建構具有特色的幼兒園教學團隊。例如，彰化市中山國小附幼以社區內全國唯一僅存的「扇形火車站」發展主題課程；臺南市左鎮國小附幼發展西拉雅文化的主題課程；臺南市的永康國小附幼的主題課程探究社區的眷村文化；臺北市臺大附幼發展寶藏巖主題課程，這些都是幼兒園運用社區資源發展具有特色的幼兒園團隊的實例。幼兒園提出的主題課程環繞在「開學了」、「聖誕節」、「過新年」、「畢業的季節」等，幼兒園需要發展具有特色、獨一無二的幼兒園課程。

（三）思考幼兒園有什麼資源有益於社區？

資源網絡的建立不僅只有「取」之社區，還要思考幼兒園有哪些對社區有益的資源？例如，幼兒園與社區內長照據點的長輩共同合作進行課程，幼兒園的幼兒和長照據點的長輩都是課程的主體，互為主體性，而不是幼兒到長照據點表演給老人看，活動就結束；或者每年聖誕節才想到育幼院或身障機構和弱勢者共融，這些是基於幼兒園為上位或優勢者的活動設計，並未尊重他方也是課程的參與者，課程的設計應該要融入他們的觀點。幼兒到長照據點表演給老人看，是從幼兒園的主觀角度思維，將長輩視為「受者」，長輩只能被動接受，卻無機會可以成為課程的發聲者。傾聽長輩的想法，非僅止於一次性的表演性質活動，合作共享才能永續。

（四）與地方關鍵人物建立友好關係

幼兒園發展課程的過程，需要與地方耆老建立友好關係。幼兒園連結資源的過程中，可能需要仰賴社區發展協會理事長、宮廟的董事長、鄉鎮市長或里長的協助。幼兒園通常與家長的關係較為密切，透過家長也可以再連結他們熟悉的重要關係者。通常重要關係人往往可以提供幼兒園豐富的教學資源，包含邀請專業人士到幼兒園參與課程，或者協助聯繫參訪。例如，臺南市白河區竹門國小附幼與關子嶺溫泉業者接洽，溫泉業者慷慨地提供幼兒免費泡湯的機會。

第三節　幼兒園可連結的家庭服務資源

隨著社會快速變遷，單親、繼親、隔代教養、同志或收養家庭等型態越來越多樣化，幼兒面臨父親或母親一方或雙方不在的親職的缺位，親子關係也更為複雜，幼兒園教保人員可以善用社區的社會福利資源，提供育兒家庭適切的親職教養諮詢與福利服務。本節將描述衛生福利部社會及家庭署補助縣市政府設置的家庭（社會）福利服務中心和托育資源中心，以及教育部終身教育司補助設置的家庭教育中心。

一、家庭（社會）福利服務中心

家庭是社會的基本單位，但是隨著社會變遷，多樣化的家庭型態出現，包含隔代、單親、新住民等，家庭的脆弱性也相對增加，社會系統的介入，主要在家庭尚未產生重大危機之前，能夠防範於未然。未必多元家庭型態必然是「有問題」的家庭，但是當幼兒園教師發現家庭需要積極介入與協助時，瞭解可以運用的社會福利資源相當重要。衛生福利部社會及家庭署於各縣市補助設置「家庭福利服務中心」，建置以家庭為中心、社區為基礎的福利服務網絡（衛生福利部，2018）。

至 2018 年底止，全國由衛生福利部補助設置的家庭或社會福利服務中心共計 119 處，其中公立 107 處、公辦民營 12 處，主要以提供子女課業輔導人次最高，其次為諮詢服務和親職教育或親子活動（衛生福利部統計處，2019）。家庭福利服務中心的服務對象為弱勢兒童與少年家庭為優先，並且負責一般家庭、社區福利諮詢、福利宣導及普及性福利服務方案，主要的核心業務包含弱勢家庭的福利服務諮詢、個案服務、社區和一般福利的宣導、預防服務方案；單親家庭個案管理與福利服務、高風險家庭的關懷輔導、未婚懷孕的處遇服務、親職教育推廣、早期療育的社區據點等。

2018 年行政院核定強化社會安全網計畫，對「脆弱家庭」提出定義：「家庭因貧窮、犯罪、失業、物質濫用、未成年親職、有嚴重身心障礙兒童需照顧、家庭照顧功能不足等易受傷害的風險或多重問題，造成物質、生理、心理、環境的脆弱性，而需多重支持與服務介入的家庭。」（社會及家庭署，2019）。

脆弱家庭包含六大類風險類型：

1. 家庭經濟陷困致有福利需求：例如因長期性失業、債務、家庭成員傷病、急難變故或福利身分和資格的爭議導致家庭陷入困境。

2. 因家庭遭逢變故致家庭功能受損，而有福利需求：例如天災或意外等突發性事件或者主要照顧者突然發生變故致使家庭功能受損。
3. 家庭關係衝突或疏離致有福利需求：例如家庭成員組成複雜，使得家庭成員有安全的疑慮；親密或者家庭成員關係衝突（未達家庭暴力的程度），已經影響家庭成員的身心健康。
4. 兒少發展不利處境致有特殊照顧或福利需求：例如有特殊照顧需求的兒童和少年，主要照顧者的資源或教養知能不足，兒少不適應行為導致有照顧問題者。
5. 家庭成員因身心障礙、傷病、失能，致有特殊照顧或福利需求者：例如家庭成員本身是失能、失智、身心障礙或重大傷病者，原來的照顧者因故無法照顧，家庭成員有精神疾病或藥癮、酒癮等成癮行為。
6. 因個人生活適應困難致有福利需求者：家庭成員有自殺或自傷傾向、社會支持網絡薄弱、流落街頭、居無定所者。

社會及家庭署（2018）頒布「脆弱家庭育兒指導服務方案」，主要目的為提供兒童的照顧支持服務，增強家庭教養及親職知能，確保兒童身心健全發展；推展脆弱兒童的保護預防性工作，以落實強化社會安全網計畫的宗旨。脆弱家庭育兒指導服務的對象共包含 11 類：低收入戶家庭、中低收入戶家庭、兒少高風險家庭、特殊境遇家庭、未成年父（母）、父母雙方或一方為中度以上之身心障礙者、兒童為身心障礙或發展遲緩者、領有弱勢家庭兒少緊急生活扶助者、雙（多）胞胎家庭、新手父母家庭、其他經社工評估有需求之家庭。服務的內容包含：到宅的育兒指導、提升家長知能方案、育兒諮詢、親職指導人員培力等服務。

二、托育資源中心

（一）托育資源中心設置目標

衛生福利部社會及家庭署自 2012 年推動「公私協力托育資源中心及托嬰中心補助計畫」，提升全國托育資源中心服務品質。主要為研擬透過政府補助，輔導地方政府以家庭為中心的服務理念，提供有托育服務需求的家庭一個便利、專業、整合性高且完整的托育服務資源，讓幼兒照顧者可以得到完整的育兒及教養資訊，提升家庭照顧的量能，並減緩家長育兒壓力。服務內容包含托育諮詢、幼兒照顧諮詢、兒童發展篩檢、兒童玩具圖書室、親職教育課程、嬰幼兒活動課程及社區宣導等，藉此希望可以提供有托育需求的家庭，近便性、專業性且整合性高的免費托育資源。透過相關的親職教育課程、親子活動方案，可以增加家長與幼兒互動的機會，減少因為育兒造成的照顧者壓力，和因為照顧者的親職教育職能不足而影響幼兒發展。

2012 年開始，托育資源中心設置 15 處，至 2018 年蓬勃成長，達到 127 處，再加上前瞻計畫的助力，托育資源中心布建的速度更甚以往，截至 2018 年 11 月為止，全國已經設置了 136 處托育資源中心。但是各縣市政府設置的托育資源中心，部分縣市政府稱為親子館，或者在中心之下又擴增涵蓋社區的托育服務據點，不僅服務能量逐年增加，且因城鄉地區、人口稠密程度、家長社經地位，托育資源的使用上仍存在極大的差異性。

（二）托育資源中心的營運模式與服務內容

托育資源中心的營運模式大致可以分為：單純辦理課程活動，或空間開放家長使用，以及前二者混合型。多數縣市均是以兼辦活動和開放空間的模式運作。依據社家署委託兒童福利聯盟執行的訪視輔導計畫，訪視輔導的內容除了行政運作以外，有關開放空間的輔導項目包含了情境布置和設施設備的規劃，另外「活動辦理」的部分對應輔導指標僅由「服務內容結合社區資源或縣市內資源」、「辦理機構交流或資源共享」。各縣市委託的托育資源中心營運內容大不相同，以臺東縣為例，專業服務的內容包含相當廣，大致上可以分為：

1. 轉介與諮詢：工作人員具備執行方案能力並依個案需求進行轉介、提供托育媒合轉介並備有相關紀錄、提供幼兒照顧諮詢及社會福利諮詢服務。
2. 親子活動：辦理多元性與具在地特色的親子活動、辦理多元性的親職教育訓練。

3. 資源連結與宣導：確實建構連結資源與社區宣導活動、配合政府相關服務工作之宣導及中心訊息公告張貼或分發相關文宣、辦理志工招募培訓及運用。
4. 空間管理：依幼兒年齡將空間設施設備區分建構操作區及感官遊戲區，並明顯標示設置數量充足、品質合宜的幼兒玩具圖書室，並涵蓋不同種類符合嬰幼兒年齡所需同時能提供幼兒實際使用。

（三）托育資源中心親子活動設計範例

下列提供兩個托育資源中心親子活動設計的參考範例：

1. 幸福咒語

<table>
<tr><td>單元名稱</td><td>幸福咒語</td><td>設計者</td><td>葉郁菁</td></tr>
<tr><td>道具</td><td>音樂、繪本、圖畫紙、彩色筆。</td><td>活動目標</td><td>1. 培養專心聆聽故事的習慣。
2. 幼兒對家人表達感謝。
3. 增進親子親密感。</td></tr>
<tr><td colspan="4">活動過程</td></tr>
<tr><td>暖身活動
（7 分鐘）</td><td colspan="3">1. 每一個家庭都有自己的「幸福咒語」。當你覺得開心的時候，你的幸福咒語是什麼呢？邀請每一個家庭分享。
2. 請親子大聲說出你們的幸福咒語。
3. 播放音樂，傳遞「幸福麥克風」。音樂中斷時，麥克風傳到哪一家，請你們大聲說出你們的幸福咒語。</td></tr>
<tr><td>發展活動
（20 分鐘）</td><td colspan="3">1. 講述繪本《爺爺的幸福咒語》。
2. 隨著繪本內容，當說故事者停下來時，所有參與活動的親子一起說：「太美妙了！」
3. 請親子一起在圖畫紙上畫出幸福時光。
4. 完成的圖畫，捲起來放在抽獎筒中。
5. 活動帶領人隨機抽取一張圖畫紙，並邀請親子分享他們的幸福時光。分享結束時，家長和幼兒必須說出自己的幸福咒語。所有參與者給予正向回饋：「太美妙了！」
6. 分享者抽出下一組分享的組別，直到所有組別都分享完畢。</td></tr>
<tr><td>總結活動
（3 分鐘）</td><td colspan="3">播放律動音樂，邀請所有家長和幼兒一起唱唱跳跳，音樂結束時，所有人合掌拍手，並一起說：「太美妙了！」</td></tr>
</table>

2. 釣魚去

單元名稱	釣魚去	設計者	葉郁菁
道具	音樂、頭套（帶子以魔鬼粘製作較有彈性、頭套共有小金魚、吳郭魚、美人魚、大白鯊）、以短竹棍當成釣竿。圖畫紙上已經畫好魚的造型、點點貼紙、剪刀、雙面膠。	活動目標	1. 增進幼兒身體動作協調。 2. 透過遊戲，增進親子親密感。
活動過程			
暖身活動（5 分鐘）	帶動唱：YOYO 點點名「釣魚記」。全體一起跟活動帶領者做。		
發展活動（20 分鐘）	1. 發下頭套給其中四個人（可以是家長或小朋友）戴上，並把手中的釣竿交給其中一位家長，當歌曲唱到哪一種魚時，釣竿就要趕快把那隻魚釣起來。下一段歌曲，換成指派一位幼兒拿釣竿，重複上面的遊戲活動。 2. 每組給一張大魚和小魚的白色圖畫紙，請同一組的家長和幼兒，分別在魚身上貼上點點貼紙，每一組的點點貼紙不一樣，活動小組有紅色、藍色、黃色等各種顏色的大魚和小魚。貼好點點貼紙後，將魚的外形剪下，用雙面膠貼在事先製作好的頭套上。 3. 請家長協助幼兒把頭套魔鬼粘的位置貼好，大家戴上頭套。 4. 播放「釣魚記」歌曲，請其中一對親子扮演漁夫，家長和幼兒手牽手當成漁網開始捕魚。其他活動參與者隨音樂一起唱歌。如果被捕到的魚就要到旁邊休息。 5. 音樂結束，漁夫停止捕魚。活動帶領人統計今天補到什麼顏色的魚、大魚有幾隻、小魚有幾隻。 6. 增加困難度：漁夫組增加為兩組，再進行一次。		
總結活動（5 分鐘）	播放「釣魚記」歌曲，所有人戴上頭套，在教室內游來游去，一邊跟著唱。當唱到「好可愛喔！」「好好吃喔！」「好美麗喔！」「好可怕喔！」都要動作靜止停下來。		

三、家庭教育中心

各縣市政府依據《家庭教育法》（教育部，2019），由教育部補助設置家庭教育中心，主要推動家庭教育學習活動及宣導，增進民眾對於家庭教育的知能、經營具有效能的家庭。教保人員可以連結家庭教育資源中心的資源，鼓勵多元家庭獲取親職教養的協助和訊息。家庭教育中心的直屬單位為教育部終身教育司，主要功能為結合學校和社會資源，提供「學校」家庭教育以及「社區」家庭教育的形式，開辦各類家庭教育課程，包含適婚年齡階段民眾可以參加的婚姻教育課程、已婚者的新婚夫妻課程、新手父母課程等。家庭教育的議題包含親職教育、子職教育、性別教育、婚姻教育、家庭資源與管理等，提升學校學生的家庭生活知能、強化正確家庭價值觀，培養其經營良好家庭生活之能力。新興議題還包含品德教育、生命教育、愛滋病防治等。每一年家庭教育中心還會配合辦理與家庭有關的節日活動，如國際家庭日、祖父母節。「學習型家庭方案」則是邀請家庭成員與子女共同參與學習，培養家庭成員終身學習的習慣。「介入型親職教育方案」則包含高關懷家庭的通報和轉介輔導。家庭教育中心辦理的活動相當廣泛，以下試列舉：

（一）親職教育推廣方案

結合社區、學校、幼兒園的資源，主動提供家長親職教育課程及活動，幫助家長習得有效的教育知能，進而促進家庭成員營造良性親子互動關係，確保兒童及青少年福利及福祉。家庭教育中心辦理親子共學的活動，增加親子互動的時間與機會，促進個體全人發展及終身學習。中心辦理的活動相當多元，以成長團體、電影討論、讀書會、系列性主題課程及活動等方式進行，如手作課程、親子烘焙廚房等。

（二）家庭網絡實施計畫

學校的家庭教育委員會結合學生家長會，辦理學生家長家庭教育諮商或輔導之課程或活動，提供學生家長親職教育，強化家庭教育效能。主要活動包含家庭教育專業進修與家庭教育成長活動。前者主要由學校邀請專家學者分享家庭教育議題，參加者除了學校教師、行政人員，也可以包含學生家長和志工，實施的方式為講座、工作坊、讀書會、成長團體、學習社群等方式。家庭教育成長活動則是以家庭教育、親職教育為主題，辦理學校及社區家長成長活動。

（三）家庭展能教育支持計畫

家庭展能教育支持計畫的對象，主要是無法採取正向思考和行為對待子女的家長和照顧者。家庭展能教育支持計畫採取家庭優勢的觀點，積極尋找家庭的優點，再延伸到家庭成員可以運用的資源，透過具有吸引力的學習活動，營造正向的親子互動關係，協助建構社會支持系統，強化親職教育的知能。辦理的學校需要先對當地社區和家長特質進行需求分析，再選擇一項主軸活動，進行三至四次的課程。活動設計包括影片賞析與討論、繪本閱讀與討論、動手做活動等。

（四）學習型家庭實施計畫

學習型家庭的主要目的為培養以人為本的終身學習者，核心理念包含「自發」、「互動」、「共好」。透過學習型家庭方案的參與，使家庭成員成為主動自發的學習者。學習型家庭鼓勵親子探索學習，採親子共學的方式，深化家庭的實踐力，並豐富學習者的生活內涵，活動的設計以多元、活潑、生動與創新為原則，可以採取講座、工作坊、讀書會成長團體、學習社群、體驗活動、參訪交流等多元方式進行。學習型家庭方案的推動需要結合在地資源，以多元途徑強化親職教育知能，增進家人關係與家庭功能，進而發展家庭教育適當模式。

第四節　幼兒園社區資源盤點

幼兒園可以就教學、幼兒發展和親師合作三個面向進行資源的盤點。

一、運用於教學的社區資源

幼兒園教師進行教學活動，社區內的資源可以提供教學內容的知識性來源，適合校外教學的場域，也可以延伸教室內的學習。以下就幼兒園較常使用的教育、文化和休閒娛樂等教學資源加以說明：

（一）教育資源

幼兒園所在的區域，若有博物館、美術館、音樂廳等，這些都是極為難得的教育資源。國外許多博物館，設計適合兒童使用的語音導覽說明，從兒童的角度和可理解的語言，解釋博物館展品。許多享有國際盛名的博物館、美術館，更是開放時段讓兒童團體預約免費參訪。館內的解說人員必須經過訓練，可以用淺顯易懂的方式向兒童解說。幼兒親眼所見展品，與課堂上播放的簡報照片更有真實感受。幼兒園教師搭配博物館、美術館等設計的學習單，引導幼兒從學習中實際探索。國內的美術館專闢兒童區，讓兒童可以實際操作體驗；奇美博物館可以申請現場臨摹，這些都可以豐富兒童的學習經驗。除此之外，國外許多博物館除了定點開放兒童遊戲空間，例如英國的交通博物館可以提供兒童模擬火車司機、機長等角色扮演，也會定期舉辦適合不同年齡兒童的親子活動。

即使幼兒園所在的區域沒有博物館、美術館，但也會有社區的圖書館。可以藉由參訪社區圖書館，豐富家庭的閱讀資源。

（二）文化資源

社區內的寺廟、教堂、社區發展協會、古蹟等均屬於文化資源。郭炳宏與劉宏亮（2011）指出，文化資產涵蓋的層面相當廣泛，除了《文化資產保存法》定義的古蹟、歷史建築、聚落等空間類的文化資產以外，還包含傳統藝術、民俗與相關文物，甚至是自然地景。文化資產的類別包含：

1. 古蹟、歷史建築和聚落：人類為了生活需要所建造的具有歷史和文化價值的建造物以及附屬的設施群。例如：臺北剝皮寮的文化園區、臺南市五條港文化園區。
2. 遺址：過去人類生活所遺留具有歷史文化意義的遺物、遺跡的空間。例如：臺東卑南遺址、巴蘭遺址。
3. 傳統藝術：指的是流傳於族群或地方的傳統技藝和藝能，包含工藝美術和表演藝術。例如：神轎製作或歌仔戲。
4. 民俗及相關文物：與國民生活有關，並具有特殊文化意義的風俗、信仰、節慶。例如：作醮、燒王船、迓媽祖。

5. 古物：各時代、各族群經過人為加工，具有文化意義的藝術作品、迤邐器物及圖書文獻。例如：算盤、秤。
6. 自然地景：具有保育自然價值的自然區域、地形、植物及礦物。如：高雄田寮月世界為有名的惡地地形，是噴出泥漿的小型火山地形；臺南關仔嶺則是世界僅有三處泥漿溫泉的其中一處。臺南白河區竹門國小因地利之便，進行泥漿溫泉的主題課程。

（三）休閒娛樂資源

休閒指的是在自由時間可以放鬆，做自己想做的事情。休閒對個人產生的效益包含：健康的身體，達到工作和遊戲的平衡，使情緒安適，從休閒活動中可以得到生活的滿足感，終身學習，並藉以提升個人的生活品質。休閒的型態包含：

1. 競技活動：例如籃球比賽、賽跑等。
2. 健康有關活動：例如體適能的檢測活動。
3. 動態休閒活動：例如下棋、桌遊。

幼兒園可以運用鄰近社區的場域，結合教學提供休閒活動空間。例如：國小校園內的運動場、社區裡的公園。社區內的公園不僅有兒童遊戲器材，也有植栽可以讓幼兒觀察和探究不同季節植物的生長，公園裡也是可以玩光影的場域。例如臺北市私立磊心蒙特梭利幼兒園，運用社區內的小公園和附近的大安公園，進行體適能課程活動，鼓勵幼兒進行戶外活動。臺南市 YMCA 幼兒園結合館內的游泳池，發展水上的傳接、漂浮等動作技能活動。幼兒園教師可以結合休閒與遊戲，設計動作技能發展的課程。穩定性動作技能發展包含彎曲、伸展、扭轉、旋轉、揮動、擺動、捲曲、抖動、蹲、支撐等；移動性動作技能發展包含走、跑、爬、踢、跨步、滑行、踏跳、單雙足跳等；操作性動作技能則包含傳、接、投擲、踢球、打擊、彈跳、滾動球等（鄭伊恬，2016）。吳珮緹（2017）則是運用繪本教學設計，將繪本故事融入肢體活動設計，發展小班幼兒的粗大動作。

二、運用於幼兒發展的社區資源

（一）早療資源

早期療育通報及轉介中心可以提供零至六歲學前幼兒的發展諮詢、發展檢核，同時也可以轉介早期療育的社區資源，提供到宅服務。對幼兒園教保人員而言，早療資源是攸關兒童發展的重要資源，尤其當班級內有特殊需求幼兒時，早療專業者可以提供幼童需要的早療服務和教學諮詢。例如，教保人員可以觀察班級內幼兒的學習情形，當班上幼兒出現行為困擾時（例如上課一直干擾別人，或者和教保人員說話時無法雙眼直視），可以尋求早期療育通報轉介中心，請求社工協助和評估。

（二）兒童健康發展中心

新北市政府社會局（2018）的兒童健康發展中心，提供零至六歲發展遲緩、身心障礙兒童及其家庭服務，服務內容包含：發展篩檢、發展諮詢、轉介與追蹤服務。從幼兒出生後到進入小學前，協助家庭進行健康、教育、社會福利服務等兒童發展的各項服務連結。

（三）玩具銀行與玩具圖書館

新北市成立玩具銀行物流中心，提供玩具回收、志工培訓、玩具巡迴交換等服務；玩具旗艦店（玩聚窩）則可以提供嬰幼兒、銀髮者、身心障礙者等個人或團體預約玩具體驗共玩（新北市政府社會局，2018）。桃園的「臺灣玩具圖書館協會」，則是協助各縣市成立玩具圖書館，整合教保專業、志願服務系統和相關資源，以增加家庭育兒資源與親職互動為主軸，積極關懷弱勢家庭，推廣「親子共玩」觀念、二手玩具的資源回收與再利用。服務內容包含物流中心（整理、收納與配送玩具）、玩具銀行、玩具醫院等。

（四）托育資源車

許多縣市政府提供托育（育兒）資源車（外展車）的服務，例如，高雄市自 2014 年起，設置「青瘋俠 1 號」及「草莓妹 1 號」兩部育兒資源車，以行動車巡迴服務的模式將育兒資源帶入社區。育兒資源車可以提供定點的巡迴服務，結合在地社區和福利資源，提供育兒資源方案、規劃嬰幼兒及親子活動、親職教育及社區宣導、托育服務諮詢、嬰幼兒照護諮詢及指導、二手圖書玩具資源媒合、兒童發展篩檢及早療宣導服務、社會福利服務的資訊轉介等（高雄市政府社會局，2017）。彰化縣則有「寶貝嘟嘟車」，附屬於親子館或托育資源中心，將育兒資源透過外展服務，推展到偏鄉角落，提供教玩具和繪本給偏遠鄉鎮的幼兒和照顧者免費借閱，同時也有親子活動和親職講座等，提升育兒服務的近便性與多元性。只要有三對親子提出申請，或者村里辦公處、公寓大廈管理委員會、社區發展協會、立案之人民團體、社會福利機構等單位提出申請，即可提供育兒資源的外展服務（彰化縣政府社會處，2018）。

三、運用於親師合作的社區資源

（一）脆弱家庭育兒指導服務方案

依據社會及家庭署（2018）統計，2017 年底全國共有 13 個地方政府運用公務預算或公彩盈餘等經費辦理相關育兒指導方案，合計服務 6,975 戶家庭，對象包含一般家庭與弱勢家庭。但是全國縣市涵蓋率只有六成，因此社家署為擴大推動育兒指導服務，減緩區域資源不平等現象，確保有需要的六歲以下兒童及其家庭，均能獲得專業的服務與協助，有效預防兒童虐待事件，於 2018 年積極推動「脆弱家庭育兒指導方案」。服務對象為脆弱家庭育有六歲以下兒童為優先，並經地方政府評估有需求者，包含：低收入戶家庭、中低收入戶家庭、兒少高風險家庭、特殊境遇家庭、未成年父（母）、父母雙方或一方為中度以上之身心障礙者、兒童為身心障礙或發展遲緩者、領有弱勢家庭兒少緊急生活扶助者、雙（多）胞胎家庭、新手父母家庭、其他經社工評估有需求之家庭。主要的服務內容包含到宅育兒指導、提升家長知能方案、育兒諮詢、親職指導人員培力等服務。

（二）家庭與婚姻諮詢

1. 全國性家庭支持服務諮詢：各縣市家庭教育中心的家庭教育諮詢專線，提供家庭問題、婚姻溝通、兩性交往、自我調適、親子關係、人際關係或溝通問題諮詢服務（教育部，2015）。
2. 全國性家庭照顧者諮詢服務：衛生福利部社會及家庭署主動提供家庭照顧者電話關懷、照顧技巧諮詢、心理協談、同儕照顧經驗分享、營養資訊諮詢、照顧資源諮詢與連結及法律諮詢等。
3. 兒童青少年與家庭諮商中心：部分縣市成立兒少與家庭諮商中心，透過整合諮商輔導與精神醫療團隊，提供諮商輔導的服務，適時紓解家庭危機、解決家庭問題，以預防社會問題的發生。中心的服務內容除了提供輔導諮商，如：兒童遊戲治療、親子會談、婚姻諮商、家族治療等，還包含家長諮詢服務，如：電話諮詢、親職教育推廣等。
4. 私人的心理諮商所：私人心理諮商所提供付費的家庭和婚姻諮商，並由具有心理師執照的專業諮商者或醫師提供諮商服務。

四、社企力的實踐案例

（一）什麼是「社企力」？

社企力指的是以企業擁有的創新能力和創業精神，發揮企業社會責任，採取可以帶來正面改變的新行動（胡哲生，2018）。社會企業投入問題的解決，依靠的並非政府的補助和資源，而是一群由公眾組成的公民團體，從市場上取得可以運作的資源（陳東升，2018）。嚴長壽（2018）提到「公益平臺」進入原住民部落，先是觀察原住民部落的文化特色，引進專人協助做必要的包裝，在共同參與中讓原住民找到自信，最後建立永續經營的機制。

（二）實踐案例

案例一：原愛工坊：創造在地就業

在《社企力》一書中提到臺東金峰鄉鄭漢文校長為解決學童家長的就業和經濟狀況，運用當地許多漂流木，找師傅教導社區爸爸製作桌椅；以紡織廠捐贈的樣品布，邀請當地家長編織成手工藝品。家長因為有穩定收入，也可以陪伴孩子，支持了家庭的穩定性。

案例二：明星主廚 Oliver 的「十五餐廳」

主廚 Jamie Oliver 家喻戶曉，他發現英國許多青少年因為各種問題輟學，為了讓這些青少年有專業技能養活自己，Oliver 在倫敦開了一家「十五餐廳」，讓青少年在廚藝學校上課及十五餐廳實習，並培養對於食物的豐富知識，也重拾與家人的情感。

案例三：幾點了咖啡館

天主教中華聖母基金會黎世宏執行長與統一超商合作，邀請照護的六名輕度、中度失智症的奶奶們，在每週四上午 10 點到 11 點，於嘉義市便利超商門市擔任店員，提供客人調製咖啡、送餐等服務。透過讓失智長輩到超商工作、與客人的人際接觸，可穩定長者的情緒、延緩失智症狀，同時也能讓店員及消費的客人瞭解失智症不可怕，失智長輩仍可記帳、調製咖啡（自由時報，2017）。

案例四：帶一本自己看不懂的書回臺灣

臺灣新住民和移工人數相當多，但國內的東南亞語言書籍卻相當有限，圖書館館藏不多，主要原因除了閱讀的人口群非主流，還有東南亞書籍貴、進口手續繁複。燦爛時光東南亞書店店長，也是中央廣播電臺總臺長的張正，推動「帶一本自己看不懂的書回臺灣」運動，激發眾人行善事的理念，讓來回臺灣和東南亞之間的朋友成為「帶書人」，一人帶一本「自己看不懂的書」回臺灣，由燦爛時光當作中繼站，轉交給數十萬東南亞移民家庭和移工，豐富東南亞語言和學習資源（張正，2019）。

（三）在地出發，幼兒園也可以成為「社企力」種子

幼兒園進行社區課程的時候，發展社區關懷的議題，最常見的除了辦校園跳蚤市場，把家裡的物品拿來義賣之後，捐贈給慈善團體；也有幼兒園的關懷形式是到社區的長照據點或者養護機構唱歌表演給長輩看，但這些都是單次的活動，表演完就結束，也無法看到長期的效益。

上述四個社企力的案例，引發教保人員思考和探索社區的問題是什麼？幼兒園如何回應在地需求？例如，偏鄉地區的幼兒園，家長農忙時幾乎早出晚歸，幼兒園可以提出什麼解決策略改變接送幼兒的問題、同時又可以兼顧幼兒的照顧？

嘉義縣東石鄉塭港國民小學附設幼兒園參與 106 年度教育部舉辦的「校長領導暨教學卓越獎」，榮獲教學卓越銀質獎，也是因為幼兒園老師發現：塭港村沒有安親班，家長大清早去採蚵，下午必須補眠。小學低年級的學童無處可去，經常在幼兒園教室外面閒晃，因此幼兒園老師邀請這些低年級的哥哥姊姊進教室和幼兒園的小朋友一起進行主題課程，形成另類的「混齡教學」和「鷹架學習」，也讓國小低年級的學童有安身立命之處。幼兒園腦力激盪，也可以發揮「社企力」。

參考文獻

中文部分

自由時報（2017）。**全國第一家「幾點了咖啡館」失智奶奶當店員**。取自 https://news.ltn.com.tw/news/life/breakingnews/2130756

吳珮緹（2017）。**運用繪本教學設計大肌肉活動探討小班幼兒粗大動作發展之行動研究**（未出版之碩士論文）。嘉義：國立嘉義大學。

社企流（2018）。**社企力**。臺北：果力文化。

社會及家庭署（2018）。**脆弱家庭育兒指導服務方案**。取自 https://www.sfaa.gov.tw/SFAA/Pages/List.aspx?nodeid=1125

社會及家庭署（2019）。**社會福利服務中心辦理脆弱家庭服務指標、工作流程及表單**。取自 https://www.sfaa.gov.tw/SFAA/Pages/Detail.aspx?nodeid=1125&pid=8161

胡哲生（2018）。捲起袖子，加入改善社會的行列。載於社企流（著），**社企力**。臺北：果力文化。

高雄市政府社會局（2017）。**育兒資源車**。取自 https://childcare.kcg.gov.tw/member2.php?item_id=232&t=%E8%82%B2%E5%85%92%E8%B3%87%E6%BA%90%E8%BB%8A

張正（2019）。**從一個「不存在於書店的分類」開始，搭建出你我的燦爛時光**。取自 https://opinion.cw.com.tw/blog/profile/390/article/8169

教育部（2015）。**全國性家庭支持服務諮詢專線**。取自 https://moe.familyedu.moe.gov.tw/Pages/Detail.aspx?nodeid=903&pid=2221

教育部（2019）。**家庭教育法**。取自 https://law.moj.gov.tw/LawClass/LawAll.aspx?pcode=H0080050

郭炳宏、劉宏亮（2011）。文化資產概念的轉變歷程與認定標準。**文化資產保存學刊，17**，41-60。

陳東升（2018）。社企業，帶來全新的社會變遷。載於社企流（著），**社企力**。臺北：果力文化。

新北市政府社會局（2018）。**新北市社會福利手冊**。取自 https://www.sw.ntpc.gov.tw/home.jsp?id=112&parentpath=0,5&mcustomize=announce_view.jsp&dataserno=201804020294&t=null&mserno=201804020001

彰化縣政府社會處（2018）。**照顧我們的寶貝：彰化縣第二輛「寶貝嘟嘟車」開跑囉！**取自 https://social.chcg.gov.tw/03bulletin/bulletin02_con.asp?bull_id=269340

臺北市政府社會局（2019）。**108 學年度臺北市早療兒童入公立／非營利幼兒園轉銜秘笈**。取自 https://www.eirrc.gov.taipei/cp.aspx?n=9A9EA69C37BA30E5

衛生福利部（2018）。**強化社會安全網計畫（核定版）**。取自 https://www.sfaa.gov.tw/SFAA/Pages/Detail.aspx?nodeid=1053&pid=7231

衛生福利部統計處（2019）。**家庭福利服務**。取自 https://dep.mohw.gov.tw/DOS/cp-2978-13988-113.html

鄭伊恬（2016）。動作技能發展與保育。載於葉郁菁、施嘉慧、鄭伊恬（著），**幼兒發展與保育**（頁 108-133）。臺北：五南。

鄭熙彥（1994）。**學校教育與社區發展**。高雄：復文。

嚴長壽（2018）創造一個共好的未來。載於社企流（著），**社企力**。臺北：果力文化。

第九章
幼兒園課程與社區的融合

幼兒園教保人員經常從社區特色作為規劃主題課程的參考。幼兒對於社區的熟悉程度最高，這些生活化的經驗相對上容易引起幼兒的興趣。教師進行社區相關的主題課程時，不僅需要運用大量的社區資源協助課程進行和發展，同時也透過與社區相關的主題探索，強化幼兒對於社區的認同。本章共包含五節，分別探討幼兒園課程與社區的關連性、社區踏查、運用社區資源豐富化幼兒園主題課程、社區主題融入幼兒園課程的操作策略，以及社區課程操作的困難與解決策略。

第一節　幼兒園課程與社區的關連性

一、幼兒園課程發展與社區密不可分

幼兒園與社區是緊密結合的共同體，《幼兒園教保活動課程大綱》（教育部，2017）的總目標明確指出，「幼兒教育是各教育階段的基礎，幼兒園教保服務之實施，須與家庭及社區密切配合。」上述大綱的通則提到，教保人員須覺察與辨識生活環境中的社會文化活動，並將其轉化為幼兒園的教保活動課程。幼兒園與社區有高度連結的主要原因為：幼兒園課程的發展，通常需要從幼兒生活經驗出發。社區中的人事物、文化、自然環境等，形成幼兒最容易接觸的一部分。許多幼兒園發展社區相關的主題課程，往往依循著從「我」（包含生活自理能力培養）為課

程發展的起點，接著逐漸擴展到「我的家」、「我的學校」以及社區的主軸。葉郁菁與何祥如（2015）分析 2014 年教育部教學卓越獎競賽參賽的 25 個幼兒園組的方案主題內容，方案的主題大致可以分為社區／在地化、原住民、科學、融合教育、戲劇、閱讀、傳統技藝、健康以及其他九項類別，結果發現在地化主題課程的方案占一半以上（56%）。可見幼兒園的主題課程與幼兒的生活經驗相關，而在地化有關的主題課程活動，最容易引起幼兒的學習興趣和動機。

二、幼兒園社區主題課程的發想

教保人員若是社區的一份子，或本身長期投入社區的工作，對當地社區非常熟悉，進行社區主題課程時必然可以提供相當多的建議，但若教保人員並非社區居民，也未必對社區的特色有足夠的瞭解，教保人員發展社區主題課程之前，應該要多方面蒐集訊息，才能做好課程規劃。

1. 查閱相關書籍：文獻的蒐集與分析，對於規劃主題課程是有益的。文獻包含地方志，有關建築或廟宇或宗教介紹、臺灣百年市場的書籍、盆栽種植的技巧等，舉凡與主題課程可能有關的文獻、相關的繪本，都可以事先瀏覽。
2. 上網搜尋社區內的特色：網路訊息非常豐富，上網輸入與主題課程有關的地名或關鍵詞，就可找到非常多的資源。例如，臺南市白河區的竹門國小附幼進行「關子嶺溫泉」的主題課程，上網搜尋「關子嶺」，除了景點介紹，還有不少訊息介紹關子嶺溫泉的歷史文化，從日據時代即開始發展，也有其他關於溫泉的知識介紹等。
3. 拜訪社區人士：透過與社區人士的訪談，瞭解只有當地人知道的小秘密，同時也可以採集與主題課程相關的小故事。拜訪過程，也是一種關係的建立，未來若主題課程需要，社區人士都可以提供最好的支援和資源。
4. 實際走訪社區：教保人員透過親自走訪社區，可以更為深刻的瞭解社區裡的特色，例如：社區裡的舊房子、牌坊，廟前的石獅子、廟會的活動等，這些觀察有助於教保人員規劃主題課程時的參考。

第二節　社區踏查

Piaget 指出二至六歲的幼兒處於運思前期（preoperational period），需要透過感官刺激，協助幼兒建構對於外在世界的認知。因此，視覺、聽覺、嗅覺、味覺、觸覺等五感的豐富化，可以使學習不再只是教室內的教學活動，透過社區踏查的實際接觸，可以協助幼兒對於社區的主題課程有更多的探索和瞭解。社區踏查的進行可以是每週例行性活動，通常幼兒踏查的距離都在幼兒園附近的社區；另一種則為每學期（或每個月）一次的校外教學，交通的距離比較遠，需要花費的時間比較久，經費的部分需要幼兒園或家長額外支付。

社區踏查與幼兒園主題課程結合，有下列優點：

1. 帶領幼兒到社區散步有益於幼兒肢體伸展。
2. 社區踏查是成功的幼兒園行銷，讓家長和社區的民眾觀察到幼兒園的孩子。
3. 從實際的社區觀察中協助幼兒對課程內容有更深入的瞭解。

對於都會型的幼兒園，普遍校園內的戶外空間較為侷限，若能將課室延伸到幼兒園附近的公園和社區，可以增加幼兒探索環境的能力。隨著課程發展的不同階段，教師設定的社區踏查目標應有不同。同時本節也會提出校外教學時的注意事項。

一、不同課程發展階段進行社區踏查的目標

幼兒園教師進行社區的主題課程時，經常需要帶著幼兒到社區中觀察或者蒐集訊息，因此隨著主題課程的發展，每次的社區踏查必須有清楚的目的，而非只是帶幼兒走走看看。以下依據課程發展的脈絡，分別敘述不同課程發展階段社區踏查的目的（圖 9-1）：

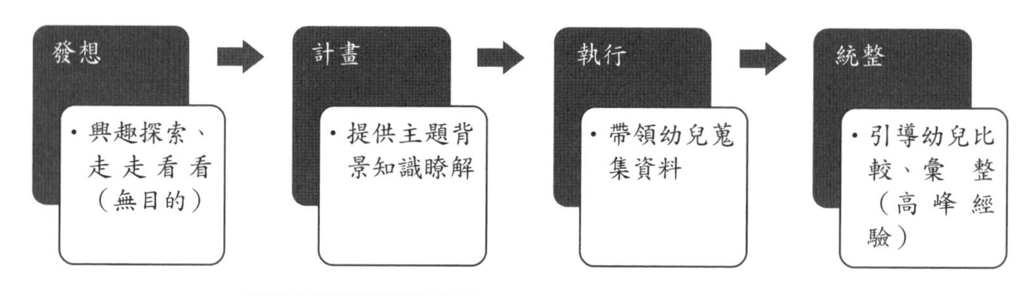

圖 9-1 不同課程發展階段進行社區踏查的目的

（一）發想階段：引發幼兒對於主題的興趣

課程在發展初期，教保人員必須學習與幼兒一同探索，多數教保人員尚未展開主題課程前，需要透過實地的觀察探訪，引發幼兒的想法。此階段的社區踏查可能是社區漫步或漫遊，但是透過幼兒散步的過程中，留意幼兒觀察到的事物。發想階段社區踏查的主要目的在引發幼兒對於主題的興趣。幼教師設定踏查的地點（如：社區內的雜貨店），或者帶幼兒在社區內毫無目的地走走看看，從幼兒的觀察和對話中，瞭解幼兒觀察到雜貨店裡面有什麼有趣的東西，或者在幼兒園附近，幼兒注意到什麼有趣的事情，例如：哪一個小朋友的家、路旁的商店、馬路上的標誌和符號等。

（二）計畫階段：蒐集訊息、提供與課程有關的知識

課程進行到一個階段時，社區踏查不再是隨意地走走看看，而是從教室內的活動進行，協助幼兒釐清想法。例如，幼兒對社區的媽祖廟充滿興趣，回到教室內討論時，教師可能發現幼兒無法清楚說明媽祖廟裡面供奉哪些神明？媽祖的臉是黑色的嗎？還是皮膚色的？他們看到的龍柱有幾根？龍柱有什麼特色？對於這些問題的回答，教保人員不直接提供答案，而是帶著幼兒再回到社區觀察和探索。社區踏查時，教保人員引導幼兒仔細觀察他們在教室內提出的問題。

（三）執行階段：透過踏查解決課程發展遭遇的問題

當主題課程進行到一定程度時，幼兒已經具備社區的相關知識。透過反覆進入社區、回到教室操作，蒐集訊息，並解決活動歷程可能遭遇的問題。例如，幼兒觀察廟口的石獅子，瞭解左右各有一隻石獅子。但是幼兒在教室仿製石獅子時，卻把兩隻石獅做成一模一樣。老師告訴幼兒不確定這樣是否正確，建議幼兒再到社區廟前觀察，幼兒因為有製作石獅子的先備經驗，因此可以將他們製作的石獅子與廟門口的作比較。透過社區踏查，更進一步瞭解原來除了「兩隻」石獅子，實際上他們是一公一母，公石獅腳踩一顆球、母石獅通常跟著小石獅等。幼兒也可以透過方案的發想，與社區產生連結。

（四）統整階段：統整主題相關概念、形成高峰經驗

透過來來回回的社區踏查，幼兒逐步建立對社區內相關知識的重要概念。以臺南市左鎮國小附幼的方案為例，幼兒在社區踏查，瞭解西拉雅文化的大公廨、小公廨，透過操作學習區，扮演區的幼兒學會祭祀「阿立祖」；語文區的幼兒創作了平埔族繪本。幼兒園老師帶幼兒到小林村校外教學，比較同樣是平埔族的不同公廨。最後的課程統整，幼兒透過到社區的演出，統整他們對主題課程的相關經驗，包含平埔族的服裝、歌謠、祭祀舞蹈等，同時也達到幼兒園與社區民眾交流的目的。

二、校外教學的注意事項

依據《幼兒教保及照顧服務實施準則》（教育部，2019）第 15 條規定：「幼兒園為配合教保活動課程需要，得安排校外教學。幼兒園規劃校外教學，應考量幼兒體能、氣候、交通狀況、環境衛生、安全及教學資源等。」下列為幼兒園必須做的校外教學準備工作：

1. 訂定實施計畫。
2. 事前勘察地點，規劃休憩場所及參觀路線。
3. 出發前及每次集合時應清點人數，並隨時留意幼兒健康及安全狀況。
4. 照顧者與三歲以上至入國民小學前之幼兒人數比例不得逾 1：8；與二

歲以上未滿三歲之幼兒人數比例不得逾 1：3；對有特殊需求之幼兒，得安排幼兒之法定代理人或志工一對一隨行照顧。

5. 需乘車者，應備有幼兒之法定代理人同意書；有租用車輛之必要時，應依相關規定辦理。

除上述準備工作外，應該考量校外教學的氣候，若為天熱，則應避免長時間在外活動，以免中暑。因校外環境不如幼兒園理想，包含幼兒行走距離以及中間休息和上洗手間的位置，都需要事先勘查。照顧者與幼兒採分組方式，照顧者必須隨時留意該組的幼兒，同時若有幼兒要離開上廁所，必須由成人陪同，建議其他組照顧者接手照顧該組其他幼兒。除此之外，若有中午用餐的考量，則應留意食物衛生與用餐環境，以家長自備的開水取代路邊購買飲料。幼兒園應事先規劃雨天備案，出發前並留意當天天氣。

建議校外教學地點的選擇應該與正在進行的主題課程相關，以豐富幼兒對於課程的知識和經驗，如果有必要，可以透過學習單引導幼兒留意觀察和記錄。

校外教學結束後，應該於返回幼兒園後，透過照片、影片或學習單，與幼兒共同分享與討論校外教學的歷程。透過「分享回憶」，不僅幼兒透過回想學習記憶的歷程，同時試著與他人溝通回憶的內容，學習對家庭和社區重要的價值（值得記住的事物）（林淑玲、李明芝譯，2014），加深幼兒對於主題課程的理解。

第三節　運用社區資源豐富化幼兒園主題課程

幼兒園教師必須熟悉當地的社區資源，並連結社區資源，使幼兒園的主題課程發展可以發揮最大效益。以下就幼兒園最常運用的社區資源作說明：

一、幼兒園家長

幼兒園家長可以提供志工資源，包含幼兒園進行校外教學時，可以邀請家長擔任志工協助，有些幼兒園也會邀請家長到幼兒園協助整理圖書或花草。進行主題課程時，也可以善用家長的專長協助。例如，幼兒園進行「交通工具」主題時，邀請開設修車廠的家長到幼兒園解說如何修理交通工具。家長的部分不限幼兒的父母，有些退休的祖父母，也樂意到幼兒園協助。例如，屏東縣泰武國小附幼以「老幼共學齊步走」為主題名稱，邀請部落的 vuvu（祖父母）教導幼兒如何種玉米、小米，vuvu 因為會說族語，提供了極佳的沉浸式族語學習情境。

二、社區發展協會或民間社團組織

幼兒園發展與社區有關的課程，經常觸及社區內的廟宇、宗祠、傳統文化、商家（如：餅店、冰店）、地方產業等，因此需要透過熟知地方事務的人士，聯繫當地社區發展協會或民間社團組織，一方面他們擁有對於上述自然與地方產業的相關知識，二方面也可以提供幼兒社區踏查時的場域。例如，臺南市協進國小附幼「我家在五條港」的主題課程，參訪國家工藝級的王永川轎子工作室，並邀請王永川先生解說。透過五條港發展協會的聯繫和協助，幼兒園得以到藥王廟實際體驗抽藥籤，幼兒的扛轎隊伍也可以跟著廟會活動，這些活動的經驗都需要協會或民間社團的聯繫和協助。

許多幼兒園連結社區發展協會的過程，經常與社區的老人活動中心或長照據點合作。因為高齡化的緣故，社區長照據點的普及性較高，同時社區的長輩也比較容易配合幼兒園的活動進行。幼兒與社區的長輩一起互動、祖孫共融，進行主題課程，有助於幼兒園主題課程的擴展和課程的豐富性。

三、社區的商家

主題課程可能涉及到當地的商家或社區民眾，教學者必須先評估是否可以取得相關資源，否則課程很難進行。例如，嘉義縣塭港國小附幼想要參訪當地的蚵粉研製工廠，但是商家以工廠內危險不適宜幼兒參訪為由拒絕，教保人員因此必須調整蚵粉的課程活動。又如：臺南市南化區的瑞峰國小附幼，進行黑糖的主題課程，因為當地從日據時代就是製作黑糖的重要產地，所以幼兒園老師帶領幼兒從種甘蔗開始瞭解黑糖，為了尋找適宜的土地讓幼兒試種甘蔗，幼兒園教師聯繫當地農莊的主人，就在國小外圍提供一塊小小的農地讓幼兒種甘蔗，農莊主人還協助指導幼兒。再如，臺南市協進國小附幼，為了讓到臺南的觀光客除了吃美食以外，還可以瞭解「五條港文化」，所以幼兒繪製了五條港地圖，說明了五條港內值得參觀的地點，教保人員與幼兒討論如何將這些地圖送給觀光客，幼兒提到可以放在學校附近小吃店，因此教保人員與店家聯繫，並且由幼兒將地圖放置在社區的店家供觀光客索取。

主題課程的發展與社區資源是彼此互為影響的。幼兒園需要社區組織或個人提供資源，幼兒園主題課程的發展，也期待對社區產生積極效益。而且幼兒園對社區的影響，不應是單一次的活動。例如，有些幼兒園搭配聖誕節活動，讓幼兒到老人之家或身心障礙養護機構表演，但是這些表演往往僅止於一次性的活動，表演結束即終止互動，無法看到課程對社區影響的長期效益。臺大附設幼兒園的「寶藏巖」主題課程，幼兒從地理環境開始認識寶藏巖，接觸居住在寶藏巖的老榮民，並且發展到幼兒與老榮民共食、幼兒協助老榮民整理菜圃，主題課程不僅是幼兒園教室內操作與學習的歷程，同時可以對社區產生具體效益。

四、社區的公園

社區公園的探索，可以引領幼兒觀察公園內植物、動物、昆蟲等自然生態，形成幼兒對社區公園的瞭解，培育幼兒對環境的關懷。例如，臺南市崇明國小附幼即以學校旁的巴克禮公園為主題，探討公園內的生態環境，並且幼兒動手將巴克禮公園觀察到的情境，在教室中模擬與複製。臺北市陽光寶貝幼兒園，因為在都會地區，教室空間較小，老師將教室延伸到戶外的大安森林公園，帶領幼兒到公園踏查。臺南市公園國小附幼，因為鄰近臺南公園，臺南公園又是百年的公園，結合百年公園的主題，和幼兒一起探索公園裡的一百歲老樹爺爺以及荷花池等。這些都是運用當地生態環境的重要例子。幼兒喜歡到公園去玩，公園的大樹、草皮等，隨手可拾的落葉、樹枝，都是鬆散材料的最佳場域。

五、廟宇、教會

臺灣傳統社區的發展幾乎環繞著廟宇而生。因為信仰的緣故，人們到廟宇敬拜，形成庶民生活的一部分，廟宇自然形成人潮聚集地，以物易物、交易等市集自然而生。臺灣幾個百年的傳統市場，幾乎都與廟宇有關，例如：臺南市的水仙宮市場、嘉義市城隍廟周邊的東市場。同樣地，歐洲市集的發展與教堂、宗教信仰息息相關。人們參與教會的活動，教堂自然成為人潮聚集與貨物集散的中心，從出生時的受洗、每個星期的禮拜活動、結婚和死亡的儀式，都與教堂密切結合。廟宇和宗教信仰在臺灣是一個影響庶民生活的重要活動，包含祭祀、節慶，都與廟宇有關。不論廟宇或教會大小及規模，在社區內非常容易找到這些建築，形成主題課程的一部分。例如，嘉義縣大同國小附幼以朴子配天宮為主題課程的主軸，帶領幼兒探索配天宮祭拜的神明，幼兒將學習區內的扮演區裝置為配天宮的祭拜區；幼兒觀察了配天宮的花燈、紅花與白花在求子代表的意義等，主題課程還延伸到觀察媽祖身上美麗的神衣，幼兒回到教室，也發想要為媽祖做一件神衣。又如，臺南市白河區的大竹國小，每年農曆三月當地社區最重要的就是迓媽祖活動，幼兒向父祖輩學習如何扛轎子、迓媽祖的隊伍需要有哪些成員，幼兒園邀請家長和幼兒一同參與迓媽祖，到社區「溫庄」。繞境隊伍經過社區時，社區中的長輩無不停下腳步，稱讚幼兒園的孩子真厲害。透過這些廟會活動的瞭解和參與，幼兒也從父祖輩習得文化傳承的意義，同時也引發社區民眾對於幼兒園的關注。

第四節　社區主題融入幼兒園課程的操作策略

小學的「學校本位課程」（school-based curriculum）（簡稱校本課程），指的是以學校的經營理念和學生的需求為核心，教師運用校園環境和社區資源，並且考量社區的特色和期望，規劃設計的課程。校本課程的運作模式強調由下而上的課程決定形式，所以教師和學生是主導者，同時強調社區的參與、合作和共享。幼兒園將社區主題融入課程，基本上也是校本課程（或可稱為

「園本課程」）的一種模式。本節將從課程規劃、尋找特色、園本課程的發展應有清楚主軸脈絡、融合社區的課程高峰經驗四部分，描述幼兒園教師如何將社區特色融入幼兒園的主題課程。

一、課程規劃：從幼兒的生活經驗出發

社區內有許多豐富的資源，幼兒園教師尋思主題課程的過程中，一開始最容易的歸類方式就是從社區的食衣住行開始，這並無不可。圖 9-2 為某幼兒園進行的主題課程，主題的架構包含帶領幼兒探討社區的宗教文化、蔬菜產業、當地重要的景觀特色，以及鹿港的傳統文化。主題課程的結構非常完整，也涵蓋人文與自然環境的各種面向。教師在預擬主題課程時，可以透過園內教師的腦力激盪，先將想法（如：朝清宮、賞櫻、辦桌等）寫下來，然後再思索這些想法如何歸類結構化。

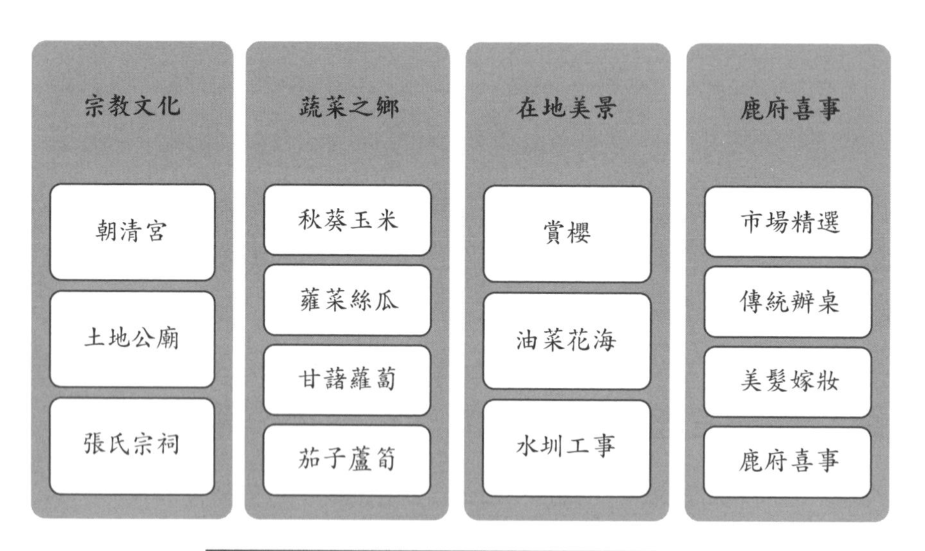

圖 9-2　幼兒園以社區為主軸發展的主題課程

二、尋找社區特色發展課程

許多幼兒園面臨的問題都是社區附近似乎沒有具有「特色」的建築或店家，幼兒園進行主題課程時，最困擾的事情是「幼兒園旁邊什麼都沒有、社區沒有特色」。臺南市竹門國小附幼位於白河區，年輕人口外流、人口老化嚴重，學校門口只有破舊的老房子和一間冰店，距離最近的 7-11 便利超商三公里。在如此資源匱乏的地區，幼兒園教師和幼兒一起進行「社區真趣味」的主題課程，透過社區踏查的方式，先從幼兒唯一且僅有的生活經驗開始——到鈺雪冰城「吃冰」，再慢慢延伸主題活動。教保人員規劃課程時，應該先從幼兒生活中最為熟悉的環境開始，深化原本「平淡無奇」的課程。

三、園本課程的發展應有清楚主軸脈絡

幼兒對於社區的重要景點和宮廟的熟悉程度最高，平日幼兒與家中長輩的生活經驗，也與社區中的商店和宮廟息息相關。許多鄉鎮地區經常是一村一廟，似乎一談到「社區」就免不了要走向宮廟。不過，這些僅是幼兒生活中的一小部分。但是許多教保人員進行社區課程時經常產生疑問：幼兒園主題課程的發想，不是應該「以幼兒為中心」？所以實施的步驟往往先帶幼兒到社區踏查，然後以幼兒觀察到的事物規劃課程。若教保人員無法對幼兒的「發想」有好的引導而是任由幼兒每次發散式的擴散，課程不僅會失去主軸，整個學期的主題課程也會成為幾個教學活動的堆砌。例如，幼兒園以鄭成功的故事為主題課程，帶領幼兒探索幼兒園附近的延平郡王祠，幼兒踏查之後，發現很多人到延平郡王祠抓寶可夢，回到教室團討，幼兒關注的焦點都在寶可夢、還有一部分幼兒關注的是延平郡王祠的地板為什麼很髒，如果教保人員允許幼兒繼續探討，甚至還將幼兒分組進行實驗，試試看地板很髒的原因，這樣的主題活動就會嚴重偏離「鄭成功的故事」的主題課程。因此，雖然教保人員應該允許幼兒有自由探索和發想的機會，但是教保人員應該堅守主題課程的主軸，並不是所有的「發想」和「天馬行空」都必須延伸發展。

四、融合社區的課程高峰經驗

幼兒園提供機會，邀請家長參與幼兒園的課程與教學，參與社區活動，以加深幼兒的情感與認同，成為社區的參與者和共構者。幼兒園也是社區的一部分，幼兒園的開放可讓社區成員瞭解與接納幼兒園，體驗與實現幼兒園的教育理念，以促成家庭、幼兒園與社區間社會網絡的連結（教育部，2012）。

主題課程的循環需要經過許多階段，從準備期、萌芽期、啟動期、發展期，到高峰期，課程的歷程需要一段時間醞釀和修正。當幼兒對主題課程的概念和議題越來越瞭解的時候，就可以策劃和思考如何透過高峰經驗呈現幼兒對於主題課程的統整概念。Beane（1997）指出，課程統整涉及經驗的統整、社會的統整和知識的統整三個層面：

（一）經驗的統整

幼兒對於自己或周遭環境的看法和概念，是從主題活動的經驗中建構和省思而來。幼兒對於社區人文和社會環境的理解，存在於生活經驗之中，當幼兒主動探索這些與主題相關的生活經驗，透過訊息的蒐集、整理、分析，得出他們對於這個主題的想法。Piaget的認知發展理論提到，認知發展經過下面四個階段（林淑玲、李明芝譯，2014）：

1. 平衡：個人的基模與其經驗達到和諧狀態。
2. 同化：透過以現有基模的解釋，適應新的經驗。
3. 適應：修改現有基模以對新的經驗有更好的解釋。
4. 組織：將現有基模重整到更為複雜的結構中。

幼兒在探索主題的過程中，必須將探索的新經驗透過「同化」（assimilation）或調適（accommodation）的過程，形成對於主題課程的統整經驗。例如，臺南市鹽水國小附幼幼兒探討當地的「鹽水意麵」，參訪店家瞭解製作鹽水意麵的原料，當幼兒回到教室仿作時，發現他們做的意麵會臭掉，原來並不是麵粉加鴨蛋如此簡單。幼兒經過幾次嘗試和實驗之後瞭解，原來鹽水意麵的製程和其他的麵條有所不同。

（二）社會的統整

課程統整也具有社會統整的意義，提供社區中不同的參與者（幼兒、家長、教師、社區民眾）共同的價值和利益，此為通識知能。從發現社區中的重大議題為探討的核心，透過師生共同計劃和設計，解決社區的問題，同時凝聚對於社區議題的共識。過去幼兒園執行社區的高峰活動時，辦理與社區的共融性活動，例如，帶幼兒到社區活動中心與老人歡度節慶，辦理義賣活動，將所得捐給社會福利團體，但是上述做法僅限於一次性的活動，較難看到長期性的效果，也無法建立社區中不同參與者的共同價值和共識。

雖然幼兒園的主題課程以幼兒為主體，教師僅為引導者或協助者，但是當課程擴展至社區時，同樣需要採取「互為主體性」（intersubjectivity）的視角。互為主體性的概念來自於 E. Husserl 的現象學理論，他提出「生活世界」（life-world）的概念，並以「互為主體性」詮釋主體與主體之互為主體關係（王根瓊，2004）。現象學將對象視為共同主體，主體與客體是互為主體的世界，人與人必須相互尊重、彼此體諒，不能把對方當成工具或客體。吳靖國（2000）詮釋「互為主體性」，認為生活世界並非個人孤立的存在，而是在與別人共同生活的世界中，透過不同個體的想法經驗事物，並透過互為主體性，尊重對方的想法和價值，瞭解對方，以共同建構彼此互享的生活環境。

因此，社會統整的概念應該以現象學「互為主體性」為核心概念，幼兒園辦理的社區活動，並非以幼兒園主導或設計的活動為主，而是從過程中也可以呈現社區民眾的主動參與權，幼兒、社區民眾、家長等，不僅是受者，也是給予者和主導者。幼兒不僅是「教」活動中心的長輩畫畫、表演歌舞給長輩看，同時也要從長輩的主體性，呈現長輩對於主題活動的想法和具體行動。

（三）知識的統整

幼兒對於主題具備的「知識深度」（knowledge depth），決定幼兒如何運用他們已知的知識解決問題。幼兒需要工具性知識（instrumental knowledge），例如，蒐集資訊的方法可以運用查閱書籍或者上網搜尋，而不是只有「向大人詢問」，這些屬於「策略廣度」，認知能力越強的幼兒，其可運用的策略廣度也越廣。其次，幼兒也需要具備領域或學科知識（subject knowledge），例如，幼兒的語文能力、認知領域的知識、社會領域的知識等。經常閱讀的幼兒，其領域知識的豐富性超過極少閱讀的幼兒。教保人員也會發現，經常閱讀的幼兒，知識量越多，可以表達對於主題的想法和概念。教保人員應該鼓勵幼兒整體性的思考，擴增他們對於領域知識的概念，並且如何運用工具性知識解決問題。例如，在語文區擺放與主題相關的書籍即是一例。主題課程的發展旨在透過主題活動的探索，培養幼兒對於主題課程具有統整性概念。以「城」的主題為例，進行完城堡、大砲等活動，目標是希望幼兒對於城牆構築、軍事防禦、鄭成功對臺南影響等有完整的概念，教師評估幼兒的能力發展不僅只有幼兒能否在教室用黏土、積木、鬆散材料製作砲臺，幼兒發展的能力不僅是製作砲臺的「工具性知識」，還有「學科／領域知識」，瞭解鄭成功和赤崁樓、安平古堡的關係。

社區課程的高峰經驗應該具體呈現幼兒對於該主題相關的領域知識統整概念。教保人員使用學習單（例如正確圈出綠色蔬菜、根莖類食物等）做為評估幼兒是否理解某個主題內容（食物的分類），但是上述學習單類似「測驗卷」的概念，是一種強調認知、對與錯的評估，無法得知幼兒是否可以呈現統整的知識。「總結性課程」（capstone courses）具有互動密集、主動與互動學習的特性，需要參與者完全的投入並能有效的規劃與執行。總結性課程即為學生完成這個主題的探究之後，透過適當規劃的作業（或者以專題研究、展演等形式），展現成果或作品，以達到該主題設定的核心能力（黃淑玲，2014）。為了避免淪為學習單的評量方式，教保人員應該將幼兒在社區課程高峰經驗的表現結果，對應主題活動當初設計的活動目標一一檢核，以準確評估幼兒對主題活動的領域知識和工具性知識。

第五節　社區課程操作的困難與解決策略

一、課程操作時的困境

教保人員進行以社區為發展主軸的課程經常面對的困境舉例如下：

（一）困境一：每一年進行同樣的主題課程，幼兒或家長覺得課程相似度高、沒有變化

主題課程必須有連續性，幼兒園的社區主題課程很難一年就結束，有些社區的主題課程甚至要進行很多年。但教保人員經常遭遇大班幼兒的家長提問：為什麼每一年的課程都是社區的主題課程、大同小異，幼兒已經學過了，沒有新鮮感。第一次接觸主題課程的中小班幼兒可能覺得新鮮，但已經走過相同主題內容的大班幼兒覺得無聊沒有變化。幼兒的能力隨著學習歷程產生不同的效果：中小班幼兒需要從參與課程中，觀察和模仿、逐漸學習累積與主題課程相關的知識；大班幼兒因為具有前一年的團討經驗，他們的表達溝通能力逐漸發展，同時也較能運用不同方式蒐集訊息。

（二）困境二：混齡班級的幼兒能力差異性大

許多公立或專設幼兒園都是混齡班級，尤其是較為偏鄉的幼兒園，因為學區的出生人口減少，新生招生不足，造成新生的年齡不斷下降，大中小班混齡的情況更為嚴重。依據《幼兒教育及照顧法》第 16 條規定，公立幼兒園當學年度招收三歲以上至入國民小學前幼兒之班級，每招收幼兒 15 人，得另行安置一人（教保服務人員）。同一條亦敘明：「幼兒園二歲以上未滿三歲幼兒，每班以 16 人為限，且不得與其他年齡幼兒混齡；三歲以上至入國民小學前幼兒，每班以 30 人為限。但離島、偏遠及原住民族地區之幼兒園，因區域內二歲以上未滿三歲幼兒之人數稀少，致其招收人數無法單獨成班者，得報直轄市、縣（市）主管機關同意後，以二歲以上至入國民小學前幼兒進行混齡編班，每班以 15 人為限。」

當班級內有不同學習能力的幼兒時，教保人員經常面臨如何因應幼兒能力給予「適齡適性」的引導。團體討論時，大班或較有能力的幼兒較懂得舉手發言、發言內容也較容易被老師評價為「言之有物」；分組活動時，大班幼兒常會擔任組長或主導分組活動，中小班幼兒經常被晾在一旁，使得強者恆強，中小班幼兒很難參與。例如，某個班級的分組活動請幼兒依照設計圖用積木排出城牆，分組進行的過程中，因為積木疊高之後容易倒，大班幼兒不准小班幼兒碰觸排好的積木，中小班幼兒在分組活動中也不懂得表達自己想法。分組活動結束後，教保人員邀請幼兒分享，幾乎都是大班幼兒表達想法。

（三）困境三：初擬的主題課程經常在不知不覺中走偏

隨著社區的主題課程發展，教保人員經常在發展和延伸的過程不慎走偏，迷失了原來的課程目標。主題課程走偏的理由，經常是教保人員誤以為「幼兒對某某活動有興趣」，因此選擇了與主題無關的軸線，導致課程偏離。教師透過反思，隨時檢視課程目標。下面為幼兒園的實例：

某班級的主題為「小記者大報導」，重點在透過主題課程發展幼兒能力，成為社區活動的報導者。小記者報導的能力包含書面紙本報導，所以課程活動需要引導幼兒瞭解報紙的版面編排、能夠做文字描述報導的故事；其次為培養幼兒成為小記者，需要培養幼兒如何播報，或者運用攝影器材（包含手機的照相或錄影功能）拍攝報導的故事。因此教保人員需要設定幼兒在主題課程結束後依據大班中班或小班年齡應該達到的能力，例如小班幼兒可能需要辨識報紙版面即可，但是大班幼兒則需要懂得版面排版等。從教師日誌紀錄發現，班上的活動一直聚焦在「探討」：探討為什麼週末幼兒園附近會塞車，探討家長對哪些事情有興趣。這些探討的議題並非培養幼兒「記者」或「報導」的能力。

另一個班級探索幼兒園附近的宮廟，教保人員提到因為幼兒不瞭解宮廟的故事，只對地板上的汙漬有興趣，因此教保人員和幼兒一起用實驗方式探索「宮廟地磚痕跡大搜查」。整個實驗過程未使用地磚而是厚紙板，教師：「塗一點點（膠水）、選你要的灰塵黏上去。」研究地磚的痕跡與歷史文化探討無關，充其量只是研究地磚為何有汙漬，這個課程活動花了三個星期時間探索，實驗的結果與宮廟的歷史沿革無關，地磚上的黑色痕跡只是水漬或沒有清乾淨。研究地磚六角型、入字型、人字型分別代表的文化涵意可能更甚於這種無厘頭的地磚實驗[1]。雖然幼兒是教室的主體，但教師不能因為孩子天馬行空的發想就覺得都要依照幼兒的想法實驗看看，一個地磚可以研究三個星期，已經與當初的主題課程活動「延平郡王祠」完全脫鉤，也會讓課程陷於空轉。

二、解決策略

上述提到幼兒園教師進行社區主題活動時可能面臨每一年進行同樣的主題課程，幼兒或家長覺得課程相似度高，沒有變化的問題；其次為混齡班級幼兒的能力差異大，教保人員實施主題課程不易適齡適性；第三，初擬的主題課程，經常因為幼兒的想法與隨著主題的進展和探索不斷修正。以下提出三項教保人員策略：

（一）策略一：螺旋式課程循環修正

螺旋式課程（spiral curriculum）指的是依據課程的「概念結構」，配合學生的「認知結構」，以促進學生認知能力發展為目的的一種課程設計原則。螺旋式課程應該考慮課程組織的持續性（continuity）和順序性（sequence）（蔡清田，2000）。螺旋式課程的特色包含：

1. 合乎學科結構的邏輯順序，結構嚴謹。
2. 合乎學生的認知結構與認知發展過程。
3. 合乎課程組織的繼續性和順序性。
4. 提供明確的概念結構作為教師「探究教學」的依據，配合教學指引，

---

1 在開放空間以「入」字形為圖案，是表示可以進入的意思；而在客廳裡，鋪用「人」字形的地磚，表示該空間是人來人往的地方，而客廳裡，人氣興旺，門庭若市，表示這一戶人家，為人處世、待人接物，都相當的成功，是一座人氣旺盛的宅第。地板六角瓷磚排列成六角形的意義：其一是六六大順的意思，表好彩頭。其二代表「龜殼」或「長壽磚」，象徵烏龜平安長壽的意思，希望來往的人可以平平安安，長命百歲很長壽，這是建築工匠為大家祈福的心意。

教師做精密的教學設計。

5. 提供具體實物或教具，配合學生認知發展，設計吸引學生學習興趣的活動，滿足學生好奇的學習欲望。

教保人員規劃每學期的主題網時，即必須依據課程的持續性和順序性，依次發展課程，此為課程發展的「邏輯」。通常坊間教材的選題，缺乏課程邏輯性。例如，某坊間教材的上學期三大主題分別為：「開學了」、「我的好朋友」、「過新年」；下學期的三大主題分別為：「蟲蟲總動員」、「交通工具」、「夏日玩水趣」。可以看出上述課程安排的依據為幼兒從入學之後依序發展主題。「開學了」是幼兒入學的生活適應課程，「我的好朋友」從幼兒熟悉的人事物環境開始，這個主題與幼兒社會發展有關，但是「過新年」的主題則是完全與上述主題無關；下學期課程也是如此：「蟲蟲總動員」是有關自然科學的主題，與「交通工具」無前後邏輯的相關。「夏日玩水趣」則是因為下學期時令進入夏季而安排的課程，但是與前者的昆蟲或交通的主題無邏輯關聯。教保人員設計課程時，需要考慮課程的延續性，也就是在同一個大主題框架下，延伸三個次概念的主題課程，再依據主題課程設計預擬主題網。同時，既為「預擬主題網」，即使教保人員也未必能依照預擬的主題網進行，需要邊走課程邊修正。

（二）策略二：混齡分組活動運用工作分解結構

工作分解結構（work breakdown structure）一詞從管理學門而來，指的是依據成果為導向，將一個任務或工作拆解成更小的、更容易管理的組成部分的過程。首先應該針對工作分解結構有哪些構成因子，透過編碼系統，將上述元素的層級關係，分組分類。分解方式可以依照物理結構分解，按照產品或項目的功能分解，或者按照實施過程分解（優渥誌，2017）。以上述的幼兒園進行「城」的分組活動為例，「城」的分組活動分解方式如下：

1. 依照「城」的物理結構分解

包含的細項元件如：城門、護城河、城牆、大砲等，教保人員可以引導組長或大班幼兒將工作依照細項元件拆解，城牆把積木堆一圈比較容易可以分派給小班幼兒，要做護城河、大砲比較困難一點，或許可以給中班或大一點的幼兒。這是較常使用，而且也較適合同組有不同能力幼兒的工作分解方式。

2. 按照產品或項目的功能分解

若依照功能拆解，必須對整體的「城」有明確清楚的瞭解，對尚在發展主題的幼兒可能較為困難。例如，將城的功能分為防禦性，因此會有大砲、城牆等，也有城民生活，所以有人，也有經濟性的活動等。

3. 按照實施過程分解

這是依照要完成「城」的積木排疊，需要的過程分解。例如，準備積木、構思哪些積木要用於何處，下一個步驟先將城牆區域排列出來，然後再參照設計圖，排列城門、大砲等細項元件。若按照實施過程拆解，同樣在某個階段可能會有幼兒在一旁等待，但其好處是所有幼兒會比較清楚拆解與構築的歷程。

L. Vygotsky 提出幼兒認知發展的「社會文化理論」（sociocultural theory），指出幼兒的認知發展在社會文化背景中產生，文化背景也會影響認知發展的形式。Vygotsky 觀察在某些文化裡，幼兒的學習是透過「引導式的參與」（guided participation），透過熟練的同儕，主動參與相關活動，同儕提供必要的支援和鼓勵（林淑玲、李明芝譯，2014）。引導式的參與類似學徒制，年長兒童也可以提供鷹架作用（scaffording），藉由示範新的能力或提供直接的指導，教導同組的中小班幼兒新的技巧。大班幼兒扮演著角色楷模和導師的角色，擔任指導者的幼兒，也必須將學習經驗統整，經過消化和重新組織，使用恰當的工作分配，以中小班幼兒可以理解的溝通表達方式，團隊合作完成分組活動，這也是未來領導人才的培養。

（三）策略三：透過差異化教學因應幼兒不同能力的發展

教保人員可以透過差異化教學（differentiate instruction）給予大班幼兒難度較高的工作。「差異化教學」指的是依據學生個別差異及需求，彈性調整教學的內容、進度和評量的方式，以提升學生的學習效果，引導學生適性發展。

教師必須在差異化教學的動態歷程中，因應不同的學生特質，採取適宜的教學方法，不斷修正自己的教學方式和內容（林思吟，2016）。差異化教學包含下面三個面向：

1. 教學內容的差異化：學齡前幼兒的認知和語言發展能力有相當大的差異性，小班幼兒較適合圖像化、文字較少的圖書，有些大班幼兒則可以做簡單的閱讀，教保人員進行主題活動時，在語文區放置的故事書或繪本，應該考慮不同幼兒能力的需求，可以參照《幼兒園教保活動課程大綱》（教育部，2017），依據不同年齡幼兒的能力發展，設定不同的學習內容。
2. 教學程序的差異化：指的是在主題課程進行中，因應幼兒的學習特質，規劃適合其年齡和能力的任務。小班幼兒的精細動作尚未發展成熟，所以小班幼兒可以完成撕、貼的任務，大班幼兒則可以協助仿寫等較為複雜的動作。例如，教保人員依據主題活動的學習目標，在益智區給予幼兒不同的學習內容：中小班幼兒只要能完成圖卡配對即可，但是大班幼兒需要完成較難的主題拼圖。語文區的活動，中小班幼兒只要能看著主題繪本，以口語表達繪本內容即可，但是大班幼兒必須完成自製的主題故事書。
3. 教學評量的差異化：教保人員必須瞭解幼兒的起始行為，才能作為教學評量前後效益的分析，透過觀察幼兒在團體討論的表達內容、幼兒的學習單或作品，評估幼兒對於主題課程的瞭解，並以此為基礎，作為設定下一步引導和鷹架的目標。

參考文獻

中文部分

王根瓊（2004）。**胡賽爾生活世界（life-world）現象學及其對課程研究之啟示**（未出版之碩士論文）。臺北：國立臺北教育大學課程與教學研究所。

吳靖國（2000）。**教育理論**。臺北：師大書苑。

林思吟（2016）。淺談差異化教學。**臺灣教育評論月刊，5**（3），118-123。

林淑玲、李明芝（譯）（2014）。**發展心理學**（原作者：D. R. Shaffer & K. Kipp）。臺北：學富。

教育部（2017）。**幼兒園教保活動課程大綱**。臺北：教育部。

教育部（2019）。**幼兒教保及照顧服務實施準則**。臺北：教育部。

黃淑玲（2014）。**深化學生學習：總結性課程的規劃、設計、實施、評估與評鑑**。取自 http://epaper.heeact.edu.tw/archive/2014/05/ 01/6154.aspx

葉郁菁、何祥如（2015）。幼兒園主題教學課程活動的發展與創新：教育部教學卓越獎方案分析。**中正教育研究，14**（1），119-149。

蔡清田（2000）。**螺旋式課程**。取自 https://pedia.cloud.edu.tw/Entry/Detail/?title=%E8%9E%BA%E6%97%8B%E5%BC%8F%E8%AA%B2%E7%A8%8B

優渥誌（2017）。**不出錯 PDCA 十倍速工作法**。臺北：大樂文化。

英文部分

Beane, J. A. (1997). *Curriculum Integration*. New York: Teachers College.

第十章

家園協作共推健康促進

維護幼兒身心健康與安全是幼兒園實施教保活動最重要的目標，也是幼兒學習活動的基本內涵。尤其在幼兒階段，身體和社會情緒穩定發展，幼兒園、家庭和社區，共同攜手推動有益於幼兒身心發展的健康環境非常重要，也是教保人員責無旁貸的責任。幼兒健康促進無法僅有依賴幼兒園中的30分鐘大肌肉活動時間，不論是飲食習慣的養成、正確用眼和視力保健等，都需要家長一起合作推動。

第一節　健康促進

一、幼兒健康促進的重要性

健康識能（health literacy）的定義，指的是對基本健康資訊及醫療服務的取得、理解、應用的能力。兒童身體健康與兒童學業成就表現以及未來參與職場和社會息息相關。近年來身體健康趨勢反映國家和社會本質、家庭結構以及科技化變遷帶來的影響。相關研究也指出，即使兒童出生在被剝奪的家庭，只要在早期發展階段接觸高品質的教育（如：正式的學校教育或改善的家庭環境），幼兒就有更好的機會可以樂觀的發展，並且在正式學校教育開始的階段與他們的同儕達到一樣的水準。即使日後他們持續在被剝奪的家庭環境中成長，他們仍然有較大的機會可以獲致教育的學習成就表現，同時也可以擁有健康的生活型態。除此之外，當兒童與少年持續接受學校教育，他們就有機會可以獲得好的高等教育，未來取得相對較理想的收入，並且改變原來的家庭社經地位，享有正向健康的好處。

二、OECD 國家兒童與少年的健康促進趨勢

從經濟合作發展組織（Organization for Economic Cooperation and Development，簡稱 OECD）的資料分析，世界衛生組織以及相關的研究報告分析各國兒童少年在體適能活動、過度肥胖、飲食習慣、睡眠型態等各方面的數據，結果指出兒少參與的活動可能使他們陷入身體健康的危機。當然這些行為受到社會變遷的影響很大，包含資訊科技的發達普及和家庭結構的變遷（Aston, 2018）。OECD 報告指出，2000 至 2016 年之間，兒童與少年的體適能運動不足、肥胖、不良飲食習慣、睡眠時間不足有上升趨勢（表 10-1）。

表 10-1　2000 年～2016 年 OECD 國家兒童與少年身體健康行為的趨勢

身體健康指標	趨勢方向（OECD 國家平均）
體適能運動不足	上升
過度肥胖	上升
不良的飲食習慣	上升
酗酒比例	下降
兒少抽菸比例	下降
睡眠時間不足、睡眠品質不佳	上升

資料來源：Aston (2018).

（一）體能活動

依據世界衛生組織（粗估）結果，OECD 國家中有 81.64%的青少年每天從事中度到劇烈運動的時間少於 60 分鐘（WHO, 2015）。英國和美國的縱貫性研究也指出兒童與少年參與有組織或目標的體能活動正在減少當中，中學的體能課從 1993 至 2013 年不斷減少。最近一次的國際學生評量測驗（The Program for International Student Assessment，簡稱 PISA）報告指出，從國中生到

高中生，隨著年齡增加參與體育課有下降趨勢（OECD, 2017）。同樣情況也發生在幼兒和兒童身上。

（二）營養

過去幾十年來，飲食習慣的改變相當明顯。OECD針對學齡階段兒童水果和蔬菜攝取量的健康行為調查結果（OECD, 2013; OECD/EU, 2016）也顯示兒少對某些食物的攝取偏高，例如不含酒精的飲料、甜食、過鹹的零食，以及速食。水果和蔬菜的攝取量不足。

（三）過度肥胖

過度肥胖與營養攝取、飲食習慣和體能運動直接相關，同時也與個人的基因、家庭和環境因素有關，甚至會造成個人未來新陳代謝和心臟方面的健康問題。童年時期的肥胖，會增加青少年和成人肥胖的機會，導致罹患心血管疾病、糖尿病、大腸癌等風險（黎伊帆、江東亮、林秀娟，2018）。

長期監控BMI值可以作為瞭解過度肥胖的指標，兒童與少年的BMI值從2010至2014年有略為增加的趨勢，男性增加約為0.053/kgm^2，女性增加0.021/kgm^2（WHO, 2017）。童年時期肥胖率穩定控制的國家包含義大利、韓國、西班牙和英國，主要原因為公共衛生和教育政策的介入。

（四）睡眠問題

30個OECD國家兒少的平均睡眠時間為8.87小時，睡眠時間最短的是日本（7.27小時），最長的是西班牙（9.96小時）。美國和英國的研究指出，近20年來兒童和少年整體睡眠時間有下降趨勢。

（五）資訊科技的影響

資訊科技直接影響身體健康，尤其睡眠品質和睡眠時間受科技影響更大。使用資訊科技影響睡眠行為，85%的英國青少年指出他們在睡前使用至少一項科技產品。青少年暴露在藍光之下，延遲睡眠時間、睡眠品質受到影響，這些都是科技產品造成的負面影響。過去研究指出觀看電視會導致兒童肥胖，同時有 20%的青少年也會因為長時間觀看電視而導致肥胖。觀看電視、不良的飲食習慣，運動量不足，都是可能的結果。2007 年美國兒科醫師追蹤 1,000 個有二歲以下嬰幼兒的家庭，發現看電視或 DVD 越多的學步兒講話越慢。美國兒科醫學會呼籲若幼兒長期接觸 3C 產品，會直接影響腦部發展。2017 年加拿大多倫多兒童醫院發表的研究報告同樣也指出，二歲以下幼兒使用 3C 產品的時間越多，孩子懂得的詞彙和能講的語句越少，容易變成語言發展遲緩兒。幼兒使用 3C 的時間越久，照顧者與幼兒的互動相對更少，幼兒減少探索機會，以及與真實的人互動交流的機會減少（吳淑娟，無日期）。

三、有效的健康促進介入設計

有效的健康促進介入設計須包含（Aston, 2018）：

（一）社區共同參與

社區參與可以改善介入成效，善用社區內的優勢，例如，改善公園設施、清潔社區內的公共用地，並且增設公園和運動場地。

（二）將目標鎖定在多種行為和決定因素

鎖定飲食習慣和參與體能活動彼此相關，改善個體的飲食習慣可以增加運動的能量，設定監測成效的評估指標，例如 BMI。

（三）多元的機構、多元的內涵

除了聚焦多種行為，介入的設計應該包含多元的機構行為改變策略，以辨識更為積極的介入設計。介入可以包含危險評估、監控不良飲食習慣的改善情形。

（四）使用科技

最近的健康和教育介入研究指出，善用資訊科技可以作為介入策略的有效輔助。例如使用行動電話達到控制抽菸行為、降低酒精攝取，以及大麻使用，鼓勵健康營養攝取和固定的身體活動。透過這些介入，監控介入策略對個人的效果，並因應個人的需求量身訂做和修改介入計畫。

四、SHE 歐洲健康促進學校

SHE（School for Health in Europe）是歐洲學校健康聯盟基金會，為非營利的基金會。SHE 由聯合國世界衛生組織的歐洲辦公室（WHO Regional Office for Europe）以及歐洲理事會（Council of Europe）和歐盟執行委員會（European Commission）提供經費補助。SHE 的目標是提供歐洲地區和世界各地學校健康促進的發展和執行。目前已有 31 個國家（區域）加入，包含奧地利、比利時、丹麥、芬蘭、法國、希臘、匈牙利、冰島、愛爾蘭、義大利等，但英格蘭和德國則未加入（Safarjan, Buijs, & de Ruiter, 2013）。

SHE 定義「健康促進學校」（health promoting school）為：學校實施有結構性的和系統化的計畫或方案，以所有兒童、學校中的教職員的健康和福祉為最大目標。因此健康促進學校被定義為全校的方案（whole school approach）。

學校健康促進的全校性方案（whole school approach to school health promotion）包含下列六個組成要素（Safarjan et al., 2013）：

（一）學校的健康政策

包含學校的健康檔案或任何方案，設計用以促進學生和教職員的健康和福祉，例如：規範學校餐點的提供、描述如何預防學校霸凌。

（二）學校物理環境

包含建築物、地板、學校的外在環境，例如：創造健康的物理環境，包含學生愉悅地在學校的運動場看起來從事休閒和體能活動。

（三）學校社會環境

學校的社會環境與學校成員組成有關，例如：學生和學生之間、學生與學校教職員。社會環境受到學校與家長的關係，以及學校和較廣大的社區環境影響。

（四）個人的健康技巧和行動能力

個人的健康技巧和行動能力可以透過課程提升，透過活動發展知識和技巧，使學生建立能力，並採取與健康促進和福祉維護有關的行為。

（五）社區連結

社區連結包含學校和學生家庭之間，學校和社區中的主要的團體／個人。與家庭和社區合作可以提供健康促進學校方案支持，並且對健康促進行為產生效益。

（六）健康服務

地區性的健康服務或者與學校有關的服務，對於學童的健康照護和健康促進可以提供直接的服務。包含身心障礙學生。健康醫療的服務者或提供者可以和學校教師共同合作，例如，飲水衛生和性教育。

第二節　幼兒園健康促進計畫推動模式

一、幼兒園健康促進計畫的背景

零至六歲是兒童生長發育的關鍵階段，如果幼兒園可以及早介入健康促進活動，不僅可以提升幼兒園教保人員對於健康安全的專業知能，也可以提升我國學齡前兒童的健康。

教育部國民及學前教育署開始推行「臺灣健康促進學校」計畫，中小學全面評估學生及教職員工衛生與健康促進需求，透過健康促進活動的實施，共同營造健康校園，不過教育部的健康促進學校計畫並未涵蓋幼兒園。

衛生福利部國民健康署於 2018 年 8 月至 2019 年 6 月推動「幼兒園健康促

進」前驅性試辦計畫，以「幼兒園的健康政策」、「幼兒健康技巧與行為」、「家長溝通和社區資源」三大架構，結合四大健康議題（視力保健、事故傷害防制、營養、健康體能）於六所幼兒園試辦，獲得初步成效及回饋（葉郁菁、林秀娟、黃文聰，2018）。為及早介入健康觀念及養成健康行為，自 2020 年起結合衛生福利部及教育部，以及地方政府共同擴大辦理，期透過教保人員及家長、兒童之全面參與，以提升健康識能及健康行為。

二、幼兒園健康促進計畫推動模式介紹

鑑於學齡前兒童是生長發育重要階段，為提升幼兒健康，依實證基礎及國內外做法建構幼兒園介入健康促進模式，考量幼兒園規模及量能，參考了歐洲學校健康聯盟基金會（SHE）的指標，將幼兒園健康促進分為幼兒園的健康政策、幼兒健康技巧和行為、家長溝通和社區資源等三大面向。幼兒園、幼兒個人、家長和社區是三個彼此影響的環扣，任何健康促進的作為，都可能產生彼此的交互作用影響（圖 10-1）。

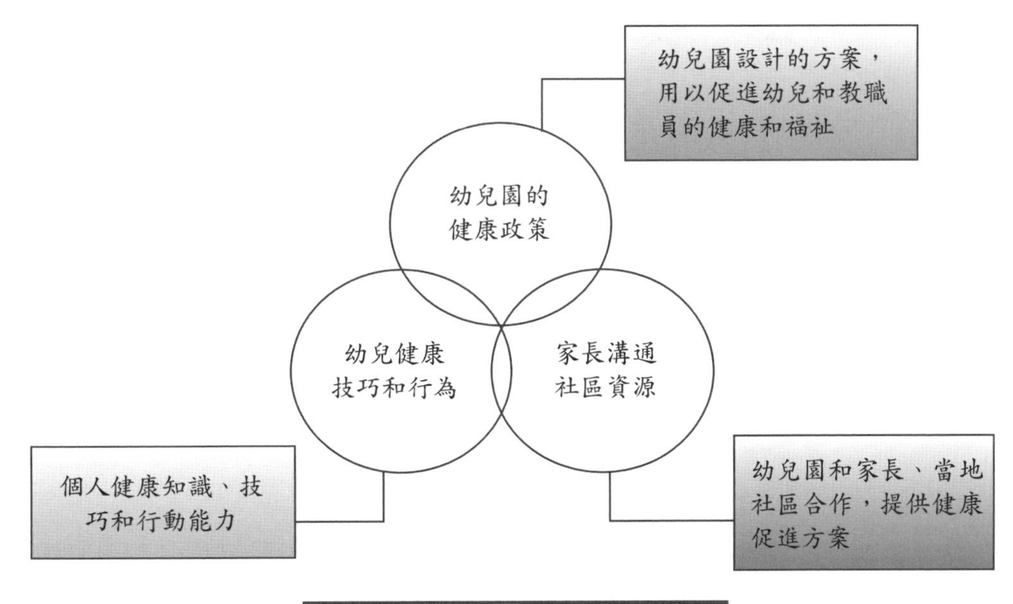

圖 10-1　幼兒園健康促進核心架構圖

（一）幼兒園的健康政策

幼兒園設計的方案，用以促進幼兒和教職員的健康和福祉。幼兒園應建置及發展有關幼兒和教職員之教育、福利、健康促進環境及健康知能，提升教職員健康識能，爭取學習進修等福利，為幼兒於結構面、過程面及結果面周詳規劃，期促進幼兒健康。

（二）幼兒健康技巧和行為

強調幼兒的健康知識、技巧和行動能力。將健康概念設計於課程之中，融入幼兒生活技能，藉由健康行為的介入改變，養成健康生活習慣，培養幼兒健康身體與健全人格。

（三）家長溝通和社區資源

強調幼兒園和家長、社區合作，提供健康促進方案。健康促進識能養成之成功因素，須包括以家庭為中心的設計，結合家長共同推動，才能事半功倍。成功介入幼兒健康促進概念所帶來的效益，不僅是透過幼兒提升家長健康識能，更強化健康促進的成果。由於幼兒園資源及規模不如國中、小，因此可評估社區資源，例如環境、設備、人力、經費及團體等，結合幼兒園計畫共同推展，可彌補計畫資源不足，減輕幼兒園壓力以提升介入成效。

三、幼兒園健康促進的目標、指標和策略的定義

1. 「目標」指的是一個大範圍的願景和想達到的未來模樣。例如，幼兒園的健康政策的目的是什麼？家長溝通和社區資源想要達到的最終結果是什麼？
2. 「策略」指的是要達到上述目標可以運用的方法。
3. 「指標」則是用來評估上述目標是否達到的檢測標準。例如，幼兒園邀請營養師針對幼兒園餐點是否符合飲食均衡提供諮詢，或者請營養師檢視幼兒家庭的晚餐型態。評估的方式為：幼兒園餐點符合均衡飲

食的比例從 80%提高到 90%，家長接受營養師諮詢的比例從五人提高到十人。

4. 幼兒園的方案可以參照指標設計方案實施前後的評估方式。例如，「幼兒辨識健康飲食的正確率」，可以運用圖卡，讓幼兒辨識何者是健康的飲食行為，並在方案實施前與實施後對幼兒施測。施測結果可以作為「健康促進」的衡量指標。這一項也可以運用教學過程的團討，或者其他方式蒐集資料。

四、幼兒園健康促進的架構與細項指標

幼兒園健康促進架構採用 SHE 的六個組成要素，並彙整成三大面向（圖 10-1）：幼兒園的健康政策（對應 SHE 的學校的健康政策、學校物理環境、學校社會環境）、幼兒健康技巧和行為（對應 SHE 的個人的健康技巧和行動能力）、家長溝通和社區資源（對應 SHE 的社區連結和健康服務）。

選定的四大議題為幼兒發展階段最為重要的議題，分別為：營養、視力保健、事故傷害防制、健康體能。幼兒園選擇對幼兒園最重要的議題優先執行，作為健康促進的主軸，並且參照幼兒園的健康政策、幼兒健康技巧和行為、家長溝通和社區資源三大面向分別設定方案的目標、擬定策略、設計指標。

幼兒園健康促進架構不僅包含四大議題，還有許多與幼兒健康促進有關的議題，例如：牙齒保健、疾病預防、兒童保護等，都可以繼續延伸。其次，幼兒園執行架構的其中一項議題，建議依照所列的三大面向執行，因為三大面向環環相扣，無法切割。但是幼兒園的型態非常多樣化，所以可以因應幼兒園的現況，調整策略和指標。

四大議題分別依照幼兒園的健康政策、幼兒健康技巧和行為、家長溝通和社區資源三大面向，列出目標、策略和指標（表 10-2）。

表 10-2　幼兒園健康促進架構與細項指標

四大議題＼三大面向	幼兒園的健康政策	幼兒健康技巧和行為	家長溝通和社區資源
營養	目標： 幼兒園重視均衡飲食與體位	目標： 幼兒養成均衡飲食的習慣	目標： 家長提供幼兒健康飲食，避免幼兒體重過重或過輕
	策略： 1. 提供均衡飲食 2. 實施幼兒營養教育 3. 定期追蹤管理幼兒體位 4. 提升教職員對於幼兒餐點和營養的素養 5. 訂定促進教職員健康福祉的政策	策略： 1. 引導幼兒實踐良好的飲食行為 2. 提升幼兒區辨食物健康與安全的知能 3. 培養幼兒接受均衡飲食的態度	策略： 1. 辦理多元的營養相關親職教育或親子活動 2. 協助家長瞭解生活環境中的致胖因子 3. 結合資源，轉介營養師提供幼兒園或家庭餐點諮詢
	指標： 1-1. 幼兒園定期檢視餐點符合幼兒健康需求 1-2. 幼兒園餐點符合六大類均衡菜單的百分比 2-1. 幼兒園定期辦理幼兒營養教學活動 3-1. 幼兒園定期測量幼兒身高體重 3-2. 幼兒園檢討均衡飲食策略並據以改善 4-1. 幼兒園對教職員實施均衡飲食和營養教育 5-1. 教職員自身均衡飲食的知能提升 5-2. 幼兒園促進教職員均衡飲食福祉的措施增加（幼兒園推動教職員的健康飲食活動）	指標： 1-1. 幼兒良好飲食行為增加 2-1. 幼兒對健康食物與食物安全的辨識正確率提高 3-1. 幼兒對於均衡飲食的接受度增加	指標： 1-1. 家長參與活動的比率增加 1-2. 幼兒園實施營養相關的親職教育或親子活動類型增加 1-3. 家長對營養和均衡飲食的認知提升 2-1. 幼兒園協助家長檢核生活中致胖因子的人數增加 3-1. 幼兒園定期結合不同的社區資源提供幼兒園與家長營養諮詢

表 10-2　幼兒園健康促進架構與細項指標（續）

三大面向 / 四大議題	幼兒園的健康政策	幼兒健康技巧和行為	家長溝通和社區資源
視力保健	目標： 幼兒園重視視力保健	目標： 幼兒瞭解視力保健的重要性	目標： 家長對於視力保健的知能提升
	策略： 1. 落實視力檢查 2. 分析幼兒視力檢查結果，並提供視力保健策略 3. 定期檢視幼兒園環境達到護眼效果 4. 提升教職員對於視力保健的素養 5. 訂定促進教職員健康福祉的政策	策略： 1. 強化幼兒視力保健的技巧和健康用眼行為 2. 實施幼兒視力保健的教學活動	策略： 1. 提升家長對幼兒視力保健的正確知能 2. 教導家長在家實施正確的護眼活動 3. 結合社區資源給予家長正確視力保健觀念
	指標： 1-1. 幼兒園每學期實施視力檢查，並確實登錄幼兒視力健康紀錄表 1-2. 幼兒園通知家長，並對檢查結果異常者持續追蹤改善情形 2-1. 幼兒園檢討視力保健策略並據以改善 3-1. 幼兒園定期測量活動區光線照度、檢視幼兒桌椅高度，並追蹤改善 3-2. 幼兒園提供有益於視力保健的校園環境 4-1. 教職員對於視力保健的正確知識增加（例如：近距離用眼 30 分鐘，要休息 10 分鐘、教職員維持平衡的健康生活，減少 3C 產品使用） 4-2. 教職員對於視力保健的敏感度提升 5-1. 幼兒園促進教職員視力保健福祉的措施增加（例如提供教職員適宜的工作環境，不在午休時間光線昏暗的教室內處理行政工作或寫聯絡本、提供用眼距離合宜的成人桌椅、定期辦理教職員視力檢查）	指標： 1-1. 幼兒對視力保健與健康用眼的知識增加 1-2. 幼兒每周戶外活動時間增加或達到每天 120 分鐘 1-3. 幼兒園辦理幼兒視力保健活動，幼兒的參與率（次數或時間）提高 2-1. 教師進行視力保健教學活動增加 2-2. 教師檢視教學活動設計（主題活動、學習區、閱讀），避免幼兒近距離用眼時間超過 30 分鐘 2-3. 轉銜時間讓幼兒觀看電視、電腦或近距離用眼的時間減少	指標： 1-1. 家長對視力保健知識的正確性提高 1-2. 家長參加幼兒視力保健講座的參與率提高 2-1. 家長讓幼兒使用 3C 產品時間減少 2-2. 家長關注幼兒近距離用眼時間和正確姿勢的比例增加 2-3. 家長每周帶幼兒戶外活動的時間增加 3-1. 幼兒園結合社區醫療資源提供家長視力保健諮詢 3-2. 幼兒園協助視力檢查異常的幼兒家長配合進行矯治的比率提高

表10-2 幼兒園健康促進架構與細項指標（續）

四大議題＼三大面向	幼兒園的健康政策	幼兒健康技巧和行為	家長溝通和社區資源
事故傷害防制	目標： 幼兒園重視事故傷害防制	目標： 幼兒瞭解事故傷害防制的重要性	目標： 家長對於事故傷害防制的認知提升
	策略： 1. 實施交通及環境安全宣導 2. 訂定事故傷害通報及處理流程 3. 定期進行環境安全檢視、分析事故傷害事件，並提出改善策略 4. 提升教職員對事故傷害防制的知能 5. 訂定促進教職員健康福祉的政策	策略： 1. 理解與分辨環境中交通安全及環境安全的可能危險因子 2. 提升交通事故及環境安全風險感知，不做危險行為	策略： 1. 家長瞭解交通及生活環境潛藏的危險因子 2. 家長建立交通及生活環境安全的正確習慣 3. 結合社區資源給予家長正確事故傷害防制觀念
	指標： 1-1. 幼兒園定期實施交通安全及環境安全宣導 1-2. 幼兒園採用多元化方式進行交通安全及環境安全宣導 2-1. 幼兒園定期檢視事故傷害通報及處理流程的適切性 2-2. 幼兒園確實執行事故傷害事件的通報及處理 3-1. 幼兒園定期檢視環境設施設備，並加以改善 3-2. 幼兒園定期檢視幼兒交通接送方式，並加以改善 3-3. 幼兒園分析事故傷害的對應策略，事故傷害事件減少 4-1. 教職員對事故傷害防制的知識提升 4-2. 教職員對事故傷害事件的緊急應變與急救的能力增加 4-3. 教職員對於可能造成事故傷害環境的敏感度提升 5-1. 幼兒園對減少教職員事故傷害的防護措施增加（例如課後留園或延托時，女性教職員的安全保護措施，設置夜間警示照明、警民連線等）	指標： 1-1. 幼兒對日常生活中交通規則的認知提升（教學中讓幼兒理解和辨識簡單的交通規則，包含行走、騎乘與搭乘各種交通工具） 1-2. 幼兒辨識校園環境和交通危險因子的能力提升 2-1. 幼兒對危險行為的辨識和覺察能力提升 2-2. 幼兒處於危險情境時，自我保護的能力增加	指標： 1-1. 家長執行居家安全環境檢核表的比例提高，避免容易發生事故的危險情境 1-2. 家長對避免交通事故傷害的認知提升（包含行走、騎乘、搭乘汽機車及大眾運輸交通工具） 2-1. 家長使用適合幼兒的交通安全配備的人數增加 2-2. 家長改善居家環境安全的實例增加（例如：不讓六歲以下幼兒獨處、依據居家環境檢核結果改善居家環境以減少意外事故的發生） 3-1. 家長參加交通與環境安全宣導活動的比率提高

表 10-2　幼兒園健康促進架構與細項指標（續）

四大議題＼三大面向	幼兒園的健康政策	幼兒健康技巧和行為	家長溝通和社區資源
健康體能	目標： 幼兒園重視健康體能活動	目標： 養成幼兒定時定量運動習慣	目標： 養成家庭動態生活的習慣
	策略： 1. 提供幼兒適齡適性且多元的健康體能活動 2. 定期舉辦健康體能活動、分析體能活動執行情形，並提出改善策略 3. 瞭解幼兒動作能力，將健康體能活動融入教學 4. 增加教職員對健康體能的參與度 5. 訂定促進教職員健康福祉的政策	策略： 1. 教導幼兒瞭解健康體能活動對身體的好處 2. 教導幼兒正確的動作技能，避免運動傷害 3. 培養幼兒參與健康體能活動的興趣	策略： 1. 鼓勵家長參與親子體能活動 2. 培養家庭動態生活模式的習慣 3. 結合社區資源鼓勵家長參與親子體能活動
	指標： 1-1. 幼兒園的健康體能活動符合幼兒身體動作發展需求的比例增加 1-2. 幼兒健康體能活動內容多元化、有趣。以運動為主體，遊戲為方法 2-1. 幼兒穩定性、移動性和操作性的動作能力均衡發展 2-2. 幼兒園檢討幼兒園規劃的健康體能活動和實施成效，並據以改善 3-1. 教師設計融入體能活動的教學活動增加 4-1. 教職員健康體能的素養提升 4-2. 教職員對健康體能活動參與度增加 5-1. 幼兒園促進教職員健康體能福祉的措施增加（例如辦理教職員體能活動）	指標： 1-1. 幼兒對健康體能活動的好處的瞭解增加 2-1. 幼兒對於健康體能活動運用正確動作技能的瞭解增加 2-2. 幼兒體能活動時間造成的傷害事件減少 3-1. 幼兒參與健康體能的時間增加 3-2. 積極參與健康體能活動的幼兒數增加	指標： 1-1. 幼兒園運用多元策略和獎勵措施，鼓勵家長參與親子體能活動 2-1. 家長和幼兒在家中進行親子體能活動的人數和次數增加 2-2. 家長假日親子戶外活動的人數和次數增加 2-3. 家庭共同參與運動的意願提升 3-1. 幼兒園結合社區資源或提供相關活動訊息，家長參與社區親子體能活動比例增加（如親子馬拉松或親子三對三籃球賽等）

資料來源：葉郁菁、林秀娟、彭巧珍（2019）。

第三節　幼兒園推動視力保健實例

嘉義縣大同國小附設幼兒園為參與衛生福利部國民健康署 2017 年「幼兒園健康促進試辦計畫」之六家幼兒園之一，大同國小附幼選擇的健康促進議題為「視力保健」，執行時間為四個月。本節以大同國小的視力保健為範例，提供幼兒園如何設計健康促進的方案，從方案中提醒家長重視幼兒視力保健的問題。以下就幼兒園針對現況分析之後，敘述方案設計的緣起、方案的目標、視力保健的策略，以及執行之後視力保健的成效評估。

一、正視視力保健的重要性

幼兒園推動視力保健之前，必須讓方案參與者，包含幼兒園教職員、幼兒、幼兒家長對視力保健具備正確概念。

（一）近視是一種疾病

眼科醫師認為，近視是一種疾病，一旦近視之後，就脫離不了戴眼鏡，眼睛的部分沒有矯正，度數會增加、會視力不良，越早近視，眼睛度數增加速度越快，也可能引發青光眼、白內障、黃斑部病變等。

（二）幼兒園正確檢測視力

第一個階段的評估可以由學校的護理師或教保人員自己做，但是必須要正確。幼兒園發現視力異常個案，讓幼兒將通知單帶回去給家長，請家長帶到眼科進一步確認，並且留意矯正後正常或是有弱視、近視、眼位不正等問題，像斜視等。

（三）眼科醫師治療

眼科醫師會提出治療處置，做法包含點散瞳劑、眼鏡的佩戴，或者評估做眼睛的訓練。

（四）幼兒園宣導與衛生教育

園方可以加強衛生教育和宣導。幼兒園可以邀請公衛護士或有醫療背景的人向幼兒和家長說明。宣導的口訣包含「3010」——每用眼 30 分鐘休息 10 分鐘，以及「120」——每天在戶外活動的時間至少 120 分鐘。戶外活動可以讓睫狀肌放鬆，降低近視發生率。

（五）減少使用 3C

家長應該節制幼兒使用平板電腦，幼兒園的繪本也盡量是字體較大的。家長若在家要用數位學習，電視會比平板要好，電視比較不會因為幼兒眼睛過度調節，造成調節性近視的問題。

二、方案緣起

幼兒園規劃的健康促進方案，應該先針對幼兒園現況做分析。例如，偏鄉的幼兒園，幼兒天天在戶外空間運動，「提升戶外運動的時間」非幼兒園需要立即改善的項目。相對在臺北市都會區的幼兒園，因為教室室內空間狹小、戶外空間有限，所以提升幼兒的體適能可以列為幼兒優先改善的目標。

大同國小 107 學年度學校為小一新生做了視力檢查，發現小一新生中視力不良者高達三成，與前一學年度（10%）比較，是前一年的三倍。這個現象引發關注。嘉義縣衛生局針對學齡前幼兒做統合篩檢，106 年幼兒園 146 位接受篩檢的幼兒中，異常者高達 85 人（占 58.2%），家長帶至眼科就診者 83 人，其中 56 人確診異常（占 38.3%）。幼兒園老師非常擔心視力異常的高比例。幼兒園家長經常加班，匆匆忙忙帶孩子回家又忙著家務，最常把手機拿給孩子自己玩。因此，幼兒園希望透過視力保健的試辦計畫，可以讓幼兒和家長一起重視視力保健的議題，改善幼兒視力問題。

三、方案策略與指標

依照幼兒園健康促進的架構，幼兒園分別擬訂的策略包含三項：

（一）幼兒園的健康政策

1. 幼兒園每學期對幼兒視力做檢查，並做紀錄。
2. 幼兒園分析幼兒視力檢查結果，並提出保健策略。
3. 檢核幼兒園環境達到護眼效果。

（二）幼兒健康技巧和行為

1. 教導幼兒辨識正確的用眼行為。
2. 實施幼兒視力保健的教學活動。

（三）家長溝通和社區資源

1. 辦理親師座談會，提升幼兒園教師和家長對 3C 產品造成幼兒視力的傷害並採取積極作為。
2. 教導家長護眼的親子活動設計。
3. 通知及教導家長持續追蹤檢查與矯正結果。
4. 結合社區資源給予家長正確視力保健觀念。

對應上述策略，幼兒園擬定的方案指標為：

（一）幼兒園的健康政策

1. 每學期實施視力檢查，並確實登錄幼兒視力健康紀錄表。
2. 檢查結果異常者，通知家長，並持續追蹤改善情形。
3. 提升教職員對於視力保健的敏感度，並且觀察幼兒是否有疑似視力不良的徵兆，促進幼兒視力健康。
4. 幼兒園環境檢核，定期量測教室內的光線照度、桌椅高度，並追蹤改善。

（二）幼兒健康技巧和行為

1. 幼兒健康用眼行為認知提高（如：利用遊戲進行前後測）。

2. 幼兒每週戶外活動的時間增加或達到每天 120 分鐘。
3. 辦理幼兒視力保健活動，幼兒的參與率（次數或時間）提高。

（三）家長溝通和社區資源

1. 家長參加幼兒視力保健座談會的參與率提高。
2. 家長對於幼兒視力保健認知的正確率提升。
3. 視力不良幼兒的家長配合進行矯治比例提高。

四、視力保健的介入策略

現況分析：大同國小附幼請健康中心護理人員協助進行幼兒視力檢測，結果初篩全園 150 人，異常者 45 人（占 30%），且以小班幼兒的比例明顯偏高。經通知家長帶至眼科就診者後，有 41 人複診，複診率達 91.1%。

（一）介入策略一：視力保健兒歌教唱

幼兒園請幼兒音樂的專業作曲者編寫了一首視力保健兒歌，幼兒園教師配上律動動作後，每天幼兒午睡起床，利用十分鐘時間唱跳視力保健兒歌。

（二）介入策略二：家長視力保健宣導

幼兒園辦理視力保健的親職講座，邀請幼兒園家長和教保人員共同參加，幼兒園設計闖關遊戲，將視力保健的重要概念融入闖關遊戲中，加深幼兒對於視力保健的識能。

（三）介入策略三：教育家長減少 3C，戶外活動 120

幼兒園上下午的戶外活動加上每天 30 分鐘的大肌肉出汗性活動，僅有 90 分鐘。為了鼓勵家長帶幼兒多到戶外活動，減少使用 3C 產品的時間，幼兒園設計家長每週帶幼兒到戶外活動，照片上傳幼兒園班級臉書，幼兒即可集點換贈品。累積的點數每週統計，每週每班戶外運動超過平均值者，幼兒可以戳戳樂。每個月統計累積最多者，還可以抽獎品。

五、實施成效

（一）幼兒年齡越小，視力保健介入效果越好

幼兒園實施「減少 3C、鼓勵戶外 120」的集點換贈品活動，從一開始班級參加人數不多、家長上傳照片有限，經過每週和每個月的集點換獎，激發幼兒拿獎品的動機。尤其兩班小班幼兒，從原本的班級平均 2.28 次提升到 3.7 次，以及 0.94 次增加到 2.27 次。小班幼兒家長也在臉書回應：「和先生結婚後已經五年沒爬過山，現在為了小孩集點，每個週末都要往外跑。」

（二）3C 產品只能減少使用時間，不能完全不用

經過幼兒園視力保健宣導講座之後，幼兒園透過家長問卷瞭解幼兒使用 3C 產品時間，結果發現幼兒每天使用少於 30 分鐘者僅占 40.7%，未達目標的五成。不過超過九成以上家長，幼兒使用 3C 產品時，經常陪伴在旁邊。

減少幼兒使用 3C 的時間，家長必須以身作則。當家長整天手機不離手，幼兒自然也會跟著學習從 3C 產品中找娛樂。幼兒園教師需要教導家長如何放下手機陪孩子玩。以下建議可以提供給家長參考：

1. 眼科醫師認為，孩子用手機看影片、玩遊戲，更容易造成睫狀肌疲勞，與其讓孩子盯著小螢幕看，還不如讓孩子看電視。
2. 近距離用眼的時間必須嚴格控制：每 30 分鐘休息 10 分鐘。近距離用眼不僅是使用 3C 產品，包含近距離閱讀看書或者畫圖都是。
3. 吃飯的時間是家人相聚聊天的時間，不要邊看手機邊吃飯。
4. 每天戶外活動的時間最好要超過 120 分鐘，若平常上班日家長有困難，週末也務必帶孩子多參加戶外活動。
5. 有些幼兒園家長會選擇課後的才藝課程，建議家長盡量選擇戶外動態的課程（如：踢足球、直排輪），比室內靜態坐著的課程（如：桌遊、藝術課程、黏土創作等）更理想。
6. 約定好要遵守：孩子若使用 3C 產品時間超過，家長必須嚴格遵守約定，千萬不能因為孩子吵鬧又繼續給 3C 產品。家長也可以在 3C 產品

上設定使用時間，時間到立即關機。

7. 手機或平板電腦需要設定開啟密碼，避免幼兒隨取隨用。
8. 二歲以下幼兒不要使用手機，越早接觸 3C 產品，成癮的可能性越高。
9. 約定好家庭（無手機）活動時間，可以是晚餐後的一個小時，家人都不使用手機，家長可以陪伴孩子玩玩具或看書。
10. 定期視力檢查，預防重於事後治療。充足的睡眠、戶外運動，都是幼兒視力保健的良方。

（三）視力保健講座宣導正確知識

透過視力保健的講座，讓全校教職員與家長瞭解視力保健的重要性。幼兒園幼生人數 150 人，當日參加的家長人數有 103 人（占 69%），教保人員則全數出席。視力保健講座結束後，家長分享：「我以為小孩看書 30 分鐘要休息，就叫女兒去畫圖。沒想到這些都是近距離用眼，是導致她近視的原因！」透過視力保健宣導，讓家長更瞭解如何提早預防幼兒近視，請家長與幼兒園共同合作，養成幼兒正確的用眼習慣。

第四節　家園共同合作推動健康促進

幼兒的營養、視力保健、事故傷害防制、健康體能四大健康促進行為，與家庭中的習慣息息相關。家庭中的飲食習慣影響幼兒的肥胖和營養攝取，甚至是偏食行為。家長如何使用 3C，也會造成幼兒多小開始接觸 3C 產品，甚至成為年紀小的手機成癮者。家長是否覺察居家照顧環境的安全性，透過環境的重新安排和布置減少幼兒意外發生的機率，以及家長使用交通工具乘載幼兒時，使用正確的安全保護措施，才能減少事故傷害對幼兒的直接衝擊。家長帶幼兒到公園或戶外遊戲的時間，不僅可以減少幼兒使用 3C，同時也可以增加幼兒體適能的活動，減少因為久坐的肥胖問題。

幼兒園和家庭如何共同協作推動健康促進？以下為建議：

一、強化家長對於健康促進的識能

家長認為幼兒健康促進的四大議題都很重要，不過家長對幼兒健康促進的專業識能則需要幼兒園透過親職講座、宣導等提供。例如，幼兒家長知道幼兒視力保健很重要，但是可能不瞭解幼兒越早近視，未來成為高度近視甚至失明的機會增加。幼兒家長理性上都瞭解不應該讓幼兒接觸平板電腦或 3C 產品，但是幼兒吵鬧或無聊時，許多家長卻很習慣讓幼兒自己拿手機或平板電腦觀賞影片、玩遊戲。又如，臺灣的含糖飲料、手搖杯飲料店到處可見，家長不僅習慣自己買來喝，也會買給孩子喝，但是長期飲用含糖飲料，可能導致肥胖的問題。許多家長用摩托車接送幼兒，但是又不做好防護措施，幫幼兒配戴安全帽，幼兒因車禍致死率往往是成人的數倍。靖娟基金會（2019）指出，機車三貼，超過九成幼兒被夾在大人中間，沒有著力點，撞擊時非常容易被甩飛，風險指數高達 1.25 倍；幼兒站在機車腳踏板，但幼兒的身高有時會遮住成人視線、或者幼兒手扶龍頭影響騎車者的操控，兒童交通意外事故傷亡者以機車最高。

研究指出，家長對於幼兒健康促進識能的理解，除了母親教育程度達到顯著差異外，其餘因素（包含家長職業、幼兒父親教育程度等）均未達到顯著，其結果顯示：幼兒健康促進的識能與理解重要性，不分家長教育程度和家庭背景，同樣重要（Yeh, Lin, Huang, & Huang, 2019）。過去幼兒園可能將幼兒的健康促進議題歸咎於家庭社經背景，認為低社經家庭較容易暴露於健康的危險因子之中，家長的健康促進識能不足，家庭環境造成健康風險等。不過從研究分析結果發現，即使是雙薪、高教育程度的家長，也未必具備正確的健康促進識能。建立家長對於幼兒健康促進的識能，讓家長知道健康促進議題的重要性和嚴重程度，是幼兒園推動健康促進的第一步。

二、善用幼兒學習動機，提高參與誘因

幼兒的學習動機很強，幼兒園教師講述《眼鏡公主》、《蛀牙王子》、《我絕對絕對不吃番茄》等繪本，運用於視力保健、牙齒保健、偏食等健康促

進議題，幼兒園教師也可以透過兒歌、律動的唱跳，讓幼兒熟悉健康促進的相關內容。尤其透過兒歌律動的唱跳，更容易讓幼兒產生深刻印象。

選擇適合的誘因設計方案，可以達到鼓勵幼兒參與健康促進的效果。誘因包含物質性的誘因與非物質性的誘因。前者例如幼兒喜歡集點卡、貼紙等，透過集點換贈品，可以達到誘導的效果。後者例如激勵幼兒的榮譽感，健康促進成效最佳的幼兒可以與幼兒園園長拍照、獎狀，或者當選「健康小寶寶」等，都屬於「非物質性誘因」。

健康促進的獎勵模式建議多採用鼓勵而非懲罰的方式，同時不要勉強幼兒，對不同年齡幼兒可以依據其能力表現設定目標，或者採計的標準是以同年齡的幼兒可以達到的平均值，如此達成的效果比較好。同時幼兒園執行健康促進方案一段時間之後，應該重新檢視方案的目標，採取不同的誘因，否則因為誘因已達到邊際效應而對幼兒失靈。

三、社區資源盤點與整合，健康促進效益加倍

（一）醫療資源

幼兒健康促進方案，無法僅由幼兒園自行推動，幼兒園需要依賴社區醫療資源。例如幼兒園與社區的眼科或牙科醫師合作，推動視力檢查、牙齒檢查和塗氟。幼兒園可以邀請社區、衛生所或鄰近醫療院所的營養師或健康中心護理人員協助擔任宣導人員和講師，營養師可以協助計算幼兒園餐點的熱量，以及協助檢視菜單是否符合六大類均衡飲食。除此之外，營養師與幼兒園合作，幫忙檢視家庭的晚餐內容，並提供家長餐點安排和設計的建議。

（二）社會福利

幼兒園推動健康促進議題時，也會連結到其他社區資源。例如，幼兒園想要與社區內的長照據點共同推動老幼共融方案，讓幼兒與長照據點的長輩一起進行體適能活動。社區的福利資源包含身心障礙、長期照護、社會救助、托育服務等各種資源。依據幼兒園執行的健康促進方案，幼兒園連結社會福利資源

共同推動。

（三）教育資源

幼兒園教師對於健康促進議題需要教育資源的協助，例如大學幼教或幼保系教師可以針對幼兒園的健康促進課程提供輔導的建議，尤其健康促進方案的成效評估指標以及分析結果，也都需要輔導專家提供建議；幼兒園想要設計體適能的方案，遭遇的主要問題是方案設計者必須瞭解不同年齡幼兒的身體動作發展和體適能活動設計，才能提出理想的幼兒體適能活動，幼兒園教師需要這類專家的協助。

此外，幼兒園推動健康促進議題時，可能遭遇家庭溝通的阻礙、家長配合意願等問題，因此設計家長願意參與的方案，強化家庭健康促進的功能，可以透過家庭教育者提供有效策略。

（四）科技資源

幼兒園推廣幼兒健康促進方案時，可以透過臉書或LINE等網路社群，或者幼兒園的網頁，達到連結的效果。幼兒園若能善用科技產品，則可以使效益加倍。例如，運用手機每天平均使用時間的APP，提醒家長每週統計、逐漸減少使用時間；手機也有健康資訊的APP，可以計算當天行走的步數，可運用於體適能的健康促進方案。除此之外，依據幼兒不同年齡，設計五分鐘親子體適能運動短片，鼓勵家長和孩子一起做。對於某一項議題有共同興趣的幼兒園，也可以成立學習型的幼兒園群組，分享教案、活動設計方案、繪本或歌曲等，達到資源共享的效益。

四、家園協力，共推健康促進

從幼兒園實施幼兒健康促進方案的經驗發現，家長可以是健康促進推動的助力，但也是最大的阻力。例如，幼兒園帶幼兒到戶外進行體適能活動，家長可能擔心幼兒到戶外被蚊子叮咬、會中暑等；幼兒園設計戶外活動拍照上傳集點換贈品的活動，但是也有一些家長不願意配合，所以幼兒無法上傳任何戶外活動照片。這些都是家園協力過程的困擾。幼兒園希望家長不要讓幼兒看平板電腦、看手機，但是宣傳很多次，家長依然不願意改變習慣。

家園必須共同協力，才能推動健康促進。幼兒園教師必須先同理家長的想法，瞭解家長的困難點，再尋求突破和解決策略，例如，先鼓勵幼兒在室內活動，去戶外活動前先做好防曬、防叮咬的防護措施，夏天可以將戶外活動時間提早一點、避免日曬，逐步拉長拒絕參加的幼兒戶外活動的時間；家長若因週末加班、沒有交通工具，無法帶幼兒從事戶外活動，可以運用在幼兒園的時間，鼓勵幼兒多做戶外活動，同樣可以集點。手機或平板電腦設定使用時間，時間到手機或平板自動關機，避免幼兒無限制地使用 3C 產品。另外，幼兒依賴 3C 產品的原因，是因為無聊、不知道要做什麼，因此幼兒園教師提供家長一些親子互動的技巧和方法，或者運用視力保健技巧的小遊戲，例如用洗衣籃接球等，減少幼兒依賴 3C 產品的習慣。同時家長也要以身作則，當家長整天滑手機時，幼兒無所事事就會覺得無聊。家長改變自己使用 3C 產品成癮的習慣，也是幫助幼兒建立正確視力保健的方法。

致謝：本章內容為衛生福利部國民健康署補助之「幼兒園健康促進試辦計畫」（計畫編號：C1070617）成果報告之一部分，計畫主持人為葉郁菁教授、協同主持人為林秀娟講座教授（奇美醫院）、黃文聰副院長（柳營奇美醫院）、沈玫宜助理教授（南臺科技大學）。感謝衛生福利部國民健康署提供計畫經費。

參考文獻

中文部分

吳淑娟（無日期）。**3C 世代，誰偷走了孩子的智慧？**取自https://www.twror.org/3c%E4%B8%96%E4%BB%A3%EF%BC%8C%E8%AA%B0%E5%81%B7%E8%B5%B0%E4%BA%86%E5%AD%A9%E5%AD%90%E7%9A%84%E6%99%BA%E6%85%A7/

葉郁菁、林秀娟、彭巧珍（2019）。**幼兒園健康促進工具包（電子版）設計案成果報告**。臺北：國民健康署。

葉郁菁、林秀娟、黃文聰、沈玫宜（2018）。**幼兒園健康促進試辦計畫成果報告**。臺北：國民健康署。

靖娟基金會（2019）。**夫妻騎車三貼遇擦撞，懷中男嬰不治**。取自https://www.safe.org.tw/news/press_release_detail/548?utm_source=Facebook_PicSee

黎伊帆、江東亮、林秀娟（2018）。學齡前兒童成長及健康狀況。載於衛生福利部國民健康署（編），**新世紀臺灣學齡前兒童健康圖像**。臺北：衛生福利部國民健康署。

英文部分

Aston, R. (2018). Physical health and well-being in children and youth: Review of the literature. Retrieved from https://doi.org/10.1787/102456c7-en

OECD (2013). *Health at a Glance 2013: OECD Indicators*. Retrieved from http://dx.doi.org/10.1787/health_glance-2013-en

OECD (2017). *PISA 2015 Results (Volume III): Students' Well-Being*. Retrieved from http://dx.doi.org/10.1787/9789264273856-en

OECD/EU (2016). *Health at a Glance: Europe 2016: State of Health in the EU Cycle.* Retrieved from http://dx.doi.org/10.1787/ 9789264

265592-en

Safarjan, E., Buijs, G., & de Ruiter, S. (2013). SHE online school manual: 5 steps to a health promoting school. Retrieved from http://www.schoolsforhealth.eu/for-schools/

World Health Organization. (2015). *Prevalence of insufficient physical activity among school going adolescents: Data by country*. Retrieved from http://apps.who.int/gho/data/node.main.A893ADO?lang=en.

World Health Organization. (2017). *Overweight(body mass index ≥ 25), age standardized (%): Estimates by country.* Retrieved from http://apps.who.int/gho/data/node.main.A897A?lang=en.

Yeh, Y. C., Lin, S. J., Huang, W. T., & Huang, C. H. (2019). A construction of national health promotion indicators for young children in Taiwan. Paper presented at the OMEP Asia Pacific Regional Conference. 5th-7th September, Kyoto: Kyoto Terrsa.

第十一章

幼兒園與社區的
橫向整合與垂直銜接

從生態系統觀點來看，幼兒與當地社區群眾的生活型態相關，雖然幼兒園照顧二歲以上至就讀國民小學前的兒童，但社區內的學校學童、長期照顧中心的長輩等，在幼兒的發展歷程中，能透過互動彼此共享生活經驗。本章將談述幼兒園與社區不同群體照顧的整合創新方案，包含幼兒園與長者的老幼共融方案，以及幼兒園與零至二歲嬰幼兒照顧者的合作方案。本章共分為兩節：第一節為社區型整合照顧方案，第二節為幼兒園與社區的垂直銜接。

第一節　社區型整合照顧方案

「社區型整合照顧」談述的是社區中跨不同年齡族群教保和照護議題的融合。對家庭而言，照顧對象涵蓋六歲以下的幼兒，與同時照顧 65 歲以上的長輩。幼兒與長輩的健康體能狀態和需求類近，生活作息接近，適宜發展出整合照顧方案。

一、老幼共融的社區型整合照顧

幼兒和長者有許多共同的特質，包含：幼兒和長者在發展上充滿變化，他們都有陪伴和依附的需求，同時幼兒和長者被理解的渴望也高於其他世代（Davidson & Boals-Gilbert, 2010）。美國最早的代間共融方案為 1963 年的領養爺奶計畫（The Foster Grandparent Program），持續性提供有計畫的代間共融方案，讓長者代為照顧高風險家庭中的兒童（Larkin & Newman, 1997）。臺灣社會面臨高齡化，同時家庭型態多半以核心家庭為主，年輕夫妻無人可以代為照顧幼兒，因此幼兒很小就在機構式環境中成長，因為少子化缺乏與兄弟姊妹互動的經驗，而且家庭核心化也造成幼兒與長者接觸的經驗有限。

高齡化的社會，長者（尤其獨居者）的生活起居需要別人照顧關懷，但因臺灣高齡長者不易、也不願意離開家庭生活，多半選擇在社區老化，高齡者缺乏退休或高齡生活的安排，往往成為家中的電視老人，或者將逛醫院當成一種習慣。為了鼓勵民間組織參與，讓長者可以安心在地老化，衛生福利部社會及家庭署推動「社區照顧關懷據點」，由有意願的村里辦公處及民間團體參與設置，邀請當地民眾擔任志工，提供老人關懷訪視、電話問安諮詢及轉介服務，並視當地需求特性，提供餐飲服務或辦理健康促進活動。政府致力推動社區整體照顧服務體系，推動長照十年計畫 2.0 擴充的服務項目，例如：小規模多機能服務、家庭照顧者支持服務據點、失智症照顧服務。「ABC 社區整體照顧模式」目的是為了讓民眾可獲得整合式服務，期待藉由社區整合型服務中心〔又稱長照旗艦店（A 級）〕、複合型日間服務中心〔又稱長照專賣店（B 級）〕與巷弄長照站〔又稱長照柑仔店（C級）〕，提供具有連續、彈性、多元的照顧服務。透過上述長照柑仔店的普遍佈點，讓長輩獲得在地化的社區照顧，可以使長輩留在熟悉的環境中，同時也讓照顧長者的年輕家庭有喘息的機會，發揮社區互助的功能。

社區照顧關懷據點或老幼共融方案的設置理念都是鼓勵長輩從家裡走出來，參加各種健康促進活動，還可認識社區中其他的長輩與熱心的志工，增進其社會互動和社交能力（衛生福利部社會及家庭署，2016）。若幼兒照顧可以與長者的社區照顧服務結合，未來將成為一種新型態的社區照顧模式。鼓勵長者終身學習，退休之後可以持續社會參與及延緩老化。許多社區提供日間照顧中心，提供長者家庭以外的去處，可以增加長者的人際互動，減少他們過度的病識感。老幼共融方案的規劃理念即是基於提供一個結合托育與托老的環境，鼓勵長者與幼兒一起互動學習，同時延緩長者老化、提供幼兒社會參與的機會。

二、老幼共融的理念與益處

（一）老幼發展的相似性

Erikson（1950）提出心理社會發展（psychosocial development）的八個階段，前三個階段出現在幼兒時期，包含信任vs.不信任、自主vs.羞愧懷疑、主動vs.罪惡感，上述三個時期似乎也和老年期的改變有關（引自Davidson & Boals-Gilbert, 2010）。老年人在心智功能逐漸退化之後會變得很像幼兒，純真、有點固執，且都渴望被注意和被愛。幼兒喜歡重複性的遊戲，長者也喜歡重複的話題；幼兒喜歡做出一些不合常理的舉動吸引他人的注意，長者期待被注意時也會做出一些反常的行為。長者與幼兒存在許多相似的特質。

（二）老幼共融的益處

老幼共同進行課程或活動方案，對長者和幼兒雙方皆有益處。長者可以透過與幼兒的互動感受年輕生命，同時也可以促進生活品質，使老人感受生活目標。日本於1990年代開始，推動幼兒園和小型的失智照顧中心相鄰設立，每天安排固定時間讓長者和幼兒共同進行活動，包含社區散步時沿途欣賞風景和相互的安全提醒，增加彼此互動。香港的社工組織則是創辦「bb 醫生」，讓六個月到六歲大的幼兒擔任志工，到安養中心與長照機構與長輩互動，上述實例均為老幼共融的成功案例（公益交流站，2015）。Newman、Ward、Smith與Wilson（1997）指出，代間共融方案對於長者有下列好處：

1. 延緩老化現象：學習沒有能力的上限，若能透過有組織的導入和技巧的訓練，可以彌補長者在記憶和活動能力的限制。因此代間共融方案可以促進長者在心理和生理的活動，並增加社會接觸的機會，延緩因獨居提早失智的現象。
2. 減少社會的老化：老化過程中，長者經常感受孤獨感、無價值感，以及對社會事物缺乏興趣，這類經驗有可能受限於環境中的「失能」，例如，環境中無法提供長者需要的社會參與方式，或者社會觀念對於長者「年老無用」的普遍觀點。代間共融課程，必須先協助長者克服對老年人的刻板印象和態度，最終透過政策的規劃鼓勵長者走出家門。

3. 情感的老化：長者需要透過他人的回饋，獲得價值感和滿足感，但是若家中的長輩經常被嫌棄，認為是「拖油瓶」，或者他們的想法已經過時了，年輕世代對於長者的重複性語言或動作沒有耐性，都會造成長者與其他世代的關係緊張。因此，鼓勵長者參與社會活動，透過共融方案傳遞價值感，提高長者的自尊和自信，提升他們的生活品質。
4. 增加長者的行動力：長者參與社會活動，可以提升幸福感和心理健康。許多長者因為身體病痛或年邁，自我形象差，不願意走出家門。透過代間共融方案，即使是行動不便的長者，也可以透過基本的生活自理能力訓練，延緩身體功能退化，讓長者維持社會參與，避免過度封閉。
5. 促進長者適應新的社會觀：透過代間融合方案，能使長者與社會脈動結合，透過與年輕世代的溝通和交流，適應新的社會觀，避免想法「落伍」。

幼兒可以從共融課程中學習包容和協助（Peacock & Talley, 1984）。尤其華人社會向來強調家庭價值，但小家庭型態的普及卻使越來越多幼兒從小缺乏與長輩互動的經驗。代間課程（intergenerational program）為不同世代的人，透過有目的的合作和支持，進行的活動方案（林歐貴英，2003）。Davidson（2010）指出，代間方案將不同世代的人有目的地聚集在一起，並且透過相互受益的活動，以達到特定的方案目標。年輕與老年世代，均可以透過彼此分享技能、知識或經驗，增加合作和互動（Brabazon, 2007）。

（三）代間學習的特質、類型與功能

黃富順（2004）指出，代間學習有下列重要特質：

1. 透過代間學習，消除不同世代對彼此的偏見，改變對另一個世代的刻板印象。
2. 藉由代間學習，透過相互交換服務的模式，有助於不同世代的瞭解和

增進彼此照顧。

3. 藉由對生活議題的分享，建立兩代對於議題的想法和共識，並挑戰問題，提出解決方案，促進代間的連結。
4. 藉由代間對於生活歷史的描述及生命的詮釋，交流不同世代的觀點。例如，幼兒現在正經歷的童年生活，必然與長輩的童年有很大的差異，透過玩具的分享，可以豐富兩代的生命經驗。

代間課程的類型包含：娛樂休閒型、教育類型、公共服務、保健類型和個人發展五種（Ames & Youatt, 1994）。娛樂休閒的代間課程，長者和幼兒可以在有趣和休閒娛樂的方案中互動，例如，玩球、套圈圈、樂器，鼓勵每個人參與活動中的一部分（Davidson, 2010）。教育類型則有長輩傳授技能或知識給另一世代，分享有關職業或其他領域的知識，長者教幼兒唱兒歌、玩傳統的遊戲等，例如，幼兒園邀請會布袋戲的長輩到幼兒園示範布袋戲偶操作。幼兒對於習得的知識和技巧的分享，可以提供長者正增強。個人發展的代間課程，例如，長者可以提供分享、自我控制、友善的互動，透過代間課程獲得成就感和自尊的滿足，透過對話過程，幼兒和長者可以獲得新的觀點，學習以對方可以理解的溝通方式表達。代間課程規劃時，應該同時符合長輩與幼兒的興趣、能力和發展需求。Davidson（2010）認為代間共融的方案，不僅可以使幼兒和長者透過經常的接觸、共同參與活動，達到彼此互相信任。代間共融方案中，並非讓長者為幼兒代勞所有工作，而是鼓勵幼兒可以從活動中發展獨立的能力，如此才能建立幼兒的「我能感」，長者也不至於因為過多的任務要求而耗損對代間共融方案的期待。代間共融方案中，幼兒的優點為具有創造性、對於事物的好奇經常是激盪老幼參與方案的動力，同時長者參與代間共融活動，也無須擔心自己的能力不足。

綜上所述，代間共融活動大致具備下列功能（Ohsako, 2002）：

1. 為活動參與者提供終身學習的文化。
2. 促使活動參與者學習代間的文化差異。
3. 發展對其他世代的正向態度。
4. 透過代間學習達成學習的統合。

5. 代間學習將有益於個人及社會。

三、老幼共融方案的規劃與執行流程

（一）選擇適合的場地進行老幼共融方案

近年來因為長期照顧服務的推動，社區紛紛成立長照據點，讓社區內的長輩有活動的空間，延緩老化的影響；除此之外，縣市政府辦理「老人食堂」，鼓勵長輩於用餐時間走出家門，除了提供熱騰騰的飯菜，還增加長輩的社會參與和互動。許多幼兒園也會選擇適當的主題課程和時間，與鄰近的社區合作，進行部分時段的老幼共融。Davidson（2010）認為代間融合的場地可以考慮在長輩的護理之家或社區中的長期照顧服務據點、幼兒教保機構，或者兩者共享的空間。老幼共融的活動場地選擇需要考量下列因素：

1. 活動場地考慮社區近便性，長輩或幼兒交通方便到達的距離，較能維持老幼共融方案的持續性。場地選擇國小附設幼兒園，利用國小的活動中心進行；或者社區內的長照據點，安排幼兒前往參與活動。
2. 老幼共融的場地和消防設施需符合公共建物和消防安全，例如，部分長輩需要依賴輪椅行動，因此場地必須有無障礙設施。
3. 提供適合活動參與者的舒適環境。例如，許多女性長輩採蹲廁有困難，偏好坐式馬桶，幼兒也需要有專用的坐式馬桶，老幼共融方案需要規劃充足的廁所。活動需要使用的桌椅也應考慮不同年齡參與者的高度和舒適度的需求。
4. 方案執行時，運用師資和人力資源，結合教保人員與照顧服務員，較為充裕可以支援此計畫的執行。活動方案設計之前，教保人員與照顧服務員也可以就方案內容先行討論，編寫適合的活動課程。

（二）邀請長者

1. 透過鄰里長、長照中心邀請社區中 65 歲以上的長者，身體活動無虞，也願意參與老幼共融方案活動。

2. 參加老幼共融方案活動者必須填妥報名表，留有緊急聯絡人，場地事先投保公共意外責任險。
3. 老幼共融方案活動鼓勵老幼共食，活動參與者必須自備餐具與個人用品。
4. 結合社區服務照顧據點，鼓勵長者參與。

（三）結合社區志工參與

大學有「服務學習」學分，經過志工培訓的學生，可以在老幼共融方案活動中擔任團體的協同領導人，協助老幼共融方案活動進行。培訓活動的內容，除了瞭解幼兒與長者的生理發展和需求，同時也必須瞭解團體活動設計的原理原則，學生志工需要學習團體活動的觀察策略，運用「幼兒行為觀察」技巧，記錄活動歷程並且評估與修正活動設計。除了學生志工的團體活動，其餘時間可由教保人員與照顧服務員分別協助幼兒和長者進行個別化課程。

（四）依據長者和幼兒生活作息需求編排作息表

長者和幼兒一樣短暫工作之後需要休息，他們的專注力時間較短，活動時間的安排應保留充分的休息時間。長者和幼兒都需要午休，長幼的餐點需求也都很類似，因此適合兩者同時進行課程和作息。計畫初期將採取漸進式融合的方式，採定點時間合班上課、個別教學，之後再進行「混齡課程」，減少長者與幼兒的適應衝擊。作息表可以允許幼兒與長者部分融合上課，其餘時間尊重幼兒和長輩的各自需求，規劃適合的彈性課程。老幼共融方案的作息表可以參考表 11-1。

老幼共融方案活動除了上午的主題教學活動可以共同進行，爺爺奶奶可以一起參與團討和主題課程。之後依照長輩的興趣分組，可以選擇繪畫、手工藝品製作、棋藝、槌球等活動。與幼兒一起用完午餐後，同樣安排小憩午休時間。下午的活動則包含「祖孫共農」，祖孫一同參與園藝、種花或種菜；「祖孫鬥智」，爺爺奶奶與幼兒一同玩 3C3Q 益智遊戲；「祖孫共做」，祖孫一同進行主題相關的藝術創作；「祖孫共讀」，爺爺奶奶為幼兒讀繪本，或者幼兒

表 11-1 老幼共融方案作息表（示例）

<table>
<tr><th rowspan="2"></th><th colspan="5">活動內容</th></tr>
<tr><th>週一</th><th>週二</th><th>週三</th><th>週四</th><th>週五</th></tr>
<tr><td>7:50</td><td colspan="5">祖孫入園</td></tr>
<tr><td>7:50-8:30</td><td colspan="5">學習區操作、晨間閱讀、長者興趣活動</td></tr>
<tr><td>8:30-9:00</td><td colspan="5">祖孫晨間律動（出汗性大肌肉活動時間）</td></tr>
<tr><td>9:00-9:30</td><td colspan="5">祖孫上午點心</td></tr>
<tr><td>9:30-10:30</td><td colspan="2">祖孫主題教學活動</td><td rowspan="2">社區散步</td><td colspan="2">祖孫主題教學活動</td></tr>
<tr><td>10:30-11:30</td><td colspan="2">幼兒：學習區操作
長者：興趣選課</td><td colspan="2">幼兒：學習區操作
長者：興趣選課</td></tr>
<tr><td>11:30-12:30</td><td colspan="5">午餐時間</td></tr>
<tr><td rowspan="2">12:30-14:00</td><td colspan="5">12:30-13:30 長者午睡
13:30-14:30 長者小憩泡茶聊天時間</td></tr>
<tr><td colspan="5">12:30-14:00 幼兒午睡</td></tr>
<tr><td>14:00-15:00</td><td>祖孫共農：
園藝</td><td>祖孫鬥智：
3C3Q 益智
遊戲</td><td>祖孫共做：
主題藝術創作</td><td>祖孫共讀：
主題繪本閱讀</td><td>祖孫生活創意：
布包、黏土創作</td></tr>
<tr><td>15:00-16:00</td><td colspan="5">祖孫下午點心</td></tr>
<tr><td>16:00</td><td colspan="5">放學囉！</td></tr>
</table>

讀繪本給爺爺奶奶聽；「祖孫生活創意」，包含黏土創作、布包縫製、簡易木工等。

四、老幼共融方案主題教學活動設計舉例

表 11-2 為以「好吃的食物」為主題課程進行的老幼共融活動設計。

表 11-2　老幼共學活動設計表

<table>
<tr><td rowspan="2">參與活動者年齡</td><td rowspan="2">四至六歲幼兒
長者</td><td>教學者姓名</td><td>○○○</td></tr>
<tr><td>日期</td><td>年　月　日</td></tr>
<tr><td>主題名稱</td><td colspan="3">好吃的食物</td></tr>
<tr><td>主要概念</td><td colspan="3">透過介紹各種蔬菜食材，讓幼兒和長者認識不同蔬菜的特性，並透過身體律動，讓長者和幼兒一起活動。</td></tr>
<tr><td>學習指標</td><td colspan="3">社-幼-3-3-1 樂於與友伴（幼兒或長者）一起遊戲和活動
身-小-2-1-1 在穩定性及移動性動作中練習平衡與協調
身-小-3-1-1 在創意想像的情境展現個人肢體動作的組合與變化</td></tr>
<tr><td>活動名稱</td><td colspan="3">魔法蔬菜湯</td></tr>
<tr><td colspan="4">活動流程</td></tr>
<tr><td colspan="4">準備活動：進行活動前，上次的教學活動請長者和幼兒畫下自己喜歡的蔬菜，剪下並貼在頭套上。
一、引起動機：講述繪本《石頭湯》，並由教學者裝扮成湯婆婆（巫婆的帽子和披風）。
二、小朋友、阿公阿嬤，大家好，我是湯婆婆，今天我來到一個農場，肚子好餓啊！既然這裡是農場，應該有很多蔬菜，我可以來煮湯，我煮的蔬菜湯超好喝，而且非常營養喔！你們也喜歡喝湯嗎？請你們一起和湯婆婆來煮魔法蔬菜湯。
三、發展活動
（一）認識蔬菜特徵
1. 請阿公阿嬤和小朋友戴上自己製作的頭套，圍在團討區外圈。
2. 引導幼兒和長者認識自己頭套的蔬菜特徵。
湯婆婆：啊！青菜抵家啦！（台語）我們這裡有好多蔬菜，可是湯婆婆都搞不清楚你們是什麼蔬菜？
湯婆婆：我們一起來看看這裡有什麼蔬菜？ 我來訪問一下：阿公，你這個是什麼青菜呢？喔！是小白菜。
湯婆婆：請問紅蘿蔔在哪裡？
湯婆婆：請問○○在哪裡？
（確認所有人都清楚自己是什麼蔬菜）
湯婆婆：我看到我們這裡有紅色的蔬菜，紅色蔬菜請舉手？
湯婆婆：我看到我們這裡有○色蔬菜，○色蔬菜請舉手？
（依序請所有人練習，也可以邀請一位長者或幼兒擔任主持人，詢問其他人的蔬菜類型。）
（二）透過煮魔法蔬菜湯，讓幼兒和長者隨音樂進行身體律動
與長者和幼兒一起練習「魔法蔬菜湯」咒語，教學者搖鈴鼓，當停止鈴鼓聲時，所有人要停止，拍手並且說出咒語：「天靈靈，地靈靈，好喝的蔬菜湯在這裡。」練習數次，確定所有人都可以說出魔法蔬菜湯咒語。
1. 音樂聲開始時，請大家順時針方向慢步走。
2. 湯婆婆搖鈴鼓，施魔法鈴鈴鈴。聽到鈴鼓聲拍三下時要停止。（試做一次）</td></tr>
</table>

表 11-2 老幼共學活動設計表（續）

3. 湯婆婆說：蔬菜湯、蔬菜湯，我現在要煮……紅蘿蔔！此時，帶著紅蘿蔔頭套的幼兒和長者就要走進中間白線內的團討區。
4. 湯婆婆拿出湯勺：天靈靈、地靈靈，好喝的蔬菜湯，在這裡！婆婆用湯勺攪拌，團討區中間的紅蘿蔔幼兒和長者必須做出滾動的姿勢（也可以指定一位長者或幼兒握湯勺）。
5. 湯婆婆：嗯！現在我要來加一點鹽巴（以事先做的鹽巴罐道具撒兩下），還要加一點胡椒粉（以事先做的胡椒罐道具撒兩下）。
6. 湯婆婆請團討區外的幼兒和長者一起做動作：聞聞看。並且說：嗯！好香喔！或者用台語說：喝架！喝架！也可以用英文說：Yummy! Yummy!

（三）其他

1. 教學者可以透過詢問「紅色蔬菜」、「綠色蔬菜」等，變化不同的活動。
2. 教學者可以邀請幼兒和長者，替換擔任「湯婆婆」的角色。
3. 教學者可以詢問在場的幼兒和長者，想要放什麼蔬菜進去？以增加活動的趣味性。
4. 活動結束後，可以邀請幼兒和長者共同準備中午要喝的蔬菜湯。長者和幼兒可以一起整理食材和烹調。

第二節　幼兒園與社區的垂直銜接

過去談及學制轉換，多半只聚焦於幼生到國小階段的幼小銜接，隨著接受托嬰中心、社區公共家園等機構式照顧和居家托育照顧的幼兒人數越來越多，教保人員也需要留意如何協助幼兒從托嬰中心、居家托育服務，或從家庭自行照顧的環境中順利銜接到幼兒園。二至六歲幼兒園，需要與社區進行垂直整合，包含社區內照顧零至二歲嬰幼兒的居家托育服務人員、托嬰中心、家長，以及未來與社區內小學的銜接活動。

一、零至六歲的幼兒照顧體系

零至未滿二歲的幼兒主要接受托育服務，中央主管機關為衛生福利部社會及家庭署。二歲以上未滿六歲幼兒主要接受幼兒教保服務，中央主管機關為教育部國民及學前教育署。二歲以下的照顧人力資格依據《兒童及少年福利機構專業人員資格及訓練辦法》（2017）第 3 條規定，托育人員必須年滿 20 歲，且具有保母人員技術士證，或者為高級中等以上學校幼兒教育、幼兒保育、家政、護理相關學院、系、所、學位學程、科畢業者。舉凡國內幼兒保育系或幼兒教育系畢業的學生，都可以擔任托育人員。

依據 2017 年公布的《教保服務人員條例》第 3 條規定，教保服務人員則是依據《幼兒教育及照顧法》所訂，在幼兒園服務的園長、教師、教保員和助理教保員，若為專科以上學校幼兒教育或幼兒保育相關學系所畢業並且修畢幼兒園教保專業課程取得證明者，即可擔任幼兒園的教保員。唯有依據《師資培育法》規定，修畢幼兒園師資職前教育課程中的教保專業課程和教育專業課程，同時通過教師資格檢定和實習之後，才能取得幼兒園教師資格。因此，國內大專校院幼兒教育或幼兒保育系畢業的學生，不僅可以到托嬰中心、公共托育家園擔任托育人員，也可以到幼兒園擔任教保人員。零至六歲幼兒照顧體系的主管機關和專業人力的說明，請見表 11-3。

表 11-3　零至六歲幼兒照顧體系比較表

	零至未滿二歲幼兒	二至未滿六歲幼兒
主管機關	衛生福利部社會及家庭署	教育部國民及學前教育署
照顧機構	私立托嬰中心 公私協力托嬰中心 社區公共托育家園	公立幼兒園（含國小附設幼兒教育班） 私立幼兒園 非營利幼兒園
專業人力與訓練資格	托育人員（保母）：具有保母人員技術士證，或者為高級中等以上學校幼兒教育、幼兒保育、家政、護理相關學院、系、所、學位學程、科畢業者	教保員：專科以上學校幼兒教育或幼兒保育相關學系所畢業並且修畢幼兒園教保專業課程取得證明 幼教師：修畢幼兒園師資職前教育課程中的教保專業課程和教育專業課程，同時通過教師資格檢定和實習

二、入園前的銜接準備

依據2019年臺閩地區兒童及少年生活狀況調查報告（衛生福利部，2019）顯示，學齡前幼兒的托育安排狀況，以「就讀幼兒園」比例最高（49.5%），其次「父母親自行照顧」（占 27.6%），再其次才是「由父母親以外的親屬照顧」，占 17.5%。隨著近年來政府提供雙薪家庭完善的托育照顧服務，居家托育服務人員提供在宅托育服務，私立托嬰中心與公辦民營托嬰中心提供機構式照顧，使得家庭以外托嬰的比例有略為增高的趨勢。二歲以上的幼兒，就可以選擇進入幼兒園的幼幼班（招收二歲以上、未滿三歲幼兒）。除了一部分機構同時經營托嬰部（中心）與幼兒園，幼兒園的學生從自己的托嬰部（中心）直接升級，多數幼兒園仍必須向外招生。因此，幼兒園與社區內的托嬰中心、居家托育服務人員建立合作關係，可以彼此互惠。

平日幼兒園可以採取漸進式融合，邀請社區中的嬰幼兒照顧者、托嬰中心、居家托育服務人員等，參與幼兒園的親職座談或幼兒園活動，不僅讓嬰幼兒有機會認識幼兒園，減少入園的分離焦慮和適應問題，同時幼兒園也可以儘早建立與嬰幼兒家長和照顧者的關係，達到招生宣傳的效果。幼兒園辦理小小孩的一日體驗活動，邀請家長與居家托育人員共同參與，作為幼兒園的招生宣傳，也可以增加幼兒園與社區的互動。

（一）嬰幼兒照顧服務者與幼兒園的資源連結

居家托育服務人員或者托嬰中心應該提供收托的嬰幼兒「托幼銜接」。所謂的「托幼銜接」指的是協助幼兒從居家托育的環境、托嬰中心的照顧，順利適應幼兒園的生活。

居家托育服務人員可以帶著幼兒到鄰近的幼兒園散步，瞭解幼兒園平日上課的情形，並提供相關訊息給家長未來選擇幼兒園的參考。社區內的幼兒園應該扮演托育資源提供者的角色，例如，與居家托育人員或托嬰中心合作策略聯盟，共同辦理家長的親職教育課程、親子活動等，也透過這些活動進行宣傳幼兒園的課程特色。托嬰中心辦理親職講座時，也可以邀請幼兒園參加，分享幼兒園的設施環境與教學理念。托嬰中心或居家托育服務人員確定家長選擇的銜接幼兒園之後，透過漸進式融合的過程，需要托嬰中心或居家托育服務人員協助嬰幼兒熟悉環境，認識未來的老師。尤其公私協力托嬰中心和社區公共托育家園規定嬰幼兒滿二足歲必須準備離開中心，對許多家長而言充滿焦慮，若托嬰中心與幼兒園可以合作，順利銜接，則可以讓家長減緩育兒照顧的壓力。

（二）托幼銜接

從居家托育服務一對一或一對少的照顧，或者托嬰中心 1：5 的照顧模式，進入幼兒園後，有許多環境和作息的差異，需要家長和幼兒共同調適。托幼轉銜的調適包含：

1. 幼兒園班級人數變多

幼兒習慣在居家的環境中接受照顧，或者在托嬰中心，照顧比也僅有 1：5，但是進入幼兒園二歲以上未滿三歲的幼幼班之後，一位教保人員照顧的人數增加到八名，到小班之後，師生比就達 1：15。不論幼兒或家長，都應該適應班級人數變多的情形。幼兒園班級人數增加，家長必須理解教保人員的照顧無法像幼兒在自己家中或保母家裡一樣，有無微不至的照顧。

2. 作息時間結構化

居家托育照顧的時間很有彈性，也甚少有「課表」或「作息表」，有些托嬰中心雖然可能會安排課程，但也相當有彈性，托育人員尊重個別幼兒發展需求，不會強迫幼兒乖乖坐著上課，托嬰中心的教保活動可能隨著幼兒當天的狀況調整。例如，托嬰中心採取小團體的方式進行活動，即使在同一個班級，也會因應每個幼兒的發展情況，邀請幼兒參與該次的教保活動。因為居家托育照顧或托嬰中心並無固定註冊的時間，同一班的幼兒隨著就托時間可能經常有變化，但是幼兒園則有固定的作息活動安排，依照《幼兒教保及照顧服務實施準則》，幼兒園的課程活動採學期制，有固定的學期起迄日期，以及每日活動時間，從上午八點開始到下午四點。

3. 剛入園幼兒的銜接輔導

對於剛入園的幼兒，除了因為環境轉變而產生的分離焦慮，幼兒園教保人員應該協助幼兒適應幼兒園規律的作息，並且引導幼兒培養自己洗手、上廁所、穿脫衣物等生活自理能力，協助幼兒養成用口語表達需求。尤其居家托育照顧或父母自行在家照顧的幼兒，因為經常是一對一的照顧方式，所以幼兒對於照顧者的依附關係非常強，轉換不同照顧者時，需要有更多的耐性。二歲以上未滿三歲的幼幼班，一位教保人員需要照顧八位幼童，也無法像家中的照顧如此周到，家長也必須理解教保人員很難把心力完全放在自己孩子身上。二歲以上的幼兒，可以開始用簡單的話語表達，教保人員剛開始帶幼兒，可以先瞭解幼兒的氣質和特定的習慣，例如當幼兒想睡覺時，幼兒園教保人員可以提供口語表達的方式讓幼兒練習說說看，而不是用哭鬧的方式。幼兒園幼幼班的新生，可能也有不少幼兒還需要包尿布，教保人員需要瞭解如何引導幼兒逐漸學習有尿意或便意時向老師說，改變幼兒依賴尿布的習慣。還有一部分幼兒進入幼兒園之前，尚保留吃安撫奶嘴或固定時間要喝奶的狀況，這些都需要教保人員協助幼兒調整生活習慣。

4. 幼托資料轉銜

銜接的部分還包含托嬰中心或居家托育服務人員提供嬰幼兒的基本資料，包含預防接種紀錄、身高體重、飲食與睡眠紀錄、嬰幼兒的疾病與照護紀錄、固定用藥情況、特殊疾病或食物過敏等照顧注意事項、托嬰中心或居家托育服務人員的寶寶日誌等，以協助幼兒園瞭解嬰幼兒入園前的發展與學習情形。托嬰中心或居家托育服務人員無法直接提供相關資料，教保人員可以主動向家長詢問，借閱幼兒過去的托育檔案。

5. 幼兒安全依附感的重新建立

二歲的幼兒需要與熟悉的照顧者建立良好的依附關係，當幼兒離開原本熟悉的環境和照顧者，轉換新的環境初期，原本就會有調適的困難，進入幼兒園初期，需要教保人員和家長多花時間陪伴和支持。教保人員可以透過主要照顧者（家長或托育人員）的分享，瞭解幼兒的氣質，特定的習慣（例如：午睡時喜歡蓋的小被子）和喜歡的事物，教保人員給予幼兒溫暖和支持的態度，較能協助幼兒與教保人員建立依附感。不僅幼兒有分離焦慮，家長也會有嚴重的分離焦慮。有些家長送孩子到幼兒園後不願意離開教室，看著幼兒哭泣，自己也反應激烈地要把孩子帶回家，或是經常打電話到幼兒園探詢自己孩子的情況等，這些都是家長分離焦慮的反應。教保人員應允許幼兒和家長都有足夠的時間可以適應新環境，以強迫方式阻絕照顧者探視反而無益於分離焦慮的調適。

與家長分享幼兒學習和活動的訊息，尤其是初到幼兒園的前幾週，可以讓家長更瞭解幼兒的適應情況。教保人員可以依照家長的個別狀況，透過專業的親職諮詢，減少家長和幼兒的分離焦慮。例如，當家長面對與幼兒分離的嚴重焦慮感時，建議可以暫時讓其他家人代為接送幼兒，避免家長起伏的情緒干擾幼兒。或者透過親師溝通，幼兒園教保人員也要讓家長瞭解：協助幼兒培養獨立生活，也是養成幼兒獨立人格和培養生活自理能力的重要部分，家長應成為幼兒發展過程中，幼兒園的合作夥伴；教保人員讓家長知道幼兒在幼兒園中的調適情形，也可以減緩家長的焦慮感。

（三）幼小銜接

幼小銜接涉及兩個學制，除了幼兒園向上銜接至小學，小學也必須向下銜接幼兒園。不過國小老師較少關注幼小銜接的問題，多半是由幼兒園教師，透過安排到小學學習內容或適應上課方式的做法，幫助幼兒做好進入小學的準備（劉慈惠、丁雪茵，2008）。近年來隨著國小招生出現壓力，許多國小教師也會到幼兒園宣傳，與幼兒分享國小生活的特色。除此之外，國小教師應該理解幼兒園生活與國小階段的差異性，並允許幼兒有足夠的時間適應國小生活。幼兒園與小學的差異性包含（周育如，2017）：

1. 規範的不同

國小是更為嚴謹的組織，因此許多規範，包含上下課時間、作業、考試等，都有非常清楚明確的規定。但是幼兒園較有彈性，幼兒園老師對幼兒的規範和要求有很多模糊的空間，因此幼兒進入小學之後，常常會誤解老師的說法。例如，幼兒園老師在團討時鼓勵幼兒發言表達，但是小學的課堂，老師未必提供機會鼓勵學生發言。其次，幼兒園常常鼓勵同桌的幼兒彼此幫忙，但在國小則必須專注在自己的工作。在幼兒園的時候，幼兒只要想上廁所就可以舉手去上廁所，但是上了小學，作息時間都有一定的規範，除非緊急狀況，小學老師期待上課期間學生乖乖坐在位置上。

2. 生活作息與習慣的不同

幼兒園是坐式的小馬桶，但小學幾乎是蹲式馬桶，幼兒需要花時間練習如何「蹲」廁所。幼兒園廁所規定不能有鎖，所以可能是拉簾式或推門式；但是小學的廁所必須上鎖，幼兒需要有機會練習如何上鎖和開鎖。小學的廁所也不一定提供衛生紙，小一新生要記得上廁所帶衛生紙。

小學的午餐時間很短，幼兒園可以慢慢吃、吃不完老師還會幫忙餵飯，但是小學的老師不會做這些事情。幼兒園有三套餐具：不同顏色區分上午點心、午餐、下午點心，小學之後沒有上下午點心，幼兒有時會有飢餓感。幼兒園的幼小銜接有時候會嘗試調整餐點，讓幼兒習慣沒有點心的作息生活。或者小一新生的老師，可以安排開學後第一週，上下午各有一段時間，允許學童帶餅乾或點心到校，減少學童飢餓感，之後再逐漸減少。

幼兒園的午睡時間較長，大約 90 分鐘，但是國小的午睡時間僅有 40 分鐘。到小學之後，不像幼兒園可以鋪床睡午覺，而是要「趴」在桌上睡，這對幼兒也是適應的困難點。有些小一新生的班級會刻意安排脫鞋的教室環境，並允許尚未習慣趴在桌上睡覺的學童可以帶睡袋到學校鋪在地板午睡。

3. 學習型態的不同

小學有固定課表、進度，以及上下課時間，幼兒園比較彈性。另外，國小與幼兒園的學習方式也不同，幼兒園為統整教學，國小則採分科教學，國小課程有固定進度，而且也有定期考查，幼兒園則沒有。

幼兒園教師通常會讓即將上小學的幼兒練習 40 分鐘的上課時間，且讓幼兒自己抄寫聯絡本和功課。培養幼兒準時上學、穩定的作息，將「遊戲中學習」的心態，轉換為不同分科：「國語」、「數學」、「社會」等的學習模式。幼兒園沒有「定期考查」，幼兒對「考試」沒有概念，包含作答、考試的型態，要填寫文字或劃記，或是寫數字等。考試結束後，造成家長對結果恐慌，以為學童的學習能力很差，而未想到是學童不知道如何填寫考卷的緣故。其實家長無須過度焦慮，「考試」形式透過經驗累積，可以慢慢學習。學童第一次的成績考核結果未必代表之後的學習表現。幼小銜接往往幼兒園端做得多，但國小卻經常忽略幼小銜接的重要性。國小教師必須瞭解首冊十週的注音符號課程是原本的既定課程，不能因為幼兒學過了反而倒因為果隨便應付。國小教師也應該認識幼兒園的教學特色鼓勵幼兒發言表達意見，允許幼兒有天馬行空的想法，不應該將經常舉手發言的學生貼上搗亂秩序的標籤。幼小銜接有賴幼兒園與國小雙方共同合作，才能使幼兒順利轉銜。

（四）小一新生的適應

幼兒園教保人員可以邀請學區內國小低年級老師到幼兒園與家長座談，讓新生家長瞭解如何協助學童順利從幼兒園轉換到小學。家長若能花較多時間陪伴與訓練「自己穿脫校服、運動服裝、自己穿鞋或綁鞋帶」、「30 分鐘內吃完飯」、「自己收拾玩具和書包」，學童進入小學之後的生活適應能力越強。

1. 正確學習態度的養成比注音符號更重要

幼兒園不應進行注音符號等讀寫算的課程，家長擔心自己的孩子進入國小之後無法跟上其他同學，暑假安排正音班、數學的補習，提早學習注音符號、國小數學。但是這些提前學習的進度有限，即使學童進入國小之後，定期考查滿分，但這些是提前學習的「短期效果」。學童進入國小，認為小學一年級的課程內容他都學會了、學過了、太簡單了，反而造成漫不經心的學習態度，到了三年級，課業變難了、挑戰增加了，學童反而覺得學習處處遭遇困難，但過去漫不經心的學習態度，卻很難一夕改變。

注音符號（就像英文的音標）只是學習語文過程中，藉以判別讀音的短期嫁接工具，學童以「拼音」方式閱讀，必須一個字、一個字拼音，對於整段文字的理解幫助有限，當識字量足夠之後，不需要依賴拼音的方式，而是以文字閱讀，比如英文閱讀理解，也不是從一個一個音標拼音而是運用自然發音法推理單字的念法。所以幼兒園教保人員應該鼓勵幼兒將文字當成符號「大量識字」而非「拼音」。

進行主題課程、沒有教注音符號的幼兒園，學童進入小學一年級時剛開始的學業表現的確明顯低於其他已經學習過注音符號和小一數學的同儕，但是主題課程訓練幼兒的問題探索、解決，蒐集訊息的能力，反而使他們在日後的學習表現，超越習慣抄寫、反覆練習的教學模式的學童。

2. 學會獨立與自我保護的能力

進入小學之後，學童必須學習獨立。幼兒園階段，家長可以直接送到幼兒園門口，但進入小學之後，必須學習上學、放學動線。國小校園廣闊，空間面積超過幼兒園，全校和班級內的學生數超過幼兒園的規模，因此家長和小一新生教師需要教導學童熟悉國小環境和作息型態，並且在寬闊校園中，學會留意校園環境安全（例如上下樓梯靠邊慢步走、教室走廊不奔跑），提升學童自我保護能力。

3. 課後照顧的安排

小一新生每週有四天只上半天課，下午時段課後照顧的安排，家長可能選擇自己在家照顧，或者安排安親班或學校的課後照顧班。學童開始接觸自己同學以外的同學和朋友，也可能面對安親班或補習的學習壓力。家長需要多關注學童適應的情況，為子女選擇適切的課後照顧。家長多和子女聊天，關心他們課後照顧的情形，也可以適時為子女調整和安排課後照顧。國小的課後照顧開設許多直排輪、籃球、羽毛球、繪畫、黏土等多樣化且平價的才藝課程，也可提供家長選擇。

參考文獻

中文部分

公益交流站（2015）。**「代間學習」讓幼兒園和安養中心當鄰居，兩個需求一次滿足？**取自 https://npost.tw/archives/ 21965

兒童及少年福利機構專業人員資格及訓練辦法（2017）。

周育如（2017）。**小一新生適應 4 大眉角**。取自 https://www.parenting.com.tw/article/5071915-%E5%91%A8%E8%82%B2%E5%A6%82%EF%BC%9A%E5%B0%8F%E4%B8%80%E6%96%B0%E7%94%9F%E9%81%A9%E6%87%894%E5%A4%A7%E7%9C%89%E8%A7%92/? page=1

林歐貴英（2003）。建構代間關係的橋樑——幼兒與老人代間方案之概念與發展。載於中華民國家庭教育學會（主編），**家庭教育新紀元**（頁 241-264）。臺北：師大書苑。

張滿清（2010）。幼小銜接中家園合作教育不一致問題探討。**長沙師範學校（專科）學報，86**，29-40。

教保服務人員條例（2017）。

黃富順（2004）。**高齡學習**。臺北：五南。

劉佳蕙（2008）。幼稚園與國小以「發展模式」做銜接之調查研究。**幼教研究彙刊，1**（2），55-78。

劉慈惠、丁雪茵（2008）。幼教人看小一生的學校適應及親師之因應。**師大學報：教育類，53**（2），131-167。

衛生福利部（2019）。**中華民國 107 年兒童及少年生活狀況調查報告**。臺北：衛生福利部。

衛生福利部社會及家庭署（2016a）。**社區照顧關懷據點**。取自 http://e-care.sfaa.gov.tw/MOI_HMP/HMPe000/begin.action

英文部分

Ames, B., & Youatt, J. (1994). Intergenerational education and service programming: A model for selection and evaluation of services. *Educational Gerontology*, *20* (3), 755-762.

Brabazon, K. (2007). Wisdom and practice: An intergenerational view. Unpublished work document. Retrieved from http://cip2.cswebsites.org(http://cip2.cswebsites.org)

Davidson, S. R. (2010). Put these ideas into practice! What age gap? Building intergenerational relationship. *Dimensions of Early Childhood*, *38*(2), 29.

Davidson, S. R., & Boals-Gilbert, B. (2010). What age gap? Building intergenerational relationships. *Dimensions of Early Childhood*, *38*(2), 23-28.

Larkin, E., & Newman, S. (1997). Intergenerational studies: A multi-disciplinary field. In: K. Brabazon & R. Disch (Eds.), *Intergenerational approaches in aging: Implications for education, policy, and practice* (pp. 5-16). Binghamton, NY: Haworth.

Newman, S., Ward, C. R., Smith, T. B., & Wilson, J. (1997). *Intergenerational programs: Past, present and future*. Bristol, PA: Taylor & Francis.

Ohsako, T. (2002). German pupils and Jewish seniors: Intergenerational dialogue as a framework for healing history. In M. Kaplan, N. Henkin, & A. Kusano (Eds.), *Linking lifetimes: A global view of intergenerational exchange* (pp. 209-219). Lanham, MD: University Press of America.

Peacock, E., & Talley, W. (1984). Intergenerational contact: A way to counteract ageism. *Educational Gerontology*, *10*, 13-24.

第十二章

社會變遷下的幼兒園、家庭與社區

社會變遷（social change）指的是社會的行為模式、文化和結構，隨著時間引起的改變（林義男譯，1995）。探討社會變遷對幼兒園、家庭和社區的影響時，我們關注的是哪些因素造成社會的重大改變？這些改變對社會與社會中的成員造成哪些影響？我們能否預期這些影響，提早產生對策？本章特別從少子化、網路科技和宅經濟三個不同面向，討論社會變遷下幼兒園、家庭與社區的影響。

第一節　少子女化世代下的幼兒園、家庭與社區

一、少子女化世代的來臨

2019年我國出生的新生兒人口數為177,767人，粗出生率（crude birth rate）為7.53‰，與2018年（7.70‰）、2017年（8.23‰）有微幅下降的趨勢（戶政司，2020a）。2019年底幼兒人口（零至二歲）為549,093人，較2018年底減少29,224人，占總人口2.33%，較2018年底減少0.12個百分點；2019年底學齡前兒童（零至六歲）為1,388,039人，較2018年底減少56,410人，占總人口5.88%，較2018年底減少0.24個百分點（戶政司，2020b）。

與OECD成員國比較，2017年平均生育率為1.65，2018年日本生育

率為 1.42、臺灣則為 1.06，鄰近的南韓 2018 年總生育率更降到 0.92，平均一位婦女生不到一個小孩。南韓生育率下降的主要原因是托育和教育費用造成家庭龐大的經費支出（黃嫵，2020）。

年輕人獲得教育的機會增加，延緩了進入職場的時間，結婚與生育年齡不斷延後，是導致少子女化的因素之一。近 40 年來臺灣初次結婚年齡不斷延後，1978 年女性初婚年齡為 23.4 歲、男性為 26.9 歲，時至 2018 年，女性初婚年齡增加至 29.7 歲、男性更延後至 32 歲（內政部戶政司，2019）。近 20 年女性因教育程度提高、就業機會增加，女性勞動參與率穩定持續上升，2018 年我國 25 至 34 歲女性的勞動參與率已經超過 85%，高於美、日、韓，婚後仍停留在職場的比例也維持 74%以上，即使女性申請育嬰留職停薪，期滿後返回職場的比例也高達 92.5%（勞動部統計處，2019）。衛生福利部 2019 年公布的「兒童及少年生活狀況調查報告」結果顯示，學齡前兒童母親有工作的比例為 62.5%，沒有工作的比例占 35.5%。有工作的幼童母親中，以擔任事務支援人員（27.3%）和服務及銷售人員（27%）兩項比例較高（衛生福利部，2019）。

年幼人口減少，意味未來年輕人口需要負擔的依賴人口增加，依賴人口多、從事經濟生產的人少，對國家的直接衝擊就是競爭力和經濟力難以支應。少子女化問題為國家與人民必須共同擔負的責任，若從生態系統觀點看，鉅視系統中的國家幼兒教保公共化政策將會影響微視系統中的幼兒和家庭。若國家將托育政策聚焦於「願生、樂養」的標靶人口群，公共政策才能發揮效果。如果民眾無意願生養，則更多的公共托育政策也無法提升生育率，將公共托育政策對準育兒家庭的照顧與教育需求，才能有效改善目前低迷的生育率（葉郁菁，2018）。

二、家外照顧的需求增加

近年來因為高等教育普及化，青年就學時間延長至大學畢業，甚至研究所，因為延遲進入就業市場，不僅婚育計畫延後，女性更為獨立自主，擺脫過去結婚只是為了找「長期飯票」的思維模式。女性初婚年齡不斷延後，造成生育第一胎的年齡增加，適合生育的年限相較被壓縮，高齡產婦相對不容易受孕。女性因為教育程度提高，她們從工作中獲得成就感和經濟自主獨立，相較於步入婚姻後的角色負擔和家庭造成的育兒壓力，讓女性對選擇婚育退縮。衛生福利部社會及家庭署一份針對請領準公共化托育費用補助的內部資料即顯示，年輕夫妻因為準公共化托育補助影響夫妻生下一胎的意願，男性家長明顯高於女性。可見育兒和家庭照顧的壓力和責任，仍以家庭中的女性為主，導致女性對生育卻步。

因為生育率降低，造成出生嬰兒人口數大幅減少，加上女性婚後持續就業，雙薪家庭的育兒需求增加，尤其以都會地區年輕育兒夫妻的育兒需求最高。上述低生育率和女性持續就業造成的影響，包含家庭對於機構托育照顧的依賴程度增加，同時因為少子女化，造成托育機構面臨招生的衝擊。

衛生福利部 2019 年公布的「民國 107 年兒童及少年生活狀況調查報告」，零至未滿三歲嬰幼兒，以父親或母親不工作在家照顧居多（占 48.3%），由其他家人照顧占 30.1%，家外送托（包含托嬰中心機構式照顧或居家托育人員照顧）比例占 21.6%。三歲至未滿六歲幼兒就讀幼兒園的比例則高達 85.1%，顯然對於越小的嬰幼兒，家長仍選擇在家照顧（衛生福利部，2019）。與前一次（2014 年）兒童及少年生活狀況調查結果比較，零歲至未滿三歲幼兒在家托育的比例，分別為北部地區 73.3%、中部地區 78.9%、南部地區 74.7%、東部地區 84.9%、金馬地區 89.6%，家內照顧的比例高，可能因為當地的照顧習慣，或者幼兒家中還有其他家人可以幫忙照顧，或者當地缺乏托嬰中心或居家托育人員可以提供照顧服務。家長選擇由居家托育人員（保母）比例較高的地區，則為北部地區（7.4%）和中部地區（7.2%）較高，送到托嬰中心或幼兒園，則以南部地區（15.5%）較多（衛生福利部，2014）。家外照顧（包含居家托育人員和托嬰中心）的比例從 2014 年的 18.6%，2019 年增加至 21.4%，略為提升。

托嬰中心所數及收托人數，2014 年底全國共計 659 家托嬰中心，以私立托嬰中心占 89%居多。直至 2019 年底，全國的托嬰中心已經增加至 1,135 家，五年間增加 476 家。同時間，政府也積極布建公共托嬰中心與社區公共托育家園，2019 年公辦民營的托嬰中心占 19%，私立托嬰中心的比例降至八成。收托嬰兒數，從 2014 年的 14,845 人，2019 年為 29,879 人，增加了 15,034 人，約為五年前的一倍（衛生福利部，2020）。

三、托育機構因少子化面臨招生的衝擊

衛生福利部兒童及少年生活狀況調查結果顯示，2018 年學齡前幼兒約有 73.3%就讀私立幼兒園、24.8%為公立幼兒園，非營利幼兒園比例最少，占 1.8%（衛生福利部，2019）。若以幼兒年齡分析，未滿三歲以下幼兒就讀私立幼兒園（86.8%）的比例明顯高於公立幼兒園（26.6%），二歲至未滿三歲的幼幼專班，因涉及場地設備和師資的不同規範，公立幼兒園設置二歲至未滿三歲幼幼專班的人數極少，造成機構送托的二歲嬰幼兒銜接到幼幼班時出現斷層（葉郁菁，2018）。

圖 12-1 說明 101 至 107 學年度全國的私立幼兒園數，因為少子化的衝擊，造成私立幼兒園的倒閉潮。從 101 學年度尚有 4,723 家，至 107 年全國有 558 家幼兒園宣布關閉，大概每 7.7 家就有一家無法抵擋少子化巨浪的衝擊。

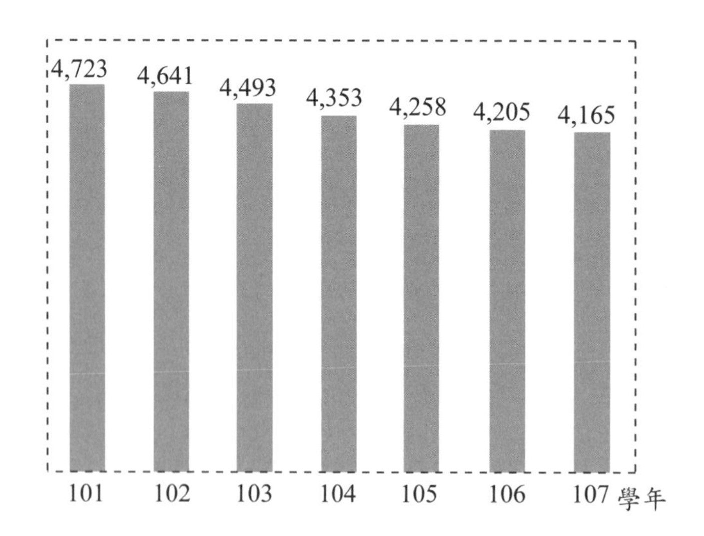

圖 12-1　101 至 107 學年度私立幼兒園園數

資料來源：教育部統計處（2020）。

101 學年度就讀私立幼兒園的幼生人數為 32.8 萬人，至 103 學年度降至最低點，2015 年之後有逐年增加的趨勢。因為五歲幼兒就讀幼兒園的補助政策，讓五足歲幼兒的入園率已有大幅提升。依據教育部（2019）資料顯示，107 學年度五足歲至入國民小學前幼兒的全國平均入園率為 95.77%，更趨近於落實國民教育向下扎根的政策目標。雖然私立幼兒園家數減少，但是私立幼兒園收托的幼生數卻有增加的趨勢，從 101 學年度的 32.8 萬人，增加到 107 學年度 37 萬人，其中二歲幼兒從 101 年僅有 25,278 人增加至 107 學年度的 33,761 人（圖 12-2），招收的三歲幼兒人數從 101 年 60,637 人增加至 107 學年度的 87,465 人，這兩個年齡層的增加幅度最快，也是近年來私立幼兒園招生的主要目標人口群。

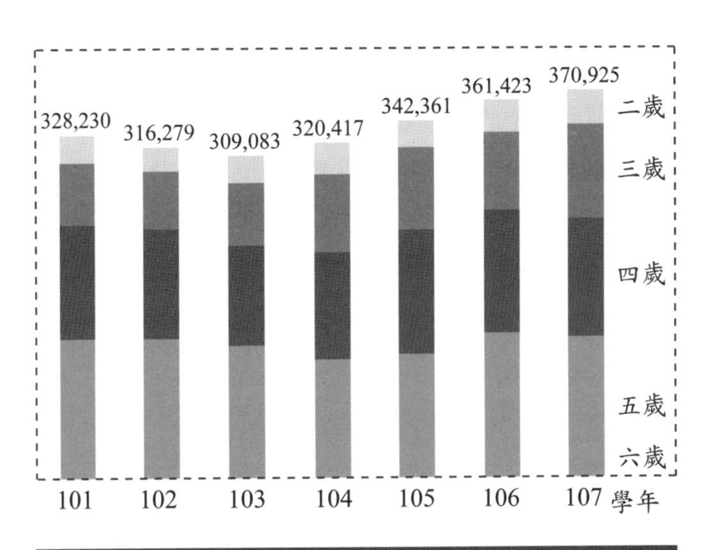

圖 12-2 101 至 107 學年度私立幼兒園幼生數（年齡別）

資料來源：教育部統計處（2020）。

因為托育公共化政策的推動，近幾年大幅成立公立幼兒園和非營利幼兒園，公立幼兒園蓬勃發展，從 101 學年度 1,888 家提升至 107 學年度 2,058 家，增加了 170 家（圖 12-3）。就讀公立幼兒園的幼生人數，同樣也有增加的趨勢，從 101 學年度的 13 萬人，增加到 107 學年度的 15.6 萬人。

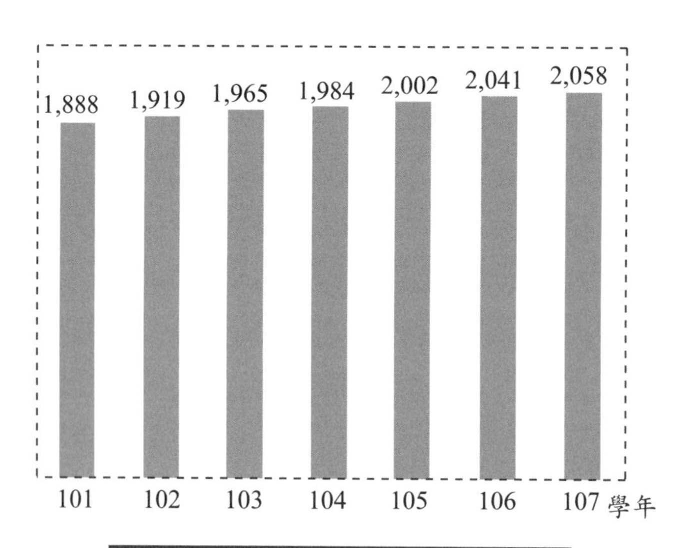

圖 12-3　101 至 107 學年度公立幼兒園數

資料來源：教育部統計處（2020）。

非營利幼兒園更是政府鼓勵民間非營利組織參與協力的重要政策，由政府提供學校的空餘教室，增設或新建非營利幼兒園，從 103 學年度全國僅有十家，大幅提升至 107 學年度 125 家（圖 12-4）。非營利幼兒園的幼生人數，也從 103 學年度的 1,220 人，大幅增加十倍，107 學年度已經超過一萬二千人。

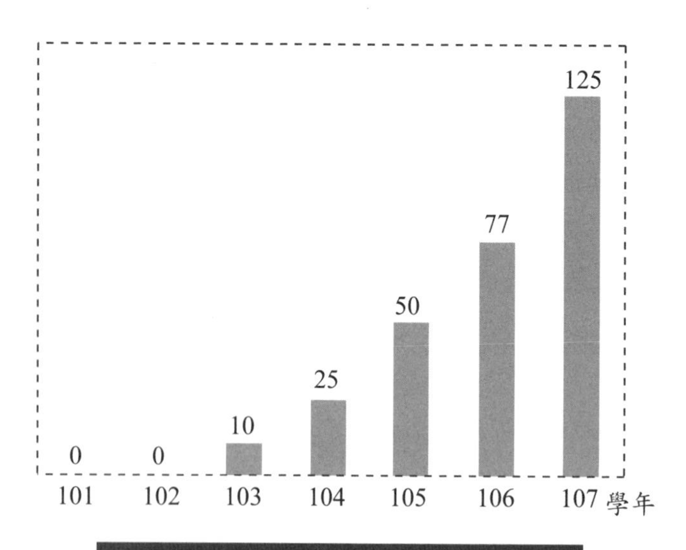

圖 12-4　101 至 107 學年度非營利幼兒園數

資料來源：教育部統計處（2020）。

四、因應少子女化的托育公共化政策

配合行政院「我國少子女化對策計畫（107 年至 111 年）」，擴大育兒津貼補助對象，取消父母未就業的限制，同時取消原來的親屬保母托育補助，併入育兒津貼，育兒家庭綜合所得稅率未達 20%，未領取育嬰留職停薪津貼，或接受公共及準公共化托育服務者，都可以提出育兒津貼補助的申請，申請未滿二歲幼兒育兒津貼的人數，占全國未滿二歲幼兒人口比例為 72.62%（衛生福利部，2019）。衛生福利部 2018 年 8 月起推動托育準公共化政策，參與準公共化的居家托育人員數至 2019 年 8 月底之前，已達兩萬人，總收托嬰幼兒人數近四萬人（衛生福利部，2019）。

自 2019 年 8 月開始，少子女化對策計畫，擴大育兒津貼補助，受補助對象從原本的零至二歲擴大到二至四歲也可以申請育兒津貼。育兒津貼的補助對象為：綜合所得稅率未達 20%的家庭、未領取育嬰留職停薪津貼的家庭，以及未接受公共或準公共化托育服務的幼兒。育兒津貼的給付標準為：一般家庭每月 2,500 元、中低收入戶每月 4,000 元、低收入戶每月 5,000 元、第三名以上子女加發 1,000 元。若為二至五歲幼兒就讀公立幼兒園者免費，若為低收或中低收入戶者同樣也是免費。幼兒就讀非營利幼兒園，一般家庭家長每月繳費不超過 3,500 元，第三名以上子女，家長每月繳費不超過 2,500 元。二至五歲幼兒就讀加入準公共化的私立幼兒園，一般家庭家長付費不超過 4,500 元，中低收入、低收入戶幼兒免費，第三名以上子女家長付費不超過 3,500 元。各項托育費用與育兒津貼補助詳見表 12-1。

托育公共及準公共化服務費用及育兒津貼補助的政策目標包含五項：

1. 加速托育公共化：透過布建非營利幼兒園、公共托嬰中心、社區公共托育家園，希望可以增加零至二歲超過五千個托育名額，以及二至五歲超過六萬個就學名額。
2. 減輕家長育兒負擔：政府透過補助育兒津貼和補助托育費用，減輕家長在托育費用的支出。
3. 改善教保人員薪資：加入準公共化的教師和教保人員月薪應達 29,000

表 12-1 托育公共及準公共化服務費用及育兒津貼補助

項目	零至二歲		二至五歲
送托公共化托育機構	公辦民營托嬰中心、公共托育家園	托育補助 一般家庭 3,000 元、中低收入 5,000 元、低收入 7,000 元，第三名以上子女再加發 1,000 元	二至五歲幼兒就讀公立幼兒園免費、低收及中低收免費、非營利幼兒園一般家庭家長繳費不超過 3,500 元、第三名以上子女家長繳費不超過 2,500 元
送托準公共化合作托育單位	私立托嬰中心、居家托育人員	一般家庭補助 6,000 元、中低收入補助 8,000 元、低收入戶補助 10,000 元、第三名以上子女加發 1,000 元	一般家庭家長付費不超過 4,500 元、中低收入、低收入戶免費、第三名以上子女家長付費不超過 3,500 元
育兒津貼【註】	一般家庭 2,500 元 中低收入 4,000 元 低收入 5,000 元 第三名以上子女加發 1,000 元		【二至四歲】一般家庭 2,500 元 第三名以上子女加發 1,000 元

【註】綜所稅率未達 20%的家庭、未正在領取育嬰留職停薪津貼、未接受公共或準公共化托育服務。

資料來源：我的 E 政府（無日期）。

元、私立托嬰中心的托育人員的月薪應達 28,000 元。

4. 穩定教保品質：鼓勵托嬰中心與幼兒園進用合格托育人員。
5. 提高家外托育率：提高育兒家庭送托率，解決育兒家長托育照顧需求。

第二節　網路科技的衝擊和影響

一、網路世代來臨，重新定義「社區」

「社區」的概念必須重新定義。過去，社會學家把「社區」定義為「人、空間及活動互動的基本單位」（徐震，1994）。Atkinson 與 Cope（1997）認為社區的構成必須具備以下要素：在特定地理上的共同體、居住在共同體上的民眾、有組織的社會、民眾共同擁有的特質以及某種共同的特徵及認同感（引自陳依靈，2017）。網路世代讓社區也不再是實質地理疆界的特定區域，或者具有共同居住事實的群眾，重新定義的「社區界域」，包含實質的或網路（虛擬）的人群互動。過去「鄉里社區」的概念，被「網路鄉民」所取代。社群網路同樣可以形成人際的互動，且更不受時間與空間限制。

二、網路科技成癮

2013 年 Google 智慧型手機行為調查報告指出，臺灣的智慧型手機使用率高達 51%，到 2014 年，使用率已經超過 65%，臺灣民眾隨時上網，每日上網時間高達 197 分鐘，世界第一；臺灣民眾中，每十個人就有超過四個人每天使用臉書，這也是另一個世界第一（衛生福利部，2015a）。

網路成癮（internet addiction）或稱「問題性網路使用」（problematic internet use）指的是過度使用電腦、難以自我控制，導致學業或人際互動、身心健康等負面影響。其中，男性比女性更容易有網路沉迷的現象，尤其男性較容易使用網路作為發洩現實挫折與不滿需求的管道（衛生福利部，2015a）。

柯慧貞（2014）對臺灣地區學生使用網路情形結果顯示，學生最常上網的地點為「家中」，國小學童使用網路以「網路遊戲」居多，國中生則以網路遊戲、社群網站居多，高中職學生則以社群網站和手機通訊 APP 為主。學生對於網路使用的正向預期包含維持友情與忘憂增趣；網路誘惑的情境主要為「考完試想放鬆」、「無聊」、「周遭朋友皆使用」、「想和朋友聊天」等最高。該研究指出，由於多數學生上網地點以家中為主，故未來應該強化家庭對學生網路使用的溝通瞭解與輔導，加強家長對於網路成癮和網路使用的知識，透過強化親職教育減少學生網路成癮。

網路成癮者經常被認為具有某些人際互動障礙、社交焦慮者，從匿名的網路中尋求感情寄託和慰藉，因而造成網路成癮的問題。從臨床上發現的特質包含網路成癮者在現實生活中的社會支持較低，人際關係較不順利，因此傾向從網路中尋求自我認同的經驗，因為網路的隱匿性，容易讓他們獲得滿足感和自我實現，轉而依賴網路（全民健康基金會，2016）。兒童及少年與主要照顧者的依附關係為焦慮型或不安全依附關係，都是導致網路成癮的主要原因，因為不安全依附型的兒童與少年，在去抑制化的匿名情境中，更容易因為焦慮感減低而採取平時不易做的行動，獲得人際互動的滿足（衛生福利部，2015a）。不過，家庭因素的探討，仍然偏重缺少母親關愛、或母親過度保護，導致網路成癮者無法培養心理的獨立和自律，增加網路成癮的危機。國家發展委員會於2015 年的調查報告也指出，與網路成癮的十大危險因子中，憂鬱、壓力、無聊感、同儕關係不佳、低自尊、社交焦慮、家庭關係不佳、敵意等，都是顯著的重要因素。

葉郁菁與邱敏惠（2016）以嘉義市 603 位兒童與少年為研究對象，探討嘉義市兒童使用電腦或手機成癮情形。研究結果發現：

1. 弱勢家庭幼兒使用電腦或手機成癮狀況越嚴重

整體幼兒使用電腦或手機成癮不因為性別而有差異，且令人擔憂的是，越是弱勢家庭幼兒，照顧者（父母或甚至隔代教養的祖父母）因為教養觀念不足，其子女使用電腦或手機成癮的狀況越嚴重，母親教育程度越高，越容易幫助幼兒免於電腦與手機成癮。

2. 國小學童使用電腦或手機成癮程度隨年級快速攀升

隨著學童年級越高，使用電腦或手機成癮程度的速度越嚴重。母親教育程度越高，兒童使用電腦或手機成癮性較低，母親教育程度為高中職以下者，兒童使用電腦或手機成癮程度較嚴重。家庭收入越高兒童使用手機程度越低，家庭收入低於四萬元以下者，兒童使用電腦或手機成癮狀況越嚴重。

三、網路科技造成家長以 3C 為保母、幼兒高度近視

（一）幼兒視力不良率逐年攀升

全臺灣六歲以下幼兒，每十個即有一個有視力不良的問題（中華民國眼科醫學會，2018）。教育部針對國小和國中學生每年進行視力篩檢，以國小學童為例，若兩眼裸視視力均為 0.9 以上者為視力正常，未達 0.9 者則為視力不良。107 學年度全國受檢測的國小學童數有 115 萬人，視力不良率為 44.79%，幾乎

每兩位國小兒童就有一位視力不良。相較於 94 學年度檢測結果，國小學童的視力不良率為 41.14%（教育部，2018）。

（二）幼兒越早接觸 3C 產品，視力影響越大

家長以 3C 為電子保母，孩子哭鬧時即餵以手機或 3C 產品，幼兒視力不良比例逐年攀升，一旦近視，兒童平均每年將增加 75 至 100 度，超過 500 度則被視為高度近視，若未控制，未來視網膜剝離的風險增加，且會有失明的機會（中華民國眼科醫學會，2018）。

（三）正確用眼從幼兒園開始做起

幼兒園教師不僅要從小教導幼兒正確用眼的觀念，而且也要從旁指導家長，強化其親職教養技巧。除了家長要減少自己使用手機、「機」不離身的習慣，同時也要留意幼兒的視力檢查結果。各縣市依據衛生福利部頒布的準則，訂定「學齡前兒童視力、立體感篩檢」作業流程與注意須知，只要經過相關操作技術訓練的幼兒園老師均可以進行篩檢。篩檢工具包含視力表（燈箱 E 字視力表或 C 字視力表）和立體感篩檢工具：NTU 亂點立體圖及一副紅、藍（綠）眼鏡。通常幼兒園每學年會幫幼兒進行一次視力篩檢。幼兒園教師也要建議家長：

1. 定期就醫：每年定期檢查視力一至二次，做好視力存款。
2. 螢幕使用時間控制：未滿二歲避免看螢幕，二歲以上每天不超過一小時。
3. 3010120：用眼 30 分鐘休息 10 分鐘，每天戶外活動 120 分鐘以上。

第三節　宅世代的巨浪來襲

一、宅經濟世代

宅世代引發的經濟活動普遍稱為「宅經濟」，包含快遞宅配、線上遊戲、消費娛樂、線上音樂、網路通訊、電腦相關設備和通路業者（數位時代，2009）。宅經濟改變人類的生活習慣，最明顯的就是購物、飲食、娛樂，金融銀行網路業務皆可從網路上取得，民眾不需出門，在家就可以透過「日理一機」，萬事皆可達。依據經濟部公布的統計數據顯示，臺灣外食需求逐年升高，包括餐廳及旅館支出占家庭消費支出之比例，由 2012 年的 10.6%提升到 2018 年的 12.3%。2019 年隨餐飲業持續展店，加上宅經濟風潮帶動外送平臺興起，餐飲業營業額達到 8,116 億元、年增 4.4%（自由財經，2020）。

二、宅世代對家庭的衝擊

從生態系統的觀點分析，大系統（macrosystem）造成外在大環境的改變，也將會影響系統內的個人、家庭和社區。因為宅經濟盛行，改變個人的消費習慣朝向「效率化」，個人毋須到處移動、探詢，即可透過網路找到需要的商品、目前庫存，甚至平臺也可以在數秒內做完比價，告訴消費者哪裡可以買到更便宜的同樣的商品。宅經濟的結果，對家庭產生的影響如下：

（一）家長工作型態改變

過去撫育幼兒，使得女性必須於家庭和職場兩者中做一選擇。但隨著宅經濟的來臨，女性投入於宅經濟的產業，例如：網拍或網路購物直銷等，女性在宅工作的同時，也可兼顧子女照顧。葉郁菁（2019）調查嘉義市新住民女性的就業狀況即發現，網拍或網路購物直銷因為門檻低、無須教育程度或專業技術，吸引許多新住民女性投入網拍或網路購物直銷，增加了許多女性工作的彈性。從美國的報導顯示，宅經濟使得育兒成本降低（Forbes, 2011）。臺北市推行臨時托育，也有案例顯示，在家工作的女性設計師，可以同時在家照顧孩子，但有需要到廠商或公司簡報時，該位設計師便會將幼兒托給臨時托育機構照顧。

（二）家庭消費行為改變

因為宅經濟的興起，減少了個人與外在環境的直接接觸。當民眾購物習慣改變，實體商店的重要性已不復以往，因為從網路點點手指，人在家中坐，「貨」從天上來。宅經濟改變了家庭的消費習慣，幼兒需要的玩具、圖書、文具、服裝，打開電商就幾千筆商品資料隨手點閱；無暇準備晚餐的家長，透過各種美食外送，想吃什麼隨時都有，而且也省去了到市場採買、烹調、整理的時間。但這些消費行為的改變，讓家長、幼兒待在家中的時間變多，家長省去了到市場採買、作飯的時間，或者也無須外出購物，但因此會有更多時間和孩子互動嗎？還是家長反而耗費更多時間在浩瀚無垠的資訊海中？宅經濟的結果，實體店面已無法應付現代消費者的習慣，也會造成消費服務業的轉型，這些也會直接衝擊部分家長的就業型態。

（三）育兒／幼兒教育訊息網路化

嘉義市兒童及少年生活狀況調查結果顯示（葉郁菁，2020），六歲以下幼兒家長的育兒資訊來源與十年前有較大的改變。過去年輕夫妻碰到育兒問題時，最常請教的對象是朋友、同事，或者家中的長輩，但是 2020 年的調查結果卻顯示，年輕夫妻從網路搜尋育兒訊息的比例，首次超越身邊周遭的親友。衛生福利部（2019）的調查結果也顯示，學齡前兒童家長的育兒知識來源，從網路搜尋資訊者即占 59.7%，長輩親友傳授則占 58.5%；上述也有區域的差異，北部地區家長網路搜尋育兒知識的比例最高（63.6%），金馬地區網路搜尋育兒知識的比例最低（44.1%）。

網路科技的快速發達，改變了親職教養的宣傳方式。過去幼兒園辦理親職講座，是邀請家長到幼兒園聆聽演講，但在網路世代，這樣的做法已經不敷實際需求。只要搜尋網頁即可隨時滿足家長親職教養的需求。過去實體的親子雜誌早已轉化為電子雜誌，經常在網路提供親職教養的文章分享、轉載，教育部專業發展輔導的臉書社群也會不定期分享幼兒園的教學活動、創意的幼兒勞作。幼兒園教師可以從網路搜尋非常多有趣的教學活動和教案，也可以從中獲得幼兒園經營的策略分享。家長也可以透過網路社群資訊的分享，瞭解某些「惡質」幼兒園或不適任的托育人員。無所不有的網路訊息，也使得幼兒園開始思考另類的親職教養方式。幼兒園面臨網路訊息爆炸的時代，家長願意參加網路社群或上網觀看幼兒園分享的活動影片，但邀請家長到幼兒園參加親子活動或聽演講，則出席率偏低。

第四節　社會變遷下的家庭和社區

一、全球化現象

因應家庭人口和組成的變遷，家庭的多樣化型態與過去社會已有相當的差異性，同時也牽動家庭政策的改變。雙薪家庭和小家庭的組成比例最高，家中需要照顧的幼齡人口，從過去依賴家中其他成人或長輩，轉變成需要機構化的照顧。其次，全球化時代的來臨，跨國婚姻、跨國移民、移工已經成為趨勢，幼兒的生活環境出現非家人以外的移民者，可能照顧自己爺爺奶奶的人就是外籍看護，或者爸爸或媽媽的同事中就有移工、哥哥姊姊的美語老師就是外國人。在某次幼兒園全球化造成的飲食無國界，幼兒園進行「好吃的食物」主題課程，教保人員與幼兒團討時，幼兒提到的熟悉的食物，包含漢堡、炸雞、披薩、壽司、拉麵，甚至是河粉、越南春捲。

二、社會變遷對幼兒園的影響

社會變遷的結果，造成生活環境和消費模式的改變，對幼兒園的主要影響在於主題課程的選定。幼兒園選定主題的過程，必須要與時俱進，引導幼兒從探究中瞭解社會變遷造成的生活習慣影響。幼兒園瞭解社會變遷主題的目的，是因為透過教育可以引導幼兒成為關注社會永續發展的個體，尤其是社會發展與自然保護兩者如何取得平衡。引導幼兒瞭解社會變遷，以及社會變遷下對環境中的人產生的影響（社 3-3 關懷與尊重生活環境中的他人、社 3-6 關懷生活環境，尊重生命）（教育部，2017）。

Bostad 與 Fisher（2016）指出「全觀式」的教育（holistic view of education），「教育」是一種終其一生持續影響個體的動態歷程，包含學校的正式教育體制與非正式的生活經驗。OECD（2001, 2006）幼兒教育的重要報告「穩固啟蒙」（Starting Strong）指出，幼兒教育涵蓋兩種主要的教育方法論：幼兒教育論（early education approach）和社會觀的教育學（social pedagogy approach）。幼兒教育論即為較偏向幼兒課程與教學的核心思維模式、學術取向的課程、幼兒教育內涵和方法學，強調從課程中使幼兒具備生活的基礎能力。社會觀的教育學，則是強調更為生活化、社區化，以幼兒為課程發展的主體的「全觀式」教育，強調關懷、人與人或人與環境的關係、活動（或行動）對社區和外在環境的影響。北歐國家的幼兒教育，採取的就是社會觀的教育學全觀式取向（引自 Broström, 2012）。

下面以幼兒園常見的主題課程「商店」，並提出如何融入社會變遷的議題：

幼兒園老師先帶幼兒到社區踏查，觀察在社區中有哪些商店或傳統市場等，有部分主題課程進行比較便利超商、賣場和傳統市場的差異性。較常見的主題課程進行方式，是教保人員讓幼兒選擇自己開商店，仿寫商店販賣的品項和定價、扮演店員接待客人、扮演客人購買等。

年輕的家長採買的地點多半為賣場、超商，所以對傳統市場「一斤、一兩」多少錢的計價方式完全沒有概念，最直接的方式就是到賣場選擇，價格內容一目了然。因為便利超商的近便性和多功能性，幼兒對便利超商的環境較熟悉，但對傳統市場卻毫無概念。傳統市場的沒落，反映的是社會變遷下消費型態和習慣的改變，而傳統市場的人情味，也隨之淡漠。攤家的親切招呼、噓寒問暖，瞭解熟客的狀況和需求，這也是社會互動的另一個層面。傳統市場的銷售，比起賣場多了很多彈性，顧客可以自己選擇需要的數量以及食材的形式（例如魚要整隻？還是要切片？）。

幼兒園老師和幼兒透過社區踏查、觀察傳統市場的活動、訪談家中的父母，與幼兒一起探索傳統市場沒落的原因。同時，傳統市場為何扮演重要角色？在過去，市場或市集通常是人口聚集處，例如教堂或廟宇，也是貨物交流集散地，因此在歐洲的教堂所在區域，同時也是市場和消費買賣集中地；臺灣的百年傳統市場地點，多半也與當地的宗教信仰和廟宇有關。例如：臺南市的水仙宮市場，就是以「水仙宮」為名。鴨母寮菜市場為「三老爺宮」的所在地，三老爺宮興建於乾隆15年（西元1750年），形成當地市集而發展至今。幼兒園進行老街的主題，從帶領幼兒探索老街的過程中，發現老街的建築之美，日治時期的民宅，連棟仿巴洛克式風格的立面建築，精緻雕飾設計、細膩花紋、洗石子山牆、斑駁磚瓦，樓牆上各種建築的圖騰，有其文化意義。除此之外，老街的傳統技藝和特色小吃，除了吸引觀光客造訪，幼兒透過主題活動的探索，可以讓幼兒感受自己家鄉的美。若從這些歷史發展去看城市的發展，社區內有極多值得探索之處，加入社會變遷的議題之後，商店和老街的主題多了縱向的時間軸，讓主題課程的發展更具深度。

三、家庭政策的計畫內涵

家庭是人類社會生活的核心，對幼兒的發展和社會的穩定有其重要的意義和功能。臺灣的社會面臨高齡化與少子女化的衝擊，家庭的功能式微，老幼的照顧體系依賴機構支持，學校、課後照顧班，取代了過去家庭的教育功能，但相對家庭對個體的影響力弱化，一旦家庭最後一道保護的防線瓦解，就會造成家庭成員生存的危機。

隨著社會的發展，對於不同年齡、不同性別的權利的重視，接納與尊重，達成社會集體共識，國家的功能在於倡議家庭平權，維繫家庭基本功能，使家庭中的每個人可以獲得完善的照顧。一旦家庭瓦解時，國家必須取代家庭，透過經濟補助、替代性的照顧，保障家庭成員必要的生存條件，唯有家庭穩定發展，才是社會安定的重要力量。除了社會變遷，網路科技、新媒體的興起，深入影響家庭的發展，同時也對家庭關係和家庭中的個體產生影響。

國家肩負穩定家庭功能、支持家庭中個體發展的角色，行政院社會福利推動委員會提出跨部會的家庭政策，內容包含（衛生福利部，2015b）：

（一）發展全人照顧與支持體系，促進家庭功能發揮

從懷孕、出生到高齡的全程化健康照護。發放育兒津貼、托育費用補助等，以減輕育兒家庭照顧和托育費用的負擔。提供脆弱家庭及時協助，以鞏固家庭基本功能。社會安全網的概念，從治安、教育、心理健康和社會工作等各面向，強化社會安全網，讓兒童與少年可以在安全、沒有暴力威脅的環境中成長。家庭與社區生活的安全（safety）和保障（protection），不僅從日常生活場域著手，以確保個人、家庭和社區生活不受暴力威脅，更進一步構築社區鄰里間的互助和互信，強化社會網絡，形成一張綿密的安全網。

以社區中的個人和家庭為核心，社會安全網關注的是有家暴兒虐、家庭問題、貧窮、失業、毒品犯罪、自殺、精神疾病／藥酒癮、兒少偏差行為等問題的家庭，並採取經濟救助、就業諮詢輔導、保護服務、教育輔導、心理衛生、自殺防治等方式，編織一張安全的網（圖 12-5），透過跨單位的協力合作，減少不利因子對家庭和個人的傷害。

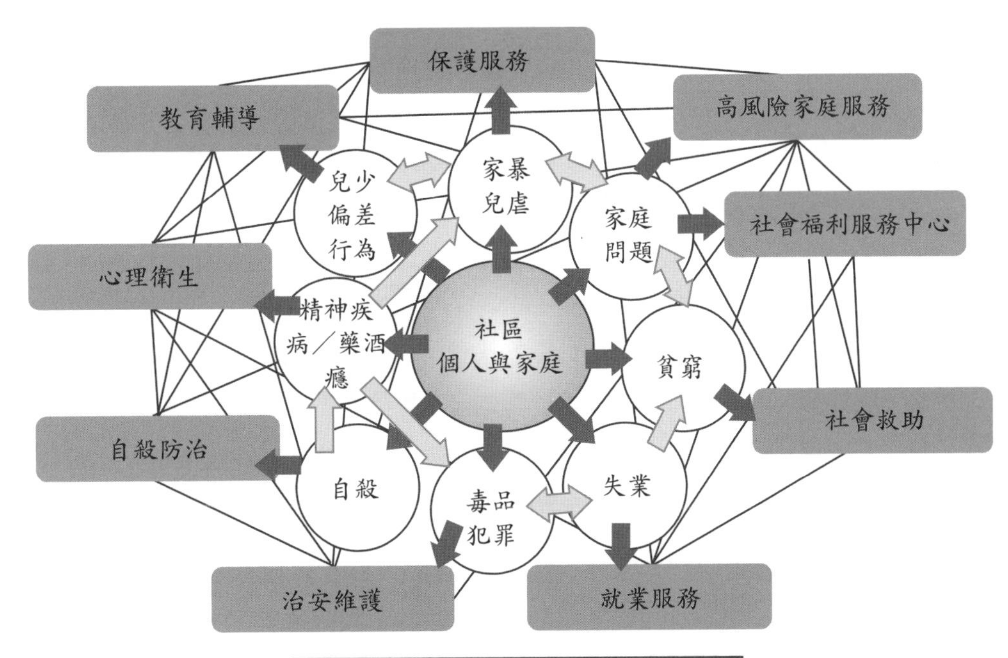

圖 12-5　社會安全網跨體系資源連結圖

資料來源：衛生福利部（2018）。

（二）建構經濟保障與友善職場，促進家庭工作平衡

育兒家庭可以依照自己的需求和意願，選擇繼續留在職場工作，但是國家提供足夠的照顧服務或托育補助，減少育兒家庭負擔，不致使家庭中的個人因為育兒犧牲自己的職業生涯發展。因此，國家的育兒政策部分，包含五歲幼兒免學費的教育計畫、育兒津貼、托育費用補助。同時透過政策引導，使中低收入戶的經濟弱勢家庭，透過職業訓練和就業媒合，獲得穩定的經濟來源。政府對於中低收入的經濟弱勢家庭或是特殊境遇家庭，提供優先就托和就學的服務。對於雙工作家庭，則可以選擇幼兒送托或自行照顧，對自行照顧的家長，政府提供育嬰留職停薪津貼的補助，確保家庭照顧幼兒期間可以維持基本所得。另外，也有一些企業實施育兒家庭彈性上班時間，方便讓必須接送幼兒的家長，可以有彈性工作的時間（flex time working hours）。上述托育照顧還有尚未周全之處，例如非典型的工作型態，部分工時、夜間工作者、輪休工作者，若有托育需求時，私人托嬰中心或者公辦民營托嬰中心均並未被授予全日托育，依據《兒童及少年福利機構設置標準》第六條規定，托嬰中心的收托方式限於半日托育（每日收托時間未滿六小時）、日間托育（每日收托時間六小時以上未滿 12 小時）和臨時托育三種（全國法規資料庫，2020），家長必須尋求居家托育人員照顧，但並非多數的居家托育人員均願意接受全日托的幼兒，此將造成有上述非典型托育需求的家長求助無門。

（三）落實暴力防治與居住正義，促進家庭和諧安居

主要工作為推動性別暴力社區初級預防，建立以社區為基礎的全民防暴網絡，與非營利組織協力合作，協助脆弱家庭重建。尤其近年來六歲以下幼兒遭受居家托育人員和托嬰中心、幼兒園不當照顧和虐待的案件越來越多，居家托育服務中心和托嬰中心的評鑑、輔導等管理機制失靈，失職的托育人員對無反抗能力的幼兒施虐，造成許多嬰幼兒死亡的憾事。為了讓托嬰中心和居家托育人員的管理更加透明化，使家長成為守護幼兒的共同監督者，衛生福利部設置「各縣市托嬰中心及托育人員違反兒童及少年福利與權益保障法公布專區」（網址：https://www.sfaa.gov.tw/SFAA/Pages/List.aspx?nodeid=1126），公告裁

罰的日期、縣市、罰款對象（托育人員或托嬰中心的名稱）、違規事由、違反的法條和處分的內容。教育部也會整合各縣市教育局（處）「公布違反幼兒教育及照顧法暨教保服務人員條例之名單」，透過公告系統即時掌握各縣市幼兒園的違規案件。

（四）強化家庭教育與性別平權，促進家庭正向關係

推展家庭教育計畫，鼓勵學習型家庭，並且辦理婚姻教育、親職教育等推展工作，強化家庭預防性功能，提供具有性別平權觀念的家庭價值，破除性別刻板印象，結合民間團體倡導性別平權觀念。教保人員引導幼兒從小建立家庭平權觀念極為重要。幼兒園教保人員以女性為主，不免落入女性為照顧者的刻板印象，幼兒園鼓勵不同性別的教保人員參與幼兒照顧工作，可以對幼兒建立正確的性別平權觀念。此外，幼兒園教保人員也可以透過各種性別平權議題的繪本，例如：《我的媽媽真麻煩》、《頑皮公主不出嫁》、《朱家故事》等，與幼兒共同討論家庭中對於不同性別角色的分工和性別角色期待。

（五）宣導家庭價值與多元包容，凝聚融合家庭成員

對育兒家庭提供政策、制度與環境等配套措施，提供育兒家庭友善的公共空間。持續倡導正向的家庭文化，鼓勵代間交流、促進代間融合。內政部移民署持續推動各項新住民照顧輔導措施，營造尊重多元文化的社會氛圍。設置部落（社區）互助教保服務中心和部落文化健康站，結合社區資源共同推動部落照顧等家庭支持工作。除了尊重新住民、原住民等多元族群外，因為社會變遷而出現各種型態的家庭，包含單身家庭、單親家庭、臺商家庭、重組家庭、同居家庭、繼親家庭、收養家庭，甚至是同婚家庭等多元型態，都應該學習接納並予以尊重。不論家庭的型態為何，教保人員應該將家庭成員視為自己的工作夥伴、推展幼兒教育的合夥人，唯有認可社會多元家庭型態的存在和必然性，才能教養出尊重他人的幼兒。

參考文獻

中文部分

中華民國眼科醫學會（2018）。**e 版近視病防治衛教文宣海報**。取自 http://www.oph.org.tw/education/content.php?id=8&type=1&pageNo=1&continue=

內政部戶政司（2019）。**初婚者之年齡平均數**。取自 https://www.gender.ey.gov.tw/gecdb/Stat_Statistics_DetailData.aspx?sn=aeFG0R2tHwmrDtITC%2FJSaA%3D%3D&d=m9ww9odNZAz2Rc5Ooj%2FwIQ%3D%3D

內政部戶政司（2020a）。**現住人口出生、死亡、結婚、離婚登記（民國 108 年 1 至 12 月）**。取自 https://www1.stat.gov.tw/ct.asp?xItem=15409&CtNode=4693&mp=3

內政部戶政司（2020b）。**民國 108 年重要人口指標**。取自 https://www.ris.gov.tw/app/portal/346

全民健康基金會（2016）。**宅出病來，網路成癮症候群**。取自 http://twhealth.org.tw/index.php?option=com_zoo&task=item&item_id=559&Itemid=20

全國法規資料庫（2020）。**兒童及少年福利機構設置標準**（修正日期：2020 年 1 月 20 日）。取自 https://law.moj.gov.tw/LawClass/LawAll.aspx?PCode=D0050015

自由財經（2020）。**宅經濟是內需救命丹，經部數據證有助減緩疫情衝擊**。取自 https://ec.ltn.com.tw/article/breakingnews/3124007

我的E政府（無日期）。**「0-5 歲幼兒全面關照」推動策略**。取自 https://www.gov.tw/News2_Content.aspx?n=757FFB9A142DF5DC&sms=A396D1E01E97B484&s=1CDBB66CEFB910F2

林義男（譯）（1995）。**社會學**（原作者：D. Light & S. Keller）。臺北：巨流。

社會及家庭署（2019）。**什麼是脆弱家庭？要如何辨識脆弱家庭？**取自 https://

topics.mohw.gov.tw/SS/cp-4531-50117-204.html
柯慧貞（2014）。**103 年學生網路使用情形調查報告**。臺北：教育部。
徐震（1994）。**社區與社區發展**。臺北：正中。
國家發展委員會（2015）。**「網路沉迷研究」報告**。臺北：國家發展委員會。
教育部（2017）。**幼兒園教保活動課程大綱**。臺北：教育部。
教育部（2018）。**國小視力不良統計（94-107 學年度）**。取自https://depart.moe.edu.tw/ED4500/cp.aspx?n=1B58E0B736635285&s=D04C74553DB60CAD
教育部（2019）。**整體滿 5 足歲至入國民小學前幼兒入園率（104-107 學年度）**。取自https://www.gender.ey.gov.tw/gecdb/Stat_Statistics_DetailData.aspx?sn=nSdKclxtXDjZ%2B5F9Xaa8Fw%3D%3D&d=m9ww9odNZAz2Rc5Ooj%2FwIQ%3D%3D
教育部統計處（2020）。**學前教育概況**。取自http://stats.moe.gov.tw/statedu/chart.aspx?pvalue=52
陳依靈（2017）。「社區發展」到「永續社區」之探討。**社區發展季刊，158**，328-338。
勞動部統計處（2019）。**近年我國女性勞動參與狀況**。取自https://www.mol.gov.tw/media/5760640/%E8%BF%91%E5%B9%B4%E6%88%91%E5%9C%8B%E5%A5%B3%E6%80%A7%E5%8B%9E%E5%8B%95%E5%8F%83%E8%88%87%E7%8B%80%E6%B3%81.pdf
黃嬿（2020）。政府撒銀彈鼓勵生產沒用，南韓出生率再創史上新低。**財經新報**（2020 年 2 月 27 日）。取自https://finance.technews.tw/2020/02/27/south-korea-birth-rate-lowest-in-history/
葉郁菁（2018）。因應少子化世代的幼兒保公共化政策論析。**兒童照顧與教育，8**，1-13。
葉郁菁（2019）。**嘉義市新住民就業狀況調查報告**。嘉義：嘉義市政府。
葉郁菁（2020）。**嘉義市兒童及少年生活狀況與福利需求調查報告**。嘉義：嘉義市政府。

葉郁菁、邱敏惠（2016）。**兒童網路過度使用與社交淡漠、害羞相關因素之研究**。論文發表於上海師範大學舉辦之「幼兒園、家庭與幼兒的社會情緒學習」學術研討會，上海。

數位時代（2009）。**宅世代興起——串起宅經濟**。取自 https://www.bnext.com.tw/article/11777/BN-ARTICLE-11777

衛生福利部（2014）。**中華民國 103 年兒童及少年生活狀況調查報告**。取自 https://dep.mohw.gov.tw/DOS/lp-1771-113.html

衛生福利部（2015a）。**戰勝網路成癮——給網路族／手機族的完全攻略手冊**。臺北：衛生福利部。

衛生福利部（2015b）。**家庭政策**。取自 https://www.sfaa.gov.tw/SFAA/Pages/Detail.aspx? nodeid=270&pid=4168

衛生福利部（2018）。**強化社會安全網計畫**。取自 https://www.sfaa.gov.tw/SFAA/Pages/Detail.aspx?nodeid=1053&pid=7231

衛生福利部（2019）。**兒童及少年生活狀況調查報告**。取自 https://dep.mohw.gov.tw/DOS/lp-1771-113.html

衛生福利部（2020）。**托嬰中心所數及收托人數**。取自 https://dep.mohw.gov.tw/DOS/cp-2978-13971-113.html

英文部分

Bostad I., & Fisher A. D. (2016). Curriculum and social change in education for a sustainable future? In Z. Babaci-Wilhite (Ed.), *Human rights in language and STEM education*. Rotterdam: Sense Publishers.

Broström, S. (2012). Curriculum in preschool: Adjustment or a possible liberation? *Tidsskrift for Nordisk Barnehageforskning*, *5*(1), 1-14.

Forbes (2011). *The economics of stay-at-home moms*. Retrieved from https://www.forbes.com/sites/investopedia/2011/05/10/the-economics-of-stay-at-home-moms/#6ffb72275963

國家圖書館出版品預行編目（CIP）資料

幼兒園、家庭與社區／葉郁菁著.--初版.
--新北市：心理, 2020.09
面；　公分.--（幼兒教育系列；51211）
ISBN 978-986-191-922-5（平裝）

1.兒童發展 2.發展心理學 3.家庭社會學 4.幼稚園

523.1　　　　109012373

幼兒教育系列 51211

幼兒園、家庭與社區

作　　者：葉郁菁
執行編輯：高碧嶸
總 編 輯：林敬堯
發 行 人：洪有義
出 版 者：心理出版社股份有限公司
地　　址：231026 新北市新店區光明街 288 號 7 樓
電　　話：(02) 29150566
傳　　真：(02) 29152928
郵撥帳號：19293172　心理出版社股份有限公司
網　　址：https://www.psy.com.tw
電子信箱：psychoco@ms15.hinet.net
排 版 者：辰皓國際出版製作有限公司
印 刷 者：辰皓國際出版製作有限公司
初版一刷：2020 年 9 月
初版二刷：2022 年 3 月
I S B N：978-986-191-922-5
定　　價：新台幣 350 元